浩气冲天

致敬“双百人物”林祥谦
暨“二七”诸烈士

林秋美 主编

上海远东出版社

图书在版编目（CIP）数据

浩气冲天：致敬“双百人物”林祥谦暨“二七”诸烈士 / 林秋美主编．—上海：上海远东出版社，2021
ISBN 978－7－5476－1726－7

Ⅰ．①浩… Ⅱ．①林… Ⅲ．①林祥谦（1892－1923）—生平事迹 Ⅳ．①K827=6

中国版本图书馆CIP数据核字（2021）第146443号

责任编辑 李 敏 陈 娟
封面设计 权 贝

浩气冲天：致敬“双百人物”林祥谦暨“二七”诸烈士

林秋美 主编

出　版 上海遠東出版社
（200235 中国上海市钦州南路81号）
发　行 上海人民出版社发行中心
印　刷 福州博华包装设计有限公司
开　本 889mm×1194mm 1/16
印　张 15.75
插　页 2
字　数 325,000
版　次 2021年8月第1版
印　次 2021年8月第1次印刷
ISBN 978－7－5476－1726－7/K·185
定　价 158.00元

编委会

浩气冲天

二〇二一年 林宗隶

目录

序 言 I

“二七”纪念设施 001

“二七”领导题词 019

“二七”革命斗争简况 058

纪念“二七”革命斗争浪潮 067

中华人民共和国成立前 068

中华人民共和国成立后 099

改革开放以来 119

陈桂贞：此情绵绵无绝期 183

林祥谦烈士家史 201

施洋烈士家史 208

“二七”烈士英雄谱 214

筹委会工作介绍 232

后记 242

序言

缅怀“二七”烈士　追寻初心力量

沧海桑田变幻，英雄主义永恒。

98 年前，在中国共产党领导的第一次工人运动高潮——京汉铁路工人大罢工中，林祥谦血洒江岸，英勇就义，年仅 31 岁的他用热血诠释了中国共产党的宗旨和性质，用生命书写了对党的忠诚。

“二七惨案”尽管已经过去近百年，但是时至今日，“二七”烈士的英勇事迹依然震撼人心。党和国家领导人毛泽东、朱德、董必武、刘少奇、周恩来、叶剑英、邓小平、陈云、李先念、江泽民、李鹏等纷纷题词或撰文纪念林祥谦。习近平总书记在任福州市委书记时更是高度评价林祥谦烈士具有“一身报国有万死，浩气冲天贯斗牛”的英雄气概与“坚贞不屈、勇于献身”的革命精神，是中国共产党人学习的榜样。

林祥谦是中国工人运动的先驱，也是目前可考的中共第一位英勇就义的烈士，更是“100 位为新中国成立作出突出贡献的英雄模范人物”之一。党中央高度重视对林祥谦烈士英勇事迹的宣传，2018 年中央电视台《新闻联播》专题播出《为了民族复兴——英雄烈士谱》，专门报道了工人运动先驱林祥谦烈士的英勇事迹，2020 年中央党校主管的《学习时报》（第五版）也以《林祥谦：我党工运事业的先驱》为题作了专题报道。一场场仪式的缅怀，一次次往事的追思，让林祥谦烈士的伟岸形象永驻世人心底，在中华民族的历史星空中熠熠生辉。

2022 年是林祥谦烈士诞辰 130 周年，2023 年是“二七”大罢工 100 周年，就是在这样特殊的日子里，福建省林祥谦研究会择机出版《浩气冲天——致敬“双百人物”林祥谦暨“二七”诸烈士》。该书以史料为依据，全面扼要回顾了京汉铁路“二七”革命斗争史以及历年纪念“二七”革命斗争的盛况。该书主要从中华人民共和国成立前、中华人民共和国成立后以及改革开放后三个阶段重现纪念历史的轨迹。该书的出版是为了进一步加强对“二七”烈士事迹和精神的宣传教育，全方位、多角度、深层次地挖掘林祥谦红色文化的内涵，发挥其“不忘初心、牢记使命”鲜活教材的作用，在全社会倡导崇尚英雄、捍卫英雄、学习英雄、关爱英雄的良好风尚，可以让人们从英烈身上汲取奋发进取的中国精神和力量，涵养家国情怀，激励广大中华儿女为实现中华民族伟大复兴的中国梦奋勇前行。

2021 年是中国共产党成立 100 周年，纵览神州大地，先烈们为之不懈奋斗的理想正在成为现实。我们已经走过千山万水，但仍要不断跋山涉水。在新的征程中，我们要紧密团结在以习近平同志为核心的党中央周围，以先烈为镜洗涤思想、净化灵魂、提升境界，锐意进取、开拓创新，为实现“两个一百年”的奋斗目标、实现中华民族伟大复兴的中国梦做出新的更大贡献，以优异成绩庆祝中国共产党建党 100 周年。

黄瑞霖
（曾任福建省委副书记、省政协副主席、省总工会主席）
2021 年 2 月 7 日

中国共产党在开创的弱小时期，组织领导的各地工人运动已风起云涌，为工人阶级争人权、争自由的斗争，在各大城市和各产业工人中已形成熊熊燃烧之火，到京汉铁路工人大罢工时期，达到了高潮。京汉铁路工人在这场宁死不屈的斗争中充分体现了共产党人高度的革命自觉性、组织性、团结性、纪律性、坚贞性，为中国共产党夺取革命和建设的胜利，树立了光辉的榜样、树立了不可磨灭的丰碑。解放后，党在京汉铁路的北京长辛店、河南郑州、湖北武汉以及林祥谦故乡——福建省闽侯县尚干镇都修建起规模宏大的纪念设施，以供广大人民群众凭吊缅怀，让后代永远记住先烈们的功勋，继承先烈们的遗志，去创造更加美好的未来。

祥谦陵园正门内的林祥谦烈士像

祥谦陵园
XiangQianLingYuan

祥谦陵园，位于闽侯县祥谦镇福厦公路东侧的枕峰山。

解放后，党和国家为了纪念林祥谦烈士，决定在烈士家乡修建陵园。陵园于1960年动工，1963年落成。1961年1月20日，烈士遗骨迁葬仪式隆重举行，陈绍宽副省长等党政首长亲自为其护灵。1963年，适“二七”惨案四十周年，陵园竣工并正式对外开放。

林祥谦陵园占地面积约42 000平方米，分五大部分，即陵墓、纪念堂、管理所、陵园大门、绿化广场，整体建筑面积达5 067平方米。陵园正中央有“祥谦陵园”隶书石刻四个大字。上118层石阶后，即为雄伟的纪念堂。朱德委员长题写了“二七烈士永垂不朽”。“二七烈士纪念堂”七个金光闪闪的大字，系全国人大常委会副委员长、当代书法家郭沫若所书。何香凝副委员长为纪念堂画了一幅梅花，象征烈士如寒梅那样斗傲霜雪。

烈士的墓室筑在纪念堂的后山坡上。墓呈半球形，墓台后衬以石砌的横幅围屏，上嵌郭沫若手书的“二七烈士林祥谦之墓”九个鎏金大字。陵园上下林木茂盛，四季常青。

俯瞰祥谦陵园

林祥谦烈士墓

祥谦陵园纪念堂外景

祥谦陵园纪念堂内“二七”烈士墙

纪念堂内江岸铁路工人俱乐部成立大会模拟场景

林祥谦陵园 1989 年被国务院列为全国重点烈士纪念建筑保护单位

林祥谦烈士陵园荣誉

- 1964 年，全国人大常委会委员长朱德为纪念堂题字“二七烈士永垂不朽”。
- 1964 年，全国人大常委会副委员长何香凝为纪念堂画了一幅梅花，象征烈士像寒梅那样斗傲霜雪。
- 1985 年，福建省政府将其列为第二批省级文物保护单位。
- 1989 年，国务院将其列为全国重点烈士纪念建筑物保护单位。
- 1994 年，共青团福建省委将其列为全省首批青少年革命传统教育基地。
- 1995 年，福建省委、省政府将其列为首批爱国主义教育基地。
- 2000 年，中共福建省直机关党工委将其列为省直机关思想政治教育基地。
- 2001 年，中宣部将其列为第二批爱国主义教育示范基地。
- 2018 年，福建省总工会将其列为工人运动红色教育基地。

武汉二七纪念馆

武汉二七纪念馆
Wu Han Er Qi Ji Nian Guan

1956 年，中华人民共和国铁道部、湖北省及武汉市人民政府在烈士英勇斗争的江岸修建了武汉二七纪念馆。1958 年 9 月，毛泽东亲笔题写了“二七烈士纪念碑”碑名。1974 年，投资迁建新馆。1985 年，胡耀邦为新馆题写馆名。1999 年，中共中央政治局常委尉健行亲临纪念馆，为新碑迁建落成揭幕。

武汉二七纪念馆新馆占地 26 920 平方米，馆内绿化面积超过 14 000 平方米，两层楼结构的主楼占地 3 671 平方米。陈列厅设在二楼，分三个展厅七个部分：第一、二部分交待京汉铁路大罢工的历史背景；第三部分厘清京汉铁路总工会成立的来龙去脉；第四、五部分介绍铁路工人与封建军阀的壮烈斗争；第六部分体现这次罢工的深远影响，缅怀革命先烈，继承和发扬“二七”革命精神；第七部分展现在“二七”精神激励下，铁路现代化建设成果。展厅展出文物 89 件，其中国家一级文物 3 件、二级文物 6 件、三级文物 11 件。1 600 多米展线运用了声、光、电、多媒体等现代科技手段，全方位展示了“二七”革命斗争的全过程。

二七纪念广场由二七烈士纪念碑和两侧的弧形雕塑群组成。纪念碑主碑高23.27米，寓意1923年2月7日这天发生的惨案，碑身正面镶嵌高12米、宽1.5米的汉白玉大理石，镌刻着毛泽东题写的“二七烈士纪念碑”七个镏金大字。主碑两侧的群雕高3.1米、长15米、厚1米。主碑基座、顶端和8幅雕群，用艺术的形式再现了历史，热情讴歌了京汉铁路工人英勇斗争的革命精神。整个纪念碑群寓意深刻，气势磅礴。

纪念馆坚持以史育人，充分发挥教育基地职能。建馆以来，接待观众1 000万人次，包括来自108个国家和地区的外宾及港、澳、台同胞，与75 家学校、单位、社会团体共建爱国主义教育基地。目前，纪念馆每年均举办大型社会活动和纪念活动，年接待观众近30万人。在不断发掘历史资料的过程中，编辑、出版了图文并茂、通俗易懂、适合青少年学生阅读的《二七革命斗争史简介》《二七资料选编》《施洋文集》《林祥谦的故事》《劳工神圣》等书籍。开馆以来，在省、市、铁路有关刊物上发表数百篇关于“二七”历史方面的文章和文物介绍，向国内外学者、上级单位、兄弟单位、各地报刊、杂志提供照片2400多帧，资料、书籍1000多份。

武汉二七纪念碑

武汉二七纪念馆

武汉二七纪念馆荣誉

- 1956 年，湖北省列其为全省重点文物保护单位。
- 1958 年，毛泽东主席亲自题写“二七烈士纪念碑”。
- 1985 年，胡耀邦总书记为新迁建的“武汉二七纪念馆”题写馆名。
- 20 世纪 90 年代，先后被湖北省和铁道部列为爱国主义教育基地。
- 1997 年，中宣部列其为首批全国爱国主义教育示范基地。
- 1999 年，中央政治局常委、中纪委书记尉健行为纪念碑落成揭幕。
- 2017 年，教育部列其为第一批全国中小学生研学实践教育基地。
- 2018 年，湖北省和武汉市列其为省、市党史国史教育基地。
- 2019 年，中国关工委列其为全国关心下一代党史国史教育基地。

武汉洪山施洋烈士陵园

施洋烈士陵园
Shi Yang Lie Shi Ling Yuan

施洋烈士陵园位于武昌洪山南麓，丁字桥公交车站对面。陵园坐北朝南，主体由三部分组成，从入口进去，拾阶而上，穿过牌楼，是一个瞻仰广场。施洋全身塑像巍然耸立在广场中央（1995年之前为半身塑像）。纪念碑高5米，基座宽2.2米、长35米，左侧刻有烈士生平事略，右侧刻有“二七”惨案经过。纪念碑的后面是施洋烈士的衣冠冢。烈士原来安葬在洪山脚下，后迁至山腰，修成现在的陵墓。墓呈八方形，边长1.9米，上书“施洋烈士之墓”。陵园掩映在四周鳞次栉比的高楼群中，园内有葱郁树木的环绕。

施洋烈士陵园荣誉

• 1956年，湖北省人民委员会列其为省级文物保护单位。

• 1957年，塑像基座上刻有国家代主席董必武的题诗——“二七工仇血史留，吴肖遗臭万千秋，律师应仗人间义，身殉名存烈士俦。”

• 2005年，国家发改委、中宣部、国家旅游局等13个部门将施洋烈士陵园列为全国30条红色旅游精品线之一。

武汉洪山施洋烈士陵园内的施洋烈士像

郑州二七罢工纪念塔碑

郑州二七纪念馆
Zheng Zhou Er Qi Ji Nian Guan

郑州二七纪念馆（塔）修建于 1971 年 9 月，位于郑州市中心，是郑州“二七名城”的标志和象征，也是郑州市红色文化和近现代文化主题馆体系。

纪念馆（塔）占地面积 352 平方米，建筑面积 1 923 平方米，为钢筋混凝土结构，平面呈两个五角形并联，是我国建筑独特的联体双塔。塔高 63 米，共 14 层（包括地下室），其中塔基座为 3 层栏环绕阅台；塔身 10 层，每层顶角为仿古挑角飞檐，绿色琉璃瓦覆顶；塔顶建有钟楼，有六面直径 2.7 米的大钟，大钟报时演奏的《东方红》乐曲，钟声宏厚，悠扬悦耳。钟楼顶端矗 9 米混凝土旗杆，上置红色五角星一枚。塔内一边为旋梯，一边为展室，游人可登梯盘旋或乘电梯而上至塔顶，鸟瞰市容风貌。

长期以来，郑州二七纪念馆通过举办展览、开展专项活动、创新历史文化展演、作报告与办巡展等多种形式展现自身社会教育与文化建设的功能，建馆以来，共接待观众 900 多万人次，并先后出版发行《京汉铁路工人大罢工史料汇编》《千秋二七》《百年郑州》《我与二七塔的故事》《辉煌四十年书画集》《二七馆刊》等专业书籍。

郑州二七纪念塔

郑州二七纪念堂外景

郑州二七纪念堂建成于1952年11月，1953年2月7日正式对外开放。纪念堂位于郑州市钱塘路中段82号，是当年京汉铁路总工会成立旧址。纪念堂坐西朝东，占地6 440平方米，建筑面积3 917平方米，分主楼和南北配楼，砖木结构。主楼为能容纳1 500人的多功能大厅，南北配楼为展厅和活动楼。主体建筑墙体为青砖，屋顶为尖顶，屋面以红瓦覆盖，大梁为三角架钢梁支撑。正面高14米、宽27米、长57米，四周外墙为淡绿色水刷石，四根方形水磨石立柱与正面浑为一体，显得庄严挺拔。纪念堂主体正中镶有中共郑州市原第一任书记赵武成题写的“二七纪念堂”五个镀金字，正中上方为堂徽，堂徽由火炬、麦穗、道轨剖面和齿轮等图案组成。两旁各有两扇落地玻璃大门，黄铜拉手，外配有伸缩安全铁门。主楼和两侧配楼前各立两个对称玉兰灯柱，堂前正中下方是一组高3.8米、宽6.04米、重8.5吨的铸铁烈士浮雕。郑州二七纪念堂南配楼设有《百年郑州》展厅，面积450平方米，共四部分——火车唤醒的文明古都、古都新生的历程、新兴工业城市的崛起、新时代商都的腾飞。

郑州二七纪念堂内景——普乐园旧址

郑州二七纪念馆荣誉

• 1986 年，郑州二七纪念塔被列为省级文物保护单位。

• 1991 年，共青团河南省委列其为河南省青少年教育基地。

• 1993 年，江泽民总书记为该馆题写馆名“郑州二七纪念馆”。

• 1993 年，河南省委宣传部、高校工委、教委联合列其为河南省中小学德育教育基地。

• 1995 年，国家文物局列其为全国优秀社会教育基地。

• 1995 年，河南省文物管理局列其为省文博系统优秀爱国主义教育基地。

• 1996 年，国家教委、民政部、文化部、国家文物局、共青团中央、解放军总政治部列其为全国中小学爱国主义教育基地。

• 1997 年，中共河南省委宣传部、省教委、共青团省委、旅游局、省委党史研究室、文物局联合列其为省级爱国主义教育基地。

• 2006 年，国务院列其为第六批全国重点文物保护单位。

• 2006 年，河南省委高校工委、教育厅列其为河南省大中小学生德育基地。

• 2008 年，共青团河南省委列其为河南省青少年教育基地。

• 2011 年，中国人民解放军济南军区列其为郑州二七纪念馆革命传统教育基地。

• 2011 年，入选全国红色旅游经典景区。

• 2014 年，河南省文物局评其为河南省优秀免费开放博物馆。

• 2016 年，河南省委、省人民政府评其为省级文明单位。

• 2020 年，入选“第一批河南省红色教育基地”。

北京长辛店二七纪念馆

长辛店二七纪念馆
Chang Xin Dian Er Qi Ji Nian Guan

长辛店二七纪念馆，是为纪念京汉铁路工人在中国共产党领导下发动“二七大罢工”六十周年，由全国总工会、铁道部、北京市于1983年共同投资兴建，1987年2月7日正式对外开放，全国人大常委会委员长彭真题写馆名。

纪念馆坐落在京西卢沟桥畔、长辛店火车站西侧，占地面积约6 600平方米，建筑面积2 382平方米，展室面积1 000余平方米。纪念馆呈北京老四合院布局——四面各一中式门楼，顶部和房檐处是以金黄色的琉璃瓦装饰的仿古建筑风格，具有浓郁的北方特色。南面正门，钢筋水泥仿木结构的门廊，古脊明柱，水刷石镶衬，配以清水砖墙，在苍松翠柏中显得格外浑然大气，古朴典雅。

纪念馆内共有四个展厅，展览实物153件、各种历史照片300余件。展览用实物、照片、模型、图表和文字资料向观众详细呈现1923年京汉铁路工人大罢工的史实，再现中国共产党领导早期中国工人运动波澜壮阔的历史。

长辛店二七纪念馆荣誉

- 1986年，纪念馆由全国人大常委会委员长彭真题写馆名。
- 1993年，北京市政府列其为北京市爱国主义教育基地。
- 1993年，北京市政府列其为北京市青少年教育基地。
- 1995年，铁道部列其为铁路爱国主义教育基地。
- 2012年，北京市总工会列其为北京市职工爱国主义教育基地。

长辛店二七烈士墓

长辛店“二七”大罢工旧址

省部级领导和其他著名人士为“二七”题写碑名、题写馆（园）名、题词、作诗作画等。

题写馆（园）名　郭沫若

题　　词　郭沫若　邓子恢　陆定一　杨成武　邓　发　滕代远

作诗作画　何香凝　郭沫若

部级领导及其他著名人物题词

傅　钟　李森茂　韩杼滨　傅志寰　贺敬之　陶　钝

王　直　黄民伟　陈全训　刘　实　吕　骥　孟　于

省级领导及其他著名人物题词

项　南　陈光毅　陈明义　程　序　袁启彤　林开钦　黄瑞霖

陈家骅　温附山　潘心诚　陈荣凯　叶家松　王阑西　王志杰

团　　体　湖北省赴林祥谦烈士家乡慰问团（周华琴书）

郭沫若题词二七烈士纪念堂

何香凝（1878—1972）
曾任全国政协副主席、
全国人大常委会副委员长、
中国美术家协会主席、
全国妇联名誉主席。

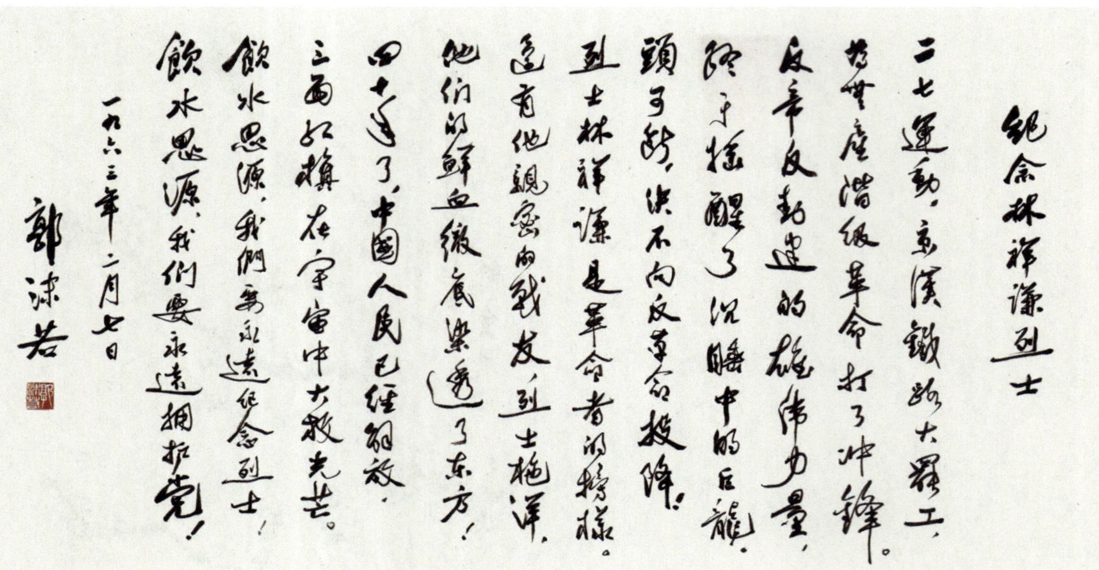

纪念林祥谦烈士

二七运动，京汉铁路大罢工，为无产阶级革命打了冲锋。反帝反封建的雄伟力量，终于摇醒了沉睡中的巨龙。头可断，决不向反革命投降！烈士林祥谦是革命者的榜样。还有他亲密的战友，烈士施洋，他们的鲜血彻底染透了东方！四十年了，中国人民已经解放，三面红旗在宇宙中大放光芒。饮水思源，我们要永远纪念烈士！饮水思源，我们要永远拥护党！

郭沫若（1892—1978）

曾任政务院副总理、全国人大常委会副委员长、中国科学院院长。

路线光辉照耀，党委正确领导。陈规陋矩当焚烧，大跃进中飞跃。二十五天时日，四方大力协调。机车新型建设好，不久内燃能造。——一九五八年六月二十六日，应长辛店铁路工厂工会之嘱，题此为该厂全体工友仅费二十五日完成第一台建设型机车志贺。

郭沫若（1892—1978）

曾任政务院副总理、全国人大常委会副委员长、中国科学院院长。

为人民流最后一滴血

邓子恢（1896—1972）

曾任中共中央农村工作部部长、国务院副总理、全国政协副主席。

林祥谦同志的从容就义，在中国政治舞台上出现了无产阶级，只有它能领导革命直到胜利。

陆定一（1906—1996）

曾任中宣部部长、国务院副总理、全国政协副主席。

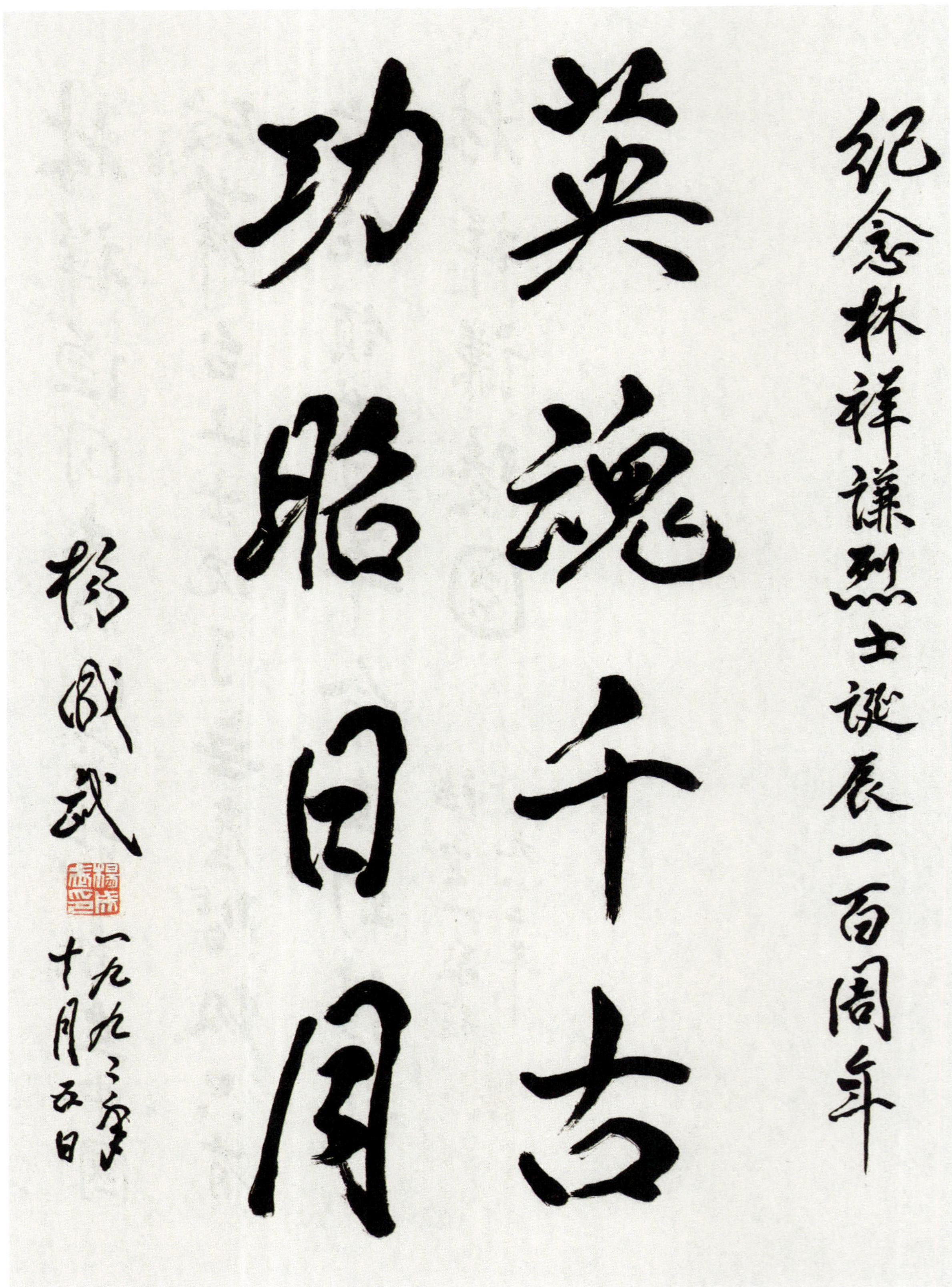

英魂千古　功昭日月

杨成武（1914—2004）

曾任中央军委常委、全国政协副主席，开国上将。

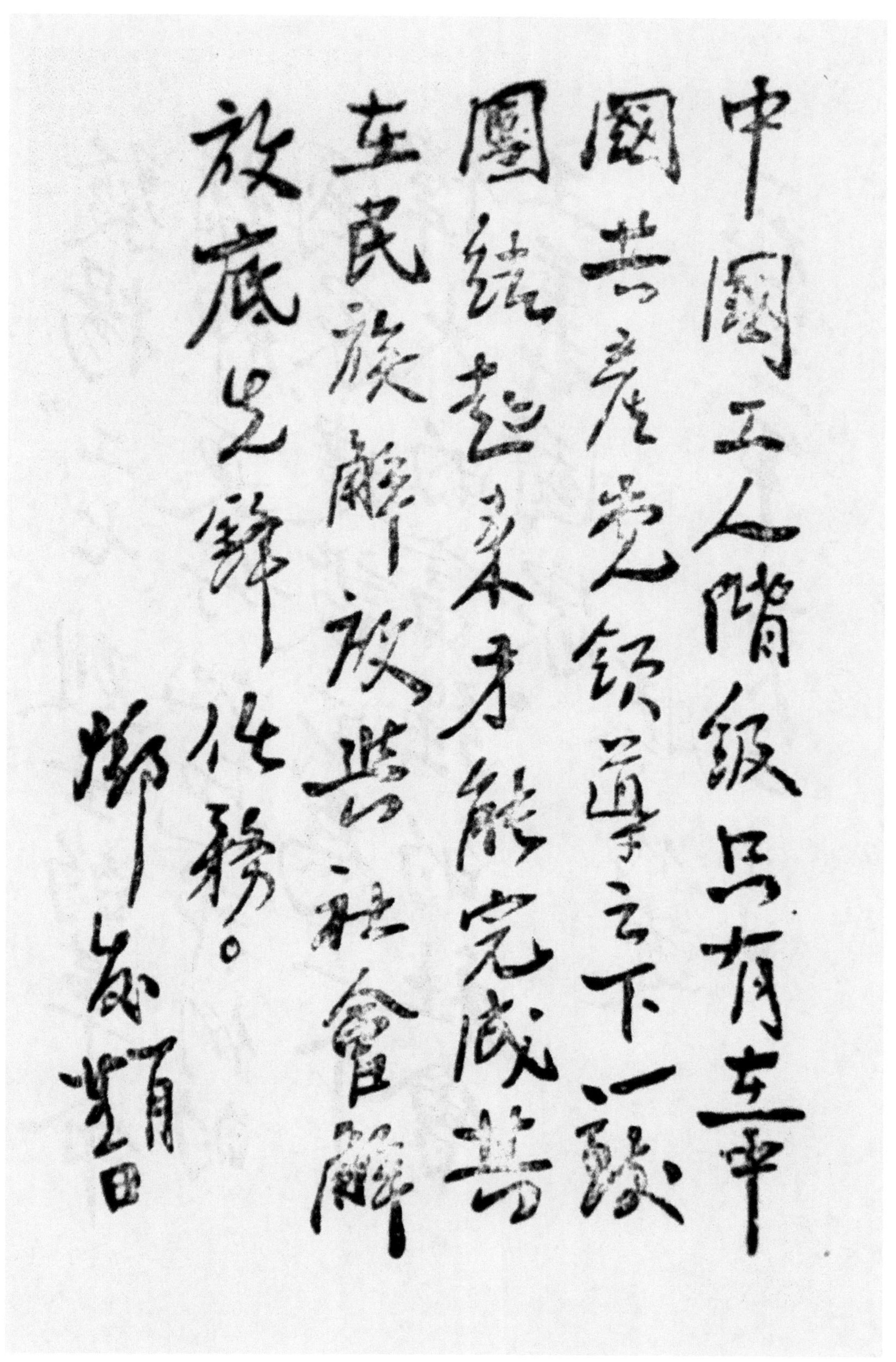

中国工人阶级只有在中国共产党领导之下一致团结起来才能完成其在民族解放与社会解放底先锋任务。

邓发（1906—1946）

曾任中共中央党校校长、中共中央职工运动委员会书记。

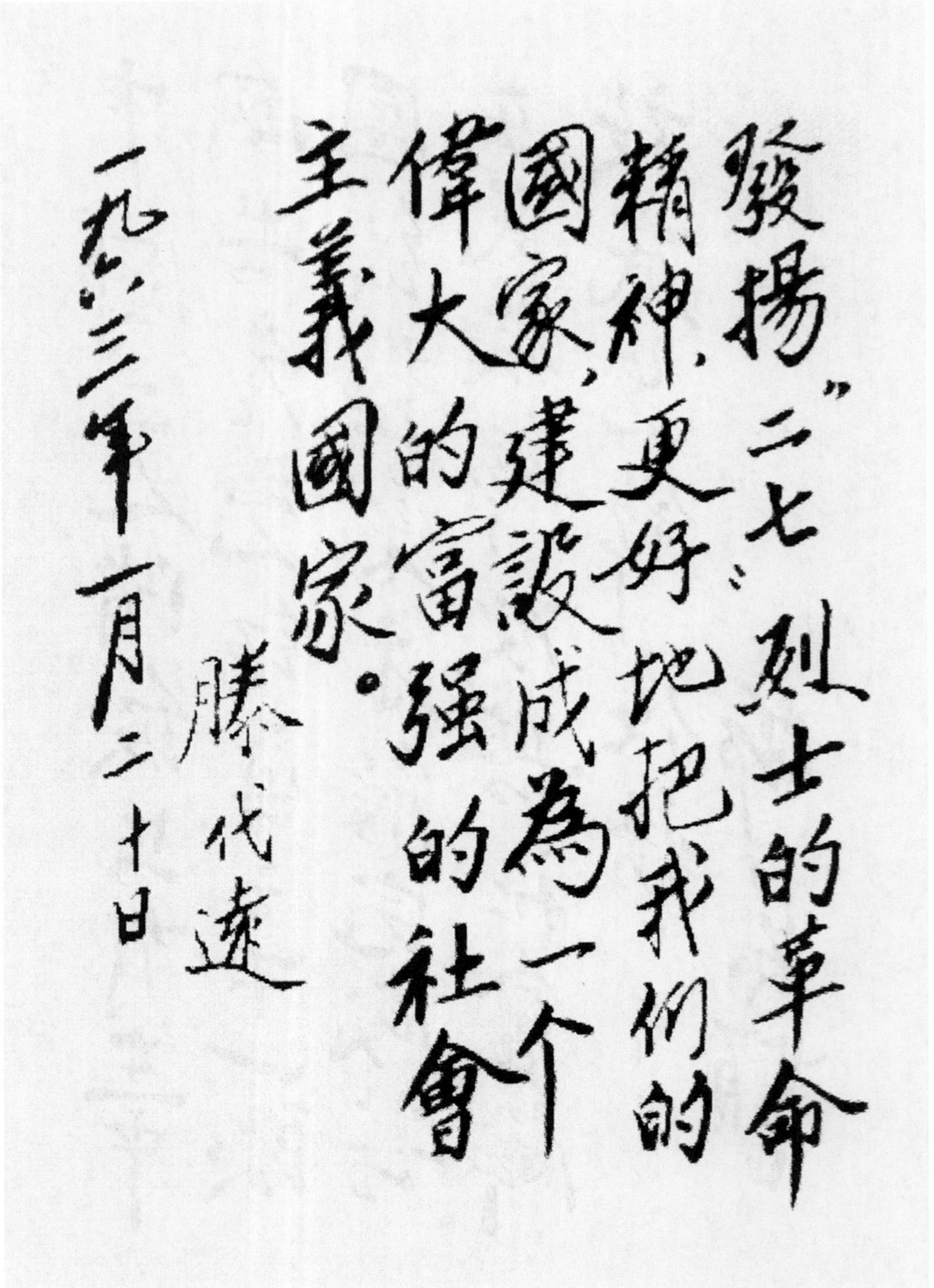

發揚"二七"烈士的革命精神，更好地把我們的國家，建設成為一個偉大的富強的社會主義國家。

滕代遠

一九六三年一月二十日

发扬“二七”烈士的革命精神，更好地把我们的国家，建设成为一个伟大的富强的社会主义国家。

滕代远（1904—1974）

曾任全国政协副主席，
中华人民共和国人民铁路事业奠基人。

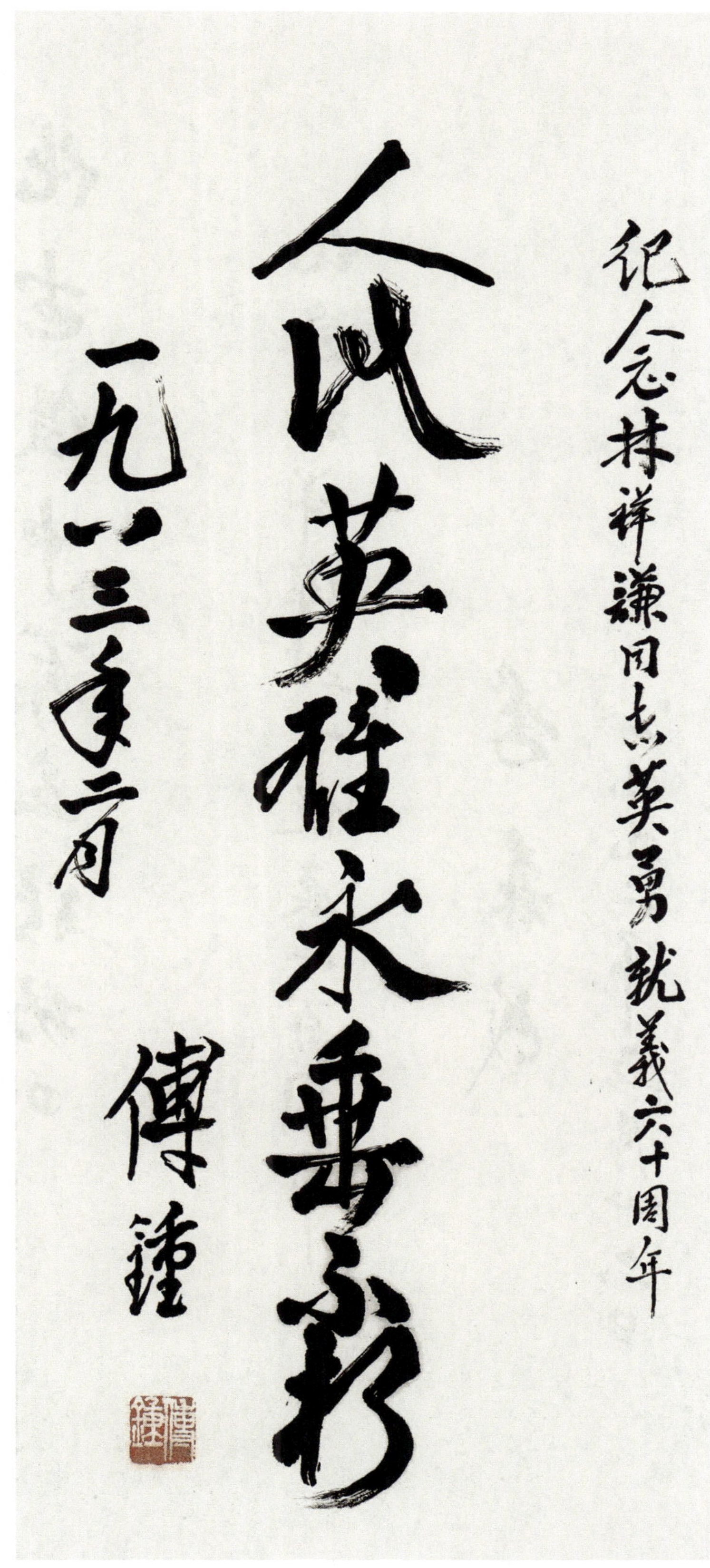

人民英雄永垂不朽

傅钟（1900—1989）

曾任解放军总政治部副主任，开国上将。

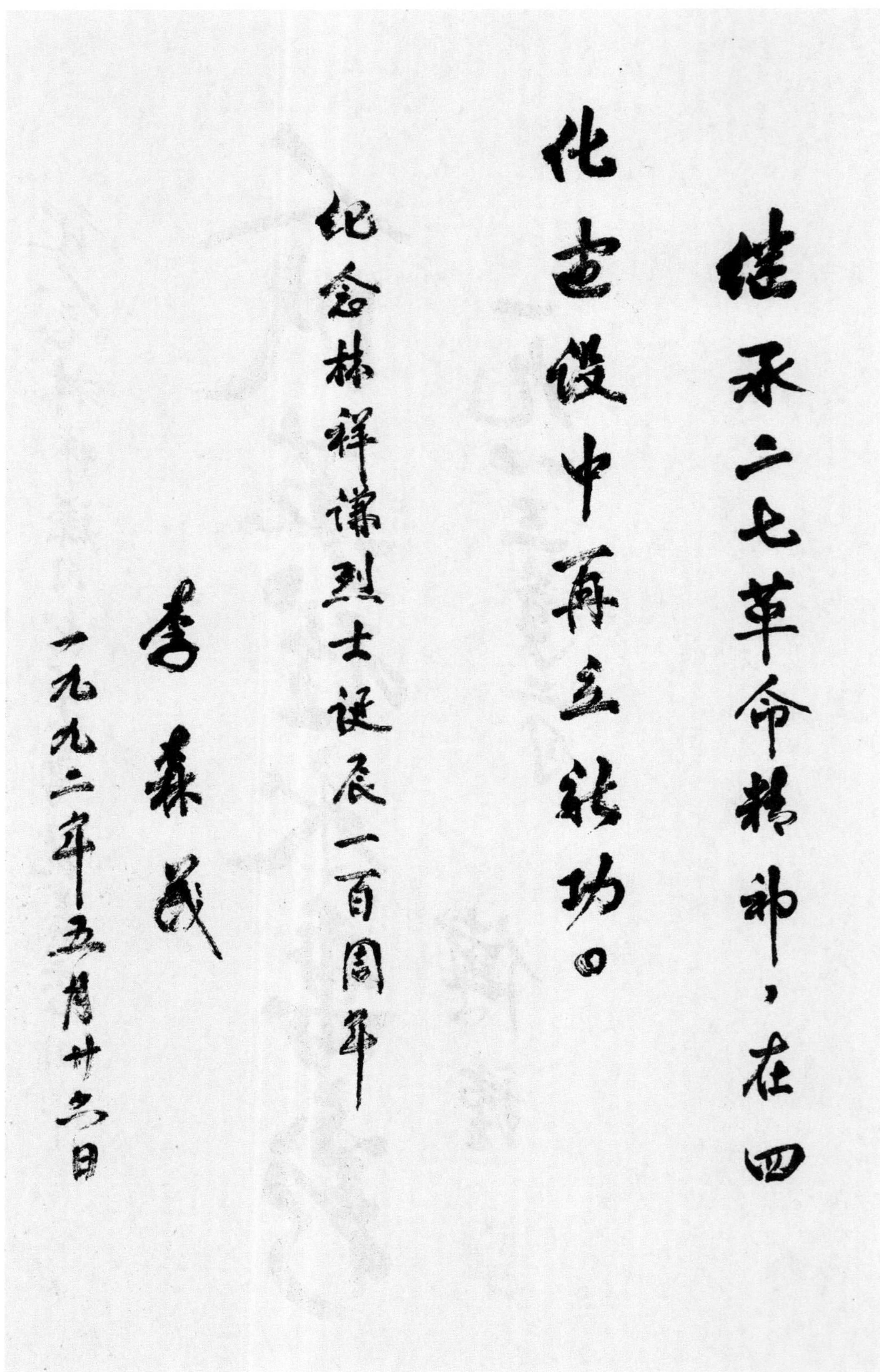

继承二七革命精神，在四化建设中再立新功。

李森茂（1929—1996）

曾任铁道部党组书记、部长。

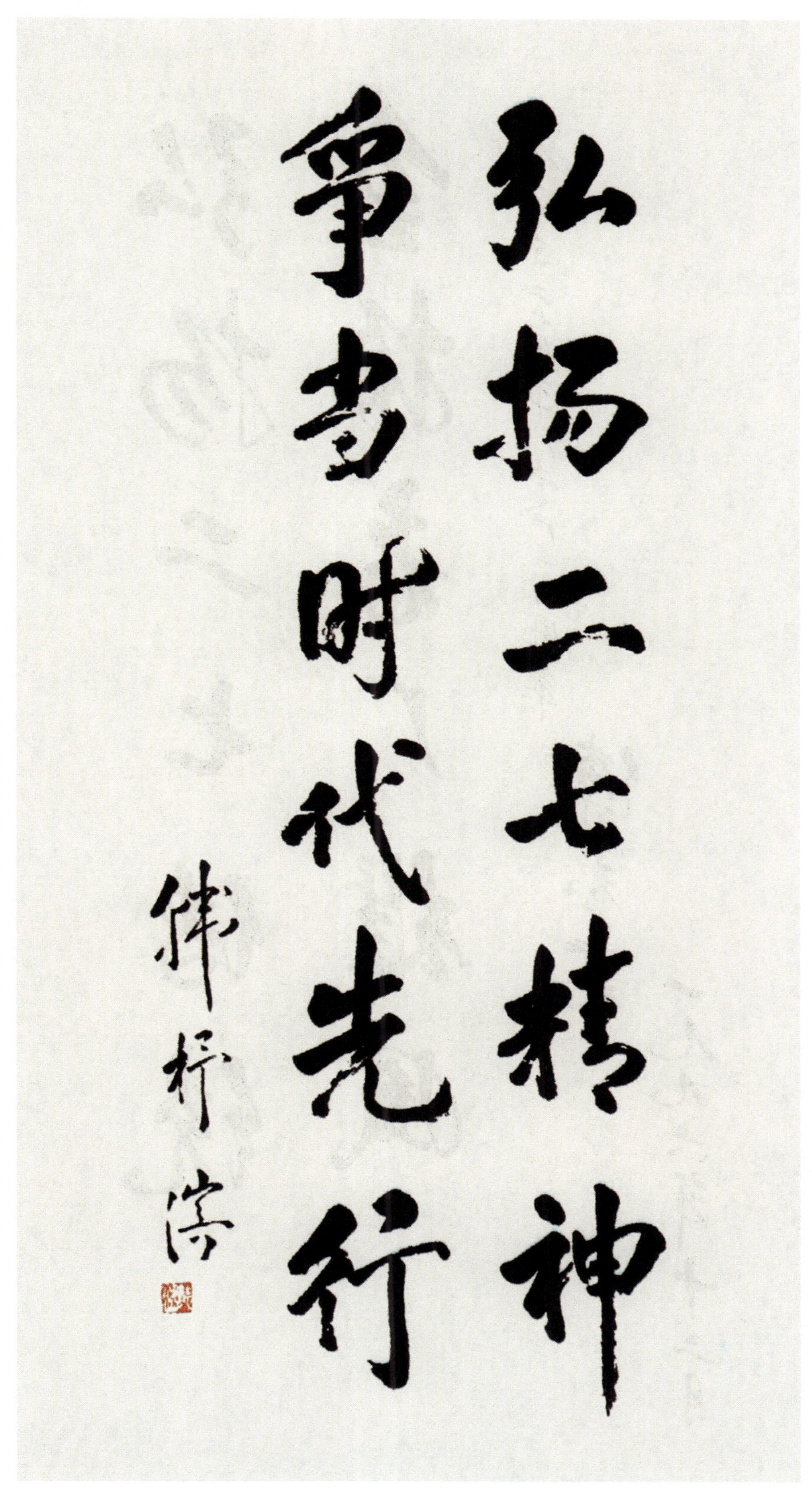

弘扬二七精神　争当时代先行

韩杼滨（1932—）

曾任铁道部部长。

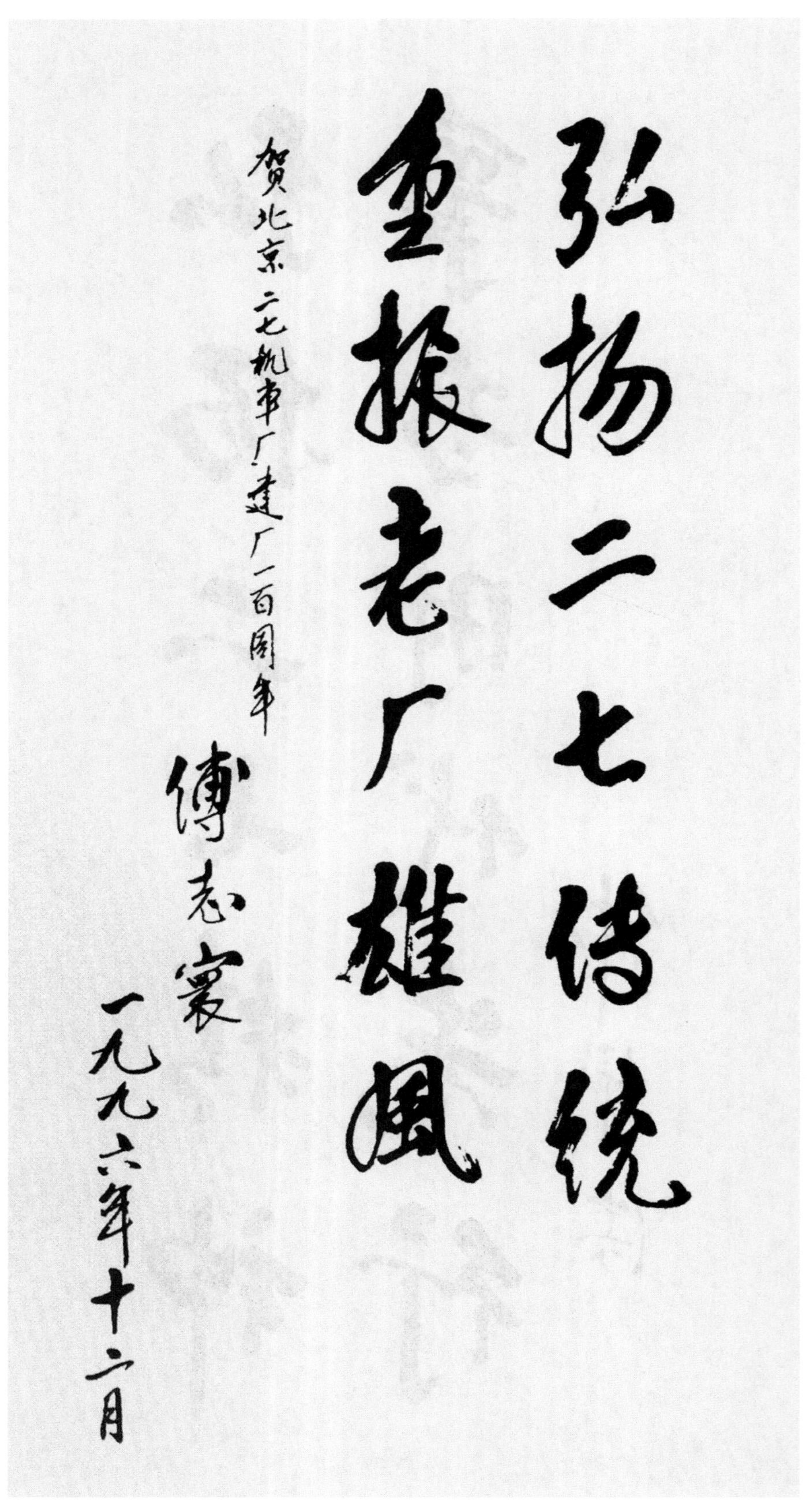

弘扬二七传统　重振老厂雄风

傅志寰（1938—）

曾任铁道部党组书记、副部长。

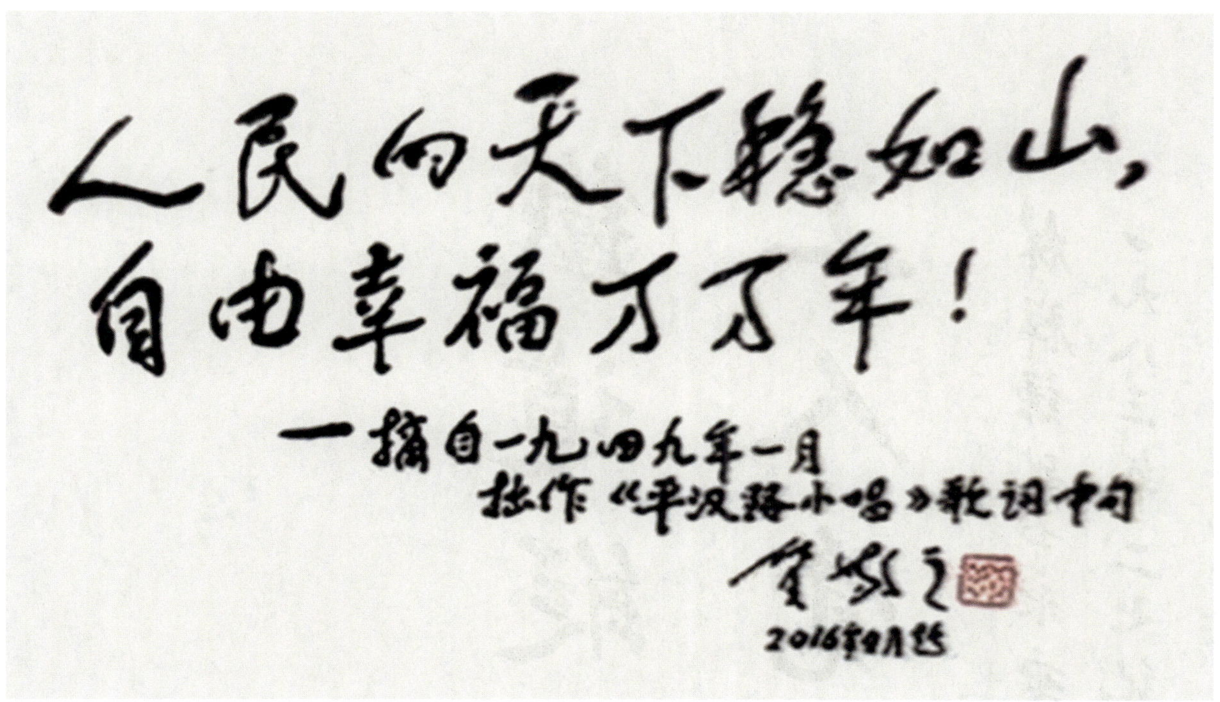

人民的天下稳如山，自由幸福万万年！

贺敬之（1989—1992）

曾任文化部部长。

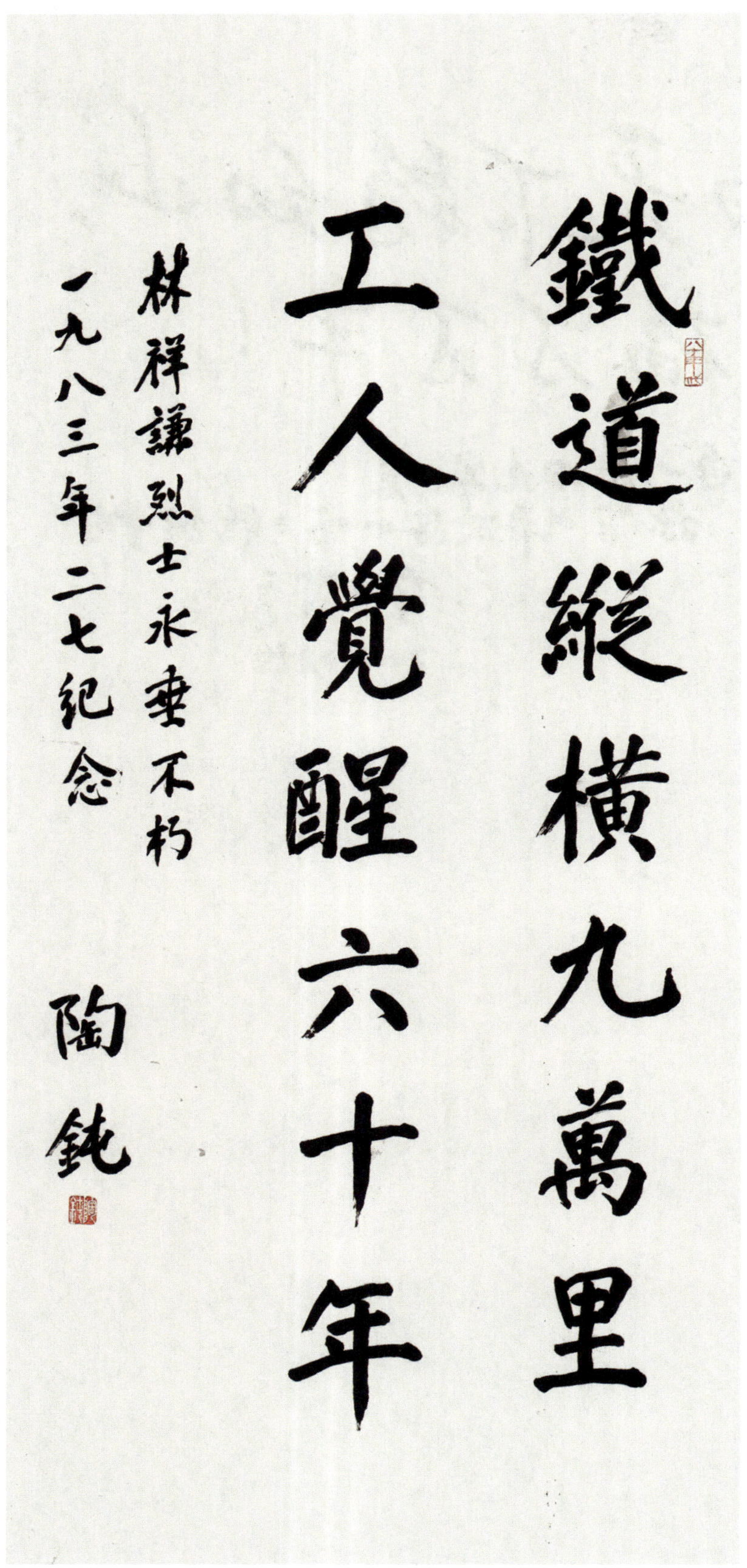

铁道纵横九万里　工人觉醒六十年

陶钝（1901—1996）

曾任中国曲艺家协会主席、中国文联副主席。

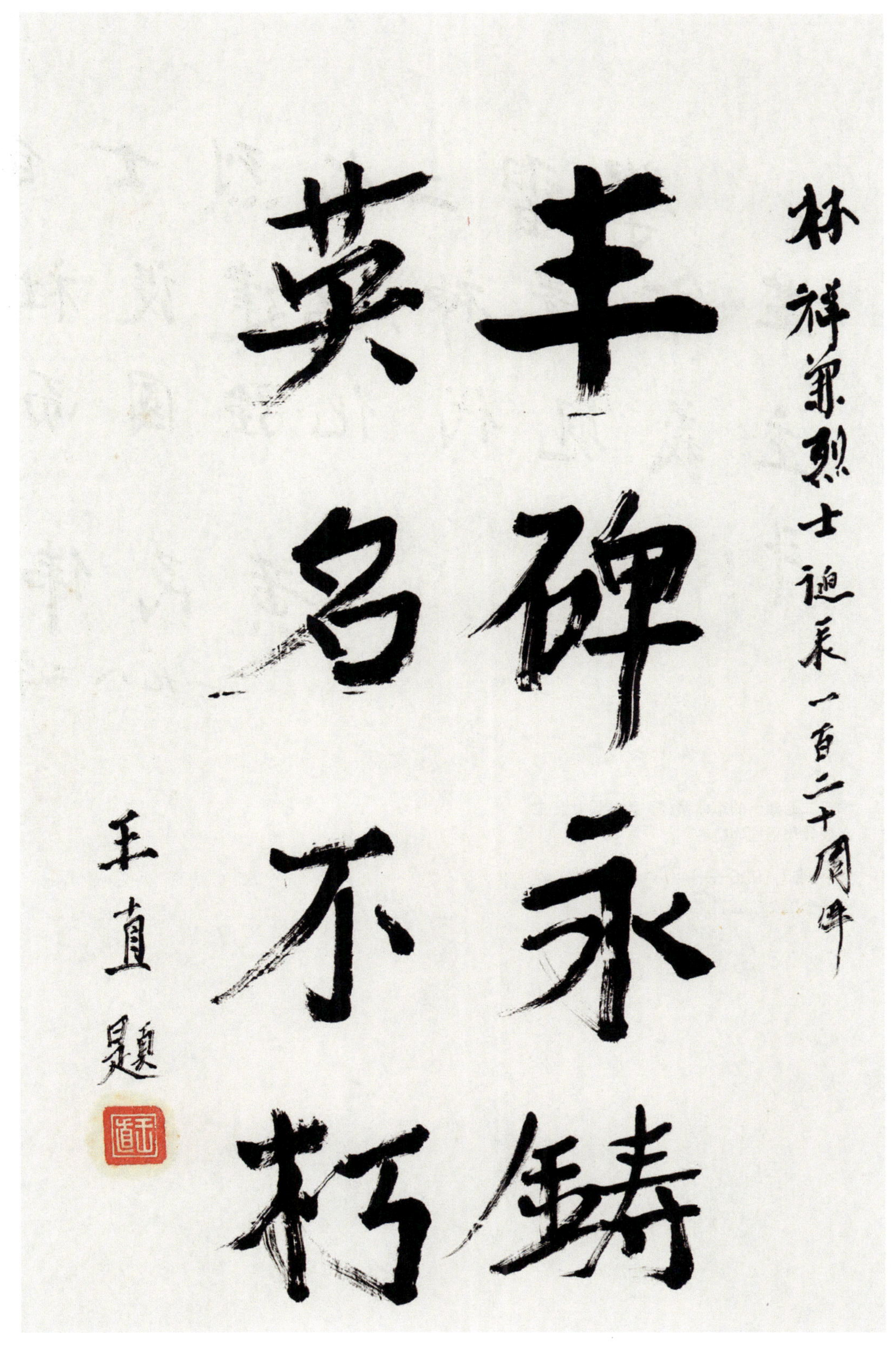

丰碑永铸　英名不朽

王直（1916—2014）

曾任福建省人大常委会副主任，开国少将。

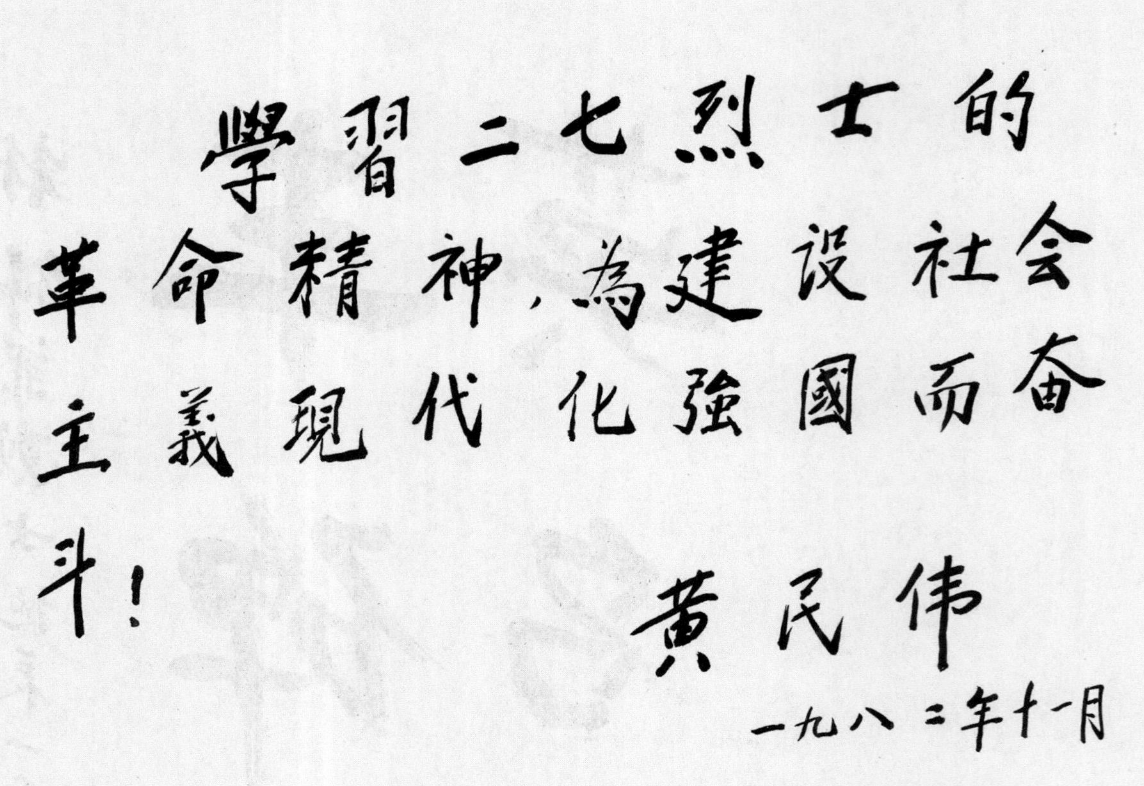
學習二七烈士的革命精神，為建設社会主義現代化強國而奋斗！

黄民伟

一九八二年十一月

学习二七烈士的革命精神，为建设社会主义现代化强国而奋斗。

黄民伟（1926— ）

曾任全国总工会副主席。

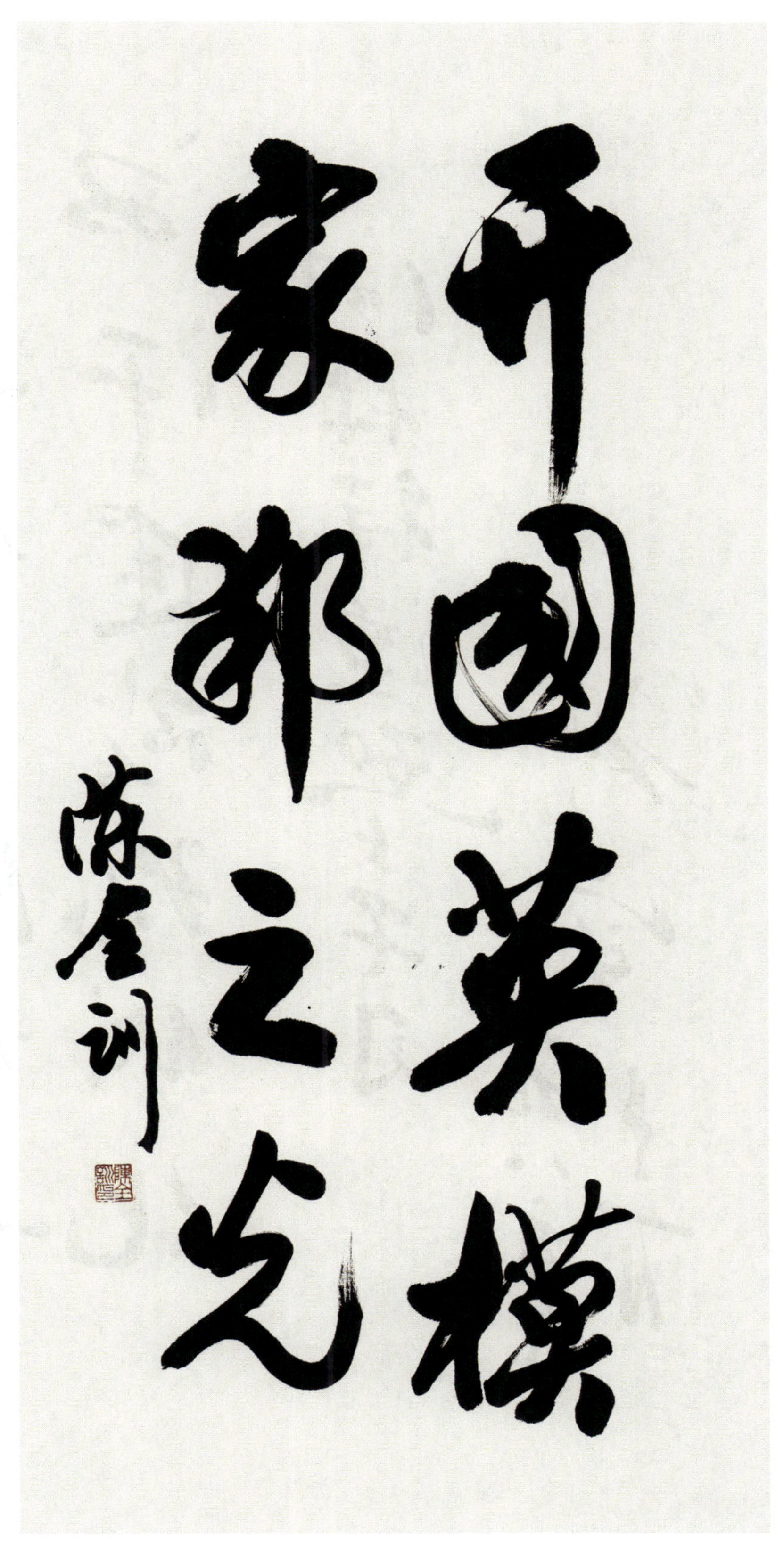

开国英雄　家邦之光

陈全训（1944— ）

曾任国务院参事、中国有色金属工业协会会长。

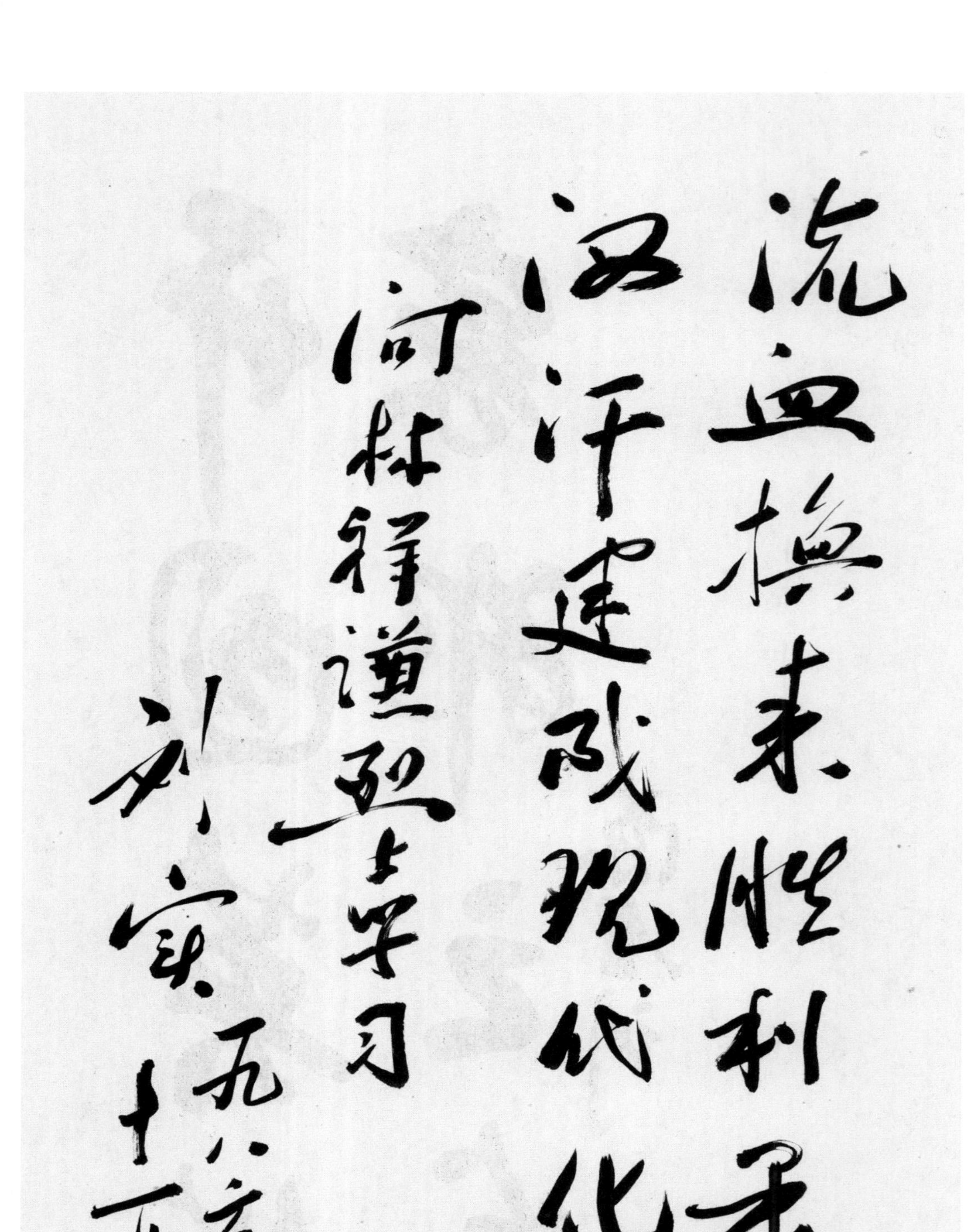

流血换来胜利果　洒汗建成现代化

刘实（1959—）

曾任中纪委、国家监委驻国家市场监督管理总局纪检监察组组长，国家市场监督管理总局党组成员。

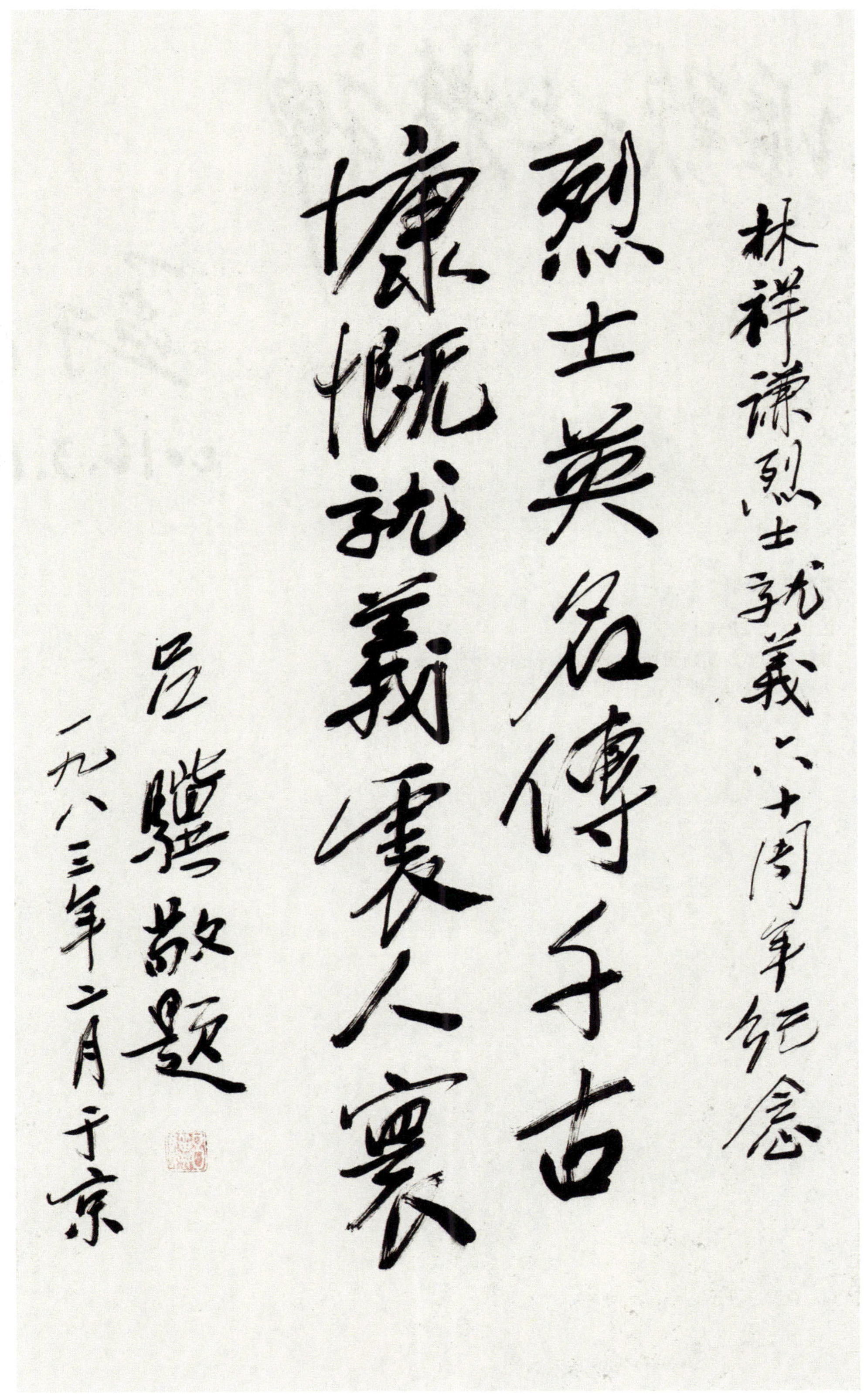

烈士英名传千古　慷慨就义震人寰

吕骥（1909—2002）

曾任中国音乐家协会名誉主席，音乐理论家，
获得首届中国音乐金钟奖颁发的“终身荣誉勋章”。

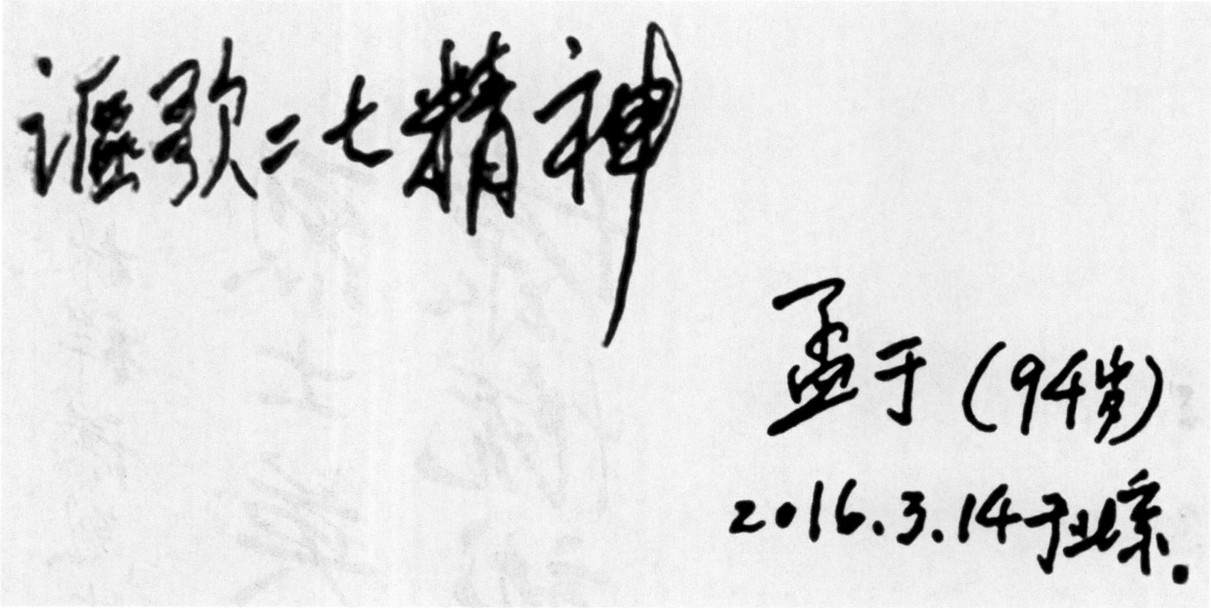

讴歌二七精神

孟于（94岁）

2016.3.14于北京。

讴歌二七精神

孟于（1922— ）

曾任中央歌舞团副团长，独唱演员，演唱《平汉路小唱》《慰问志愿军小唱》等。

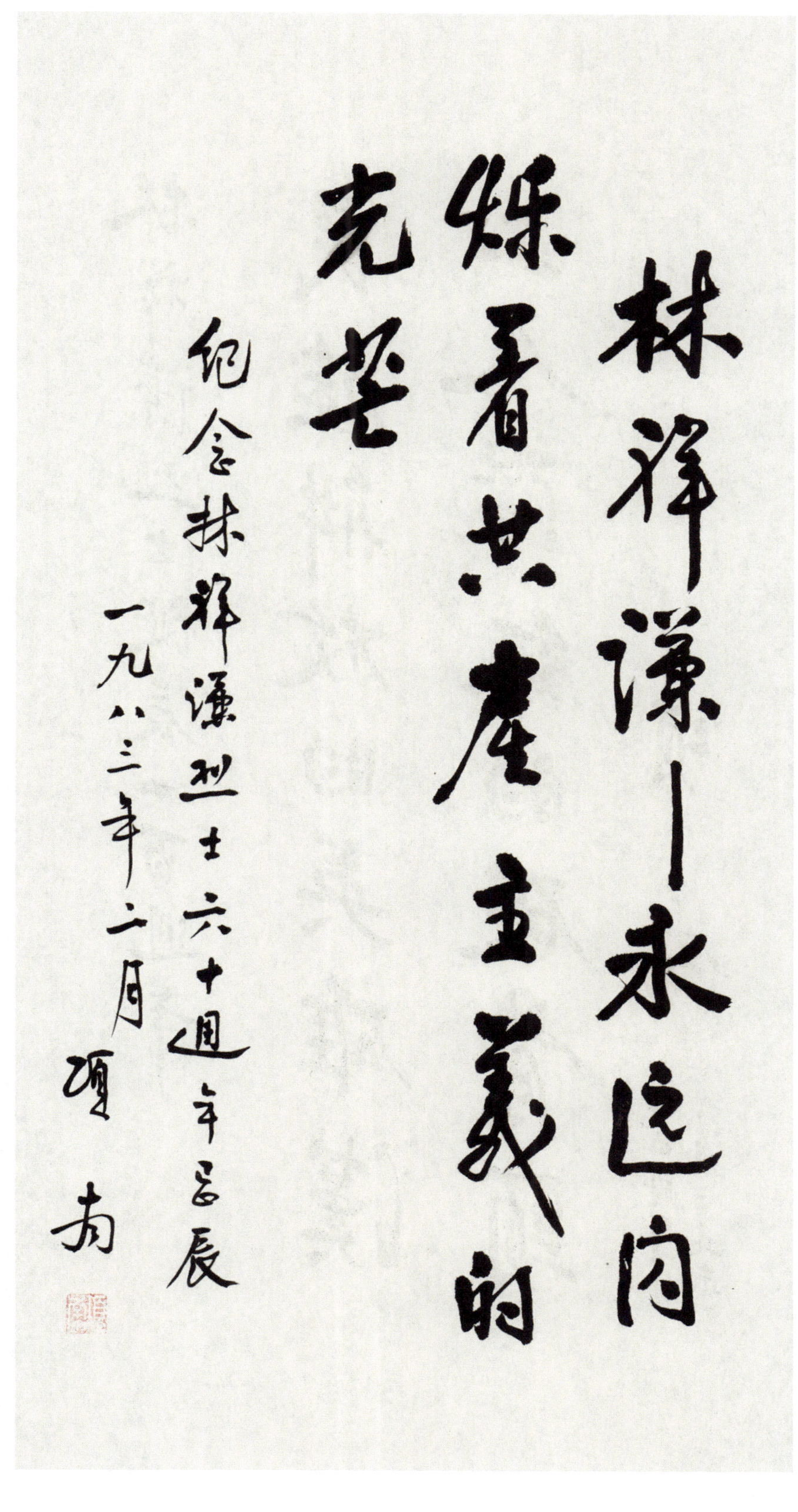

林祥谦——永远闪烁着共产主义的光芒

项南（1916—1997）

曾任福建省委书记、
中国扶贫基金会创会会长。

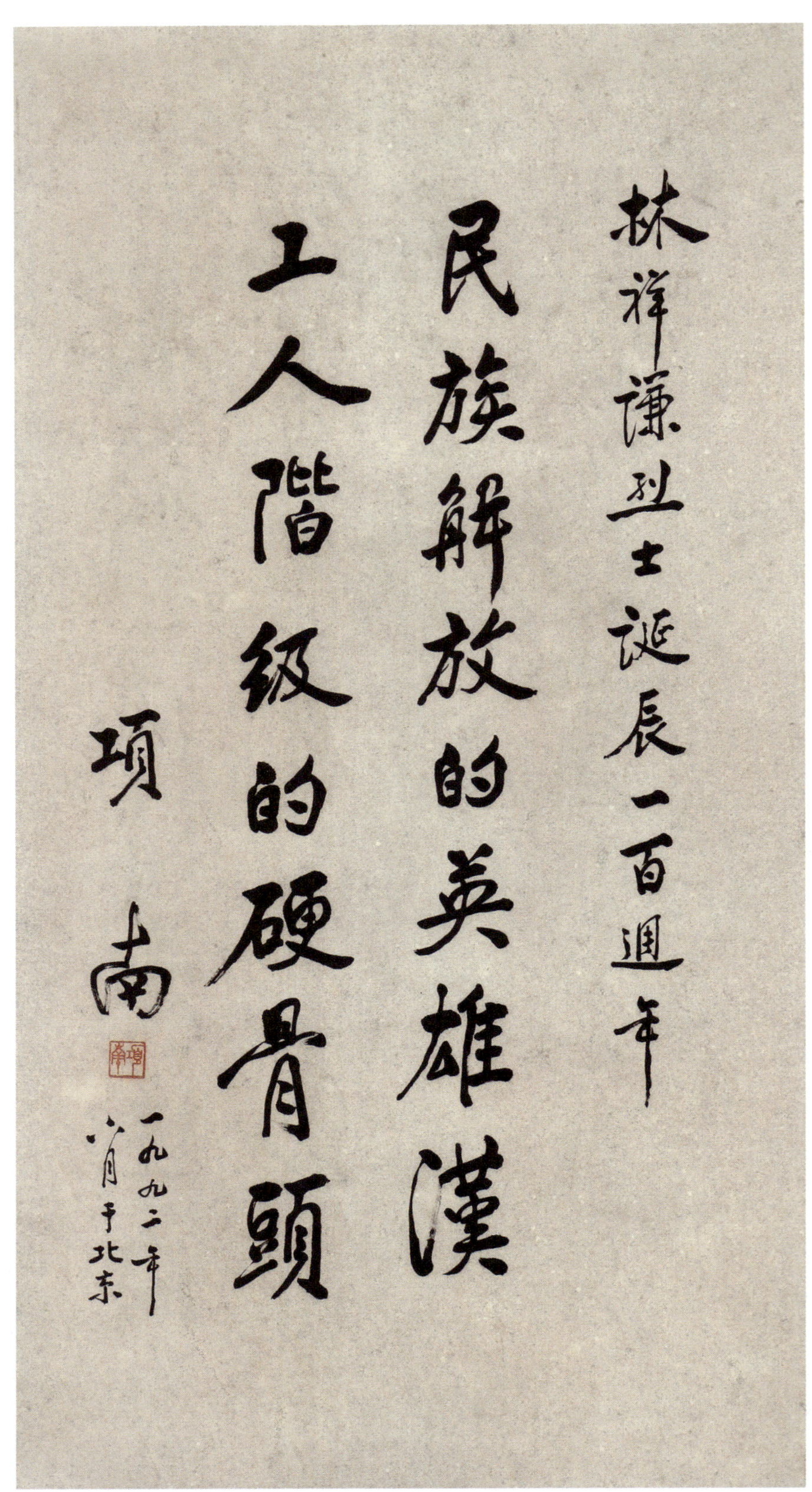

民族解放的英雄汉　工人阶级的硬骨头

项南（1916—1997）

曾任福建省委书记、
中国扶贫基金会创会会长。

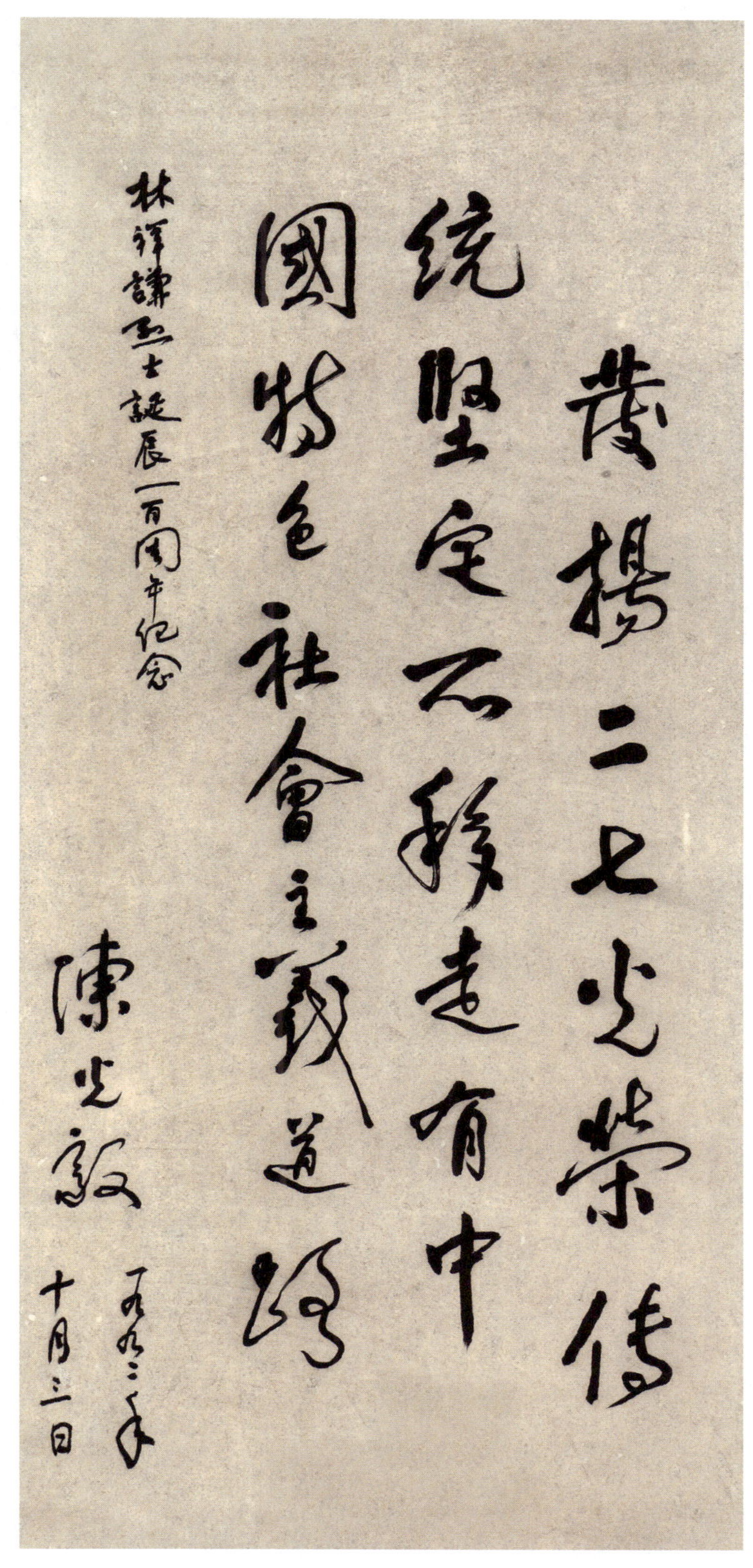

发扬二七光荣传统　坚定不移走有中国特色社会主义道路

陈光毅（1933—）

曾任福建省委书记、
中国民航总局局长。

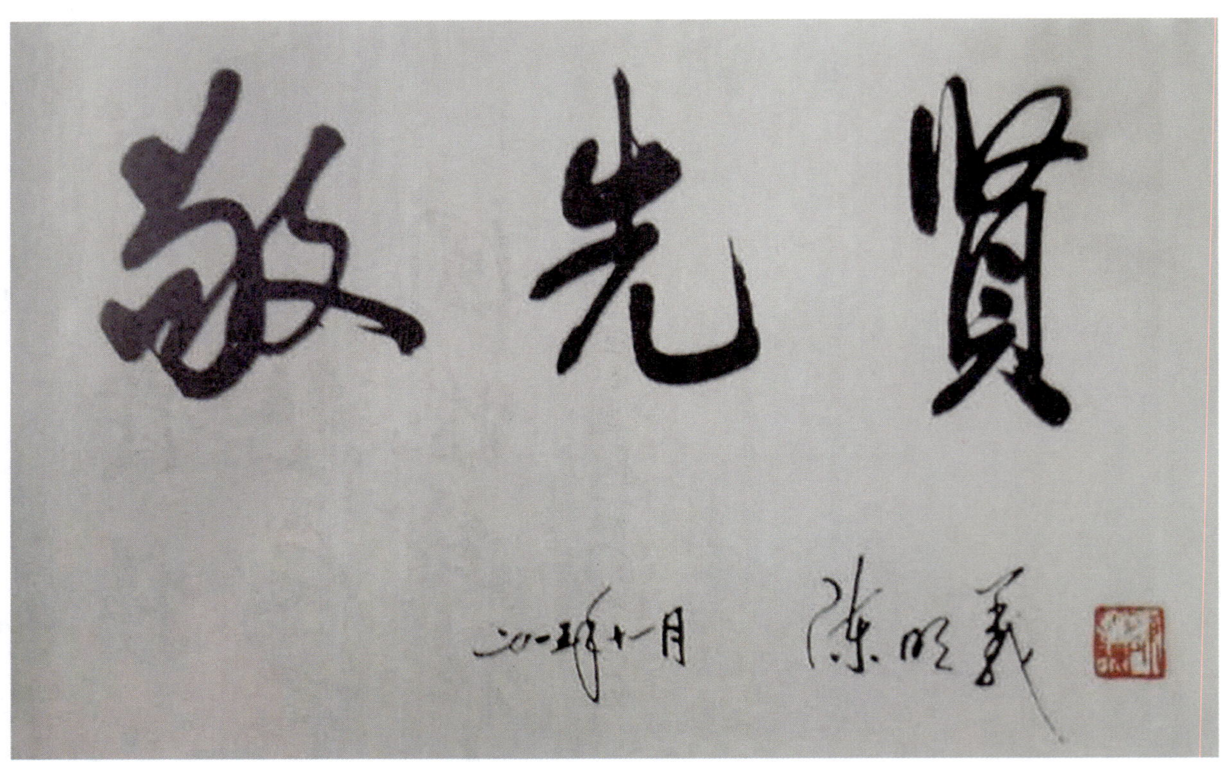

敬先贤

陈明义（1940—）

曾任福建省委书记。

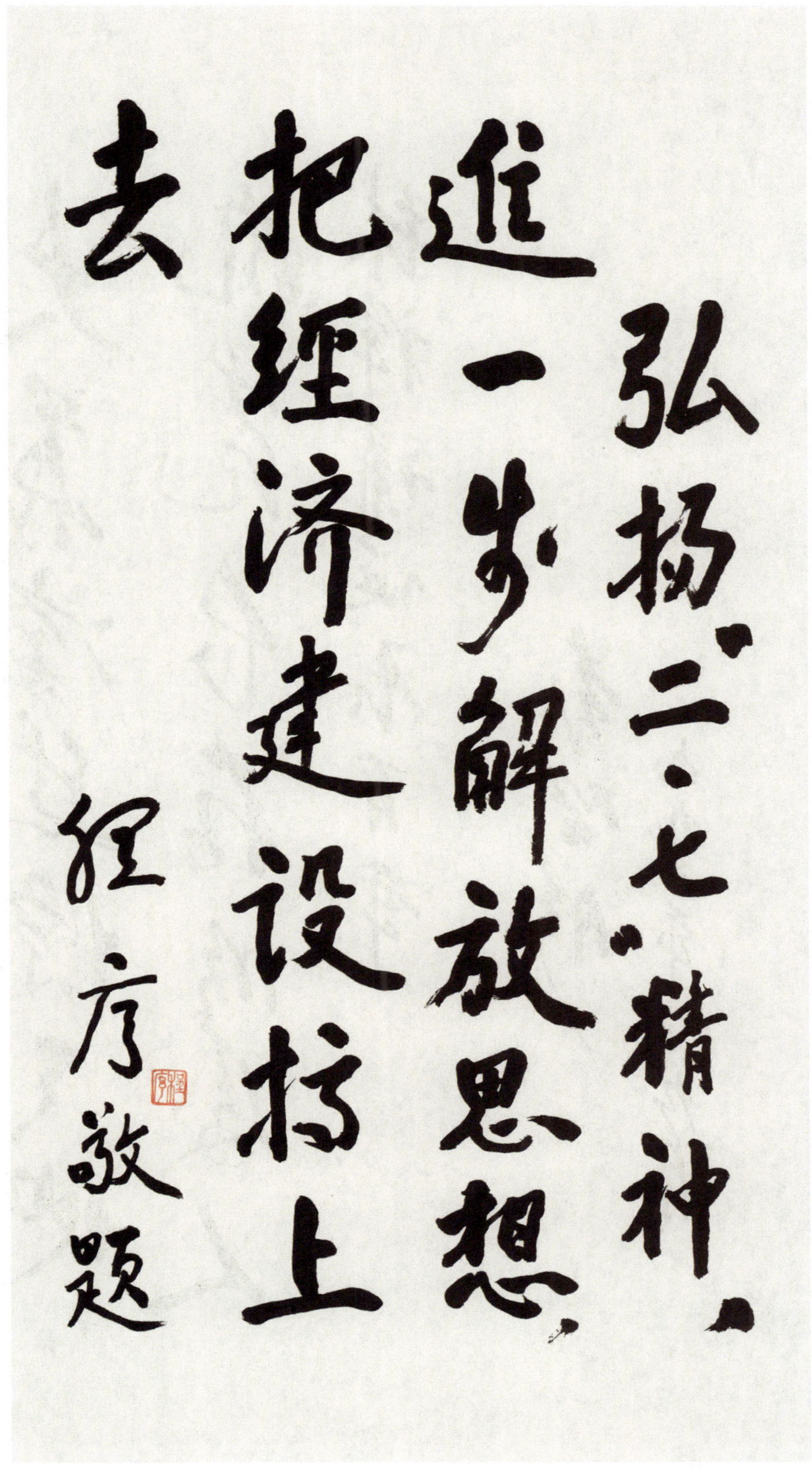

弘扬“二七”精神，进一步解放思想，把经济建设搞上去。

程序（1919—1998）

曾任福建省人大常委会主任。

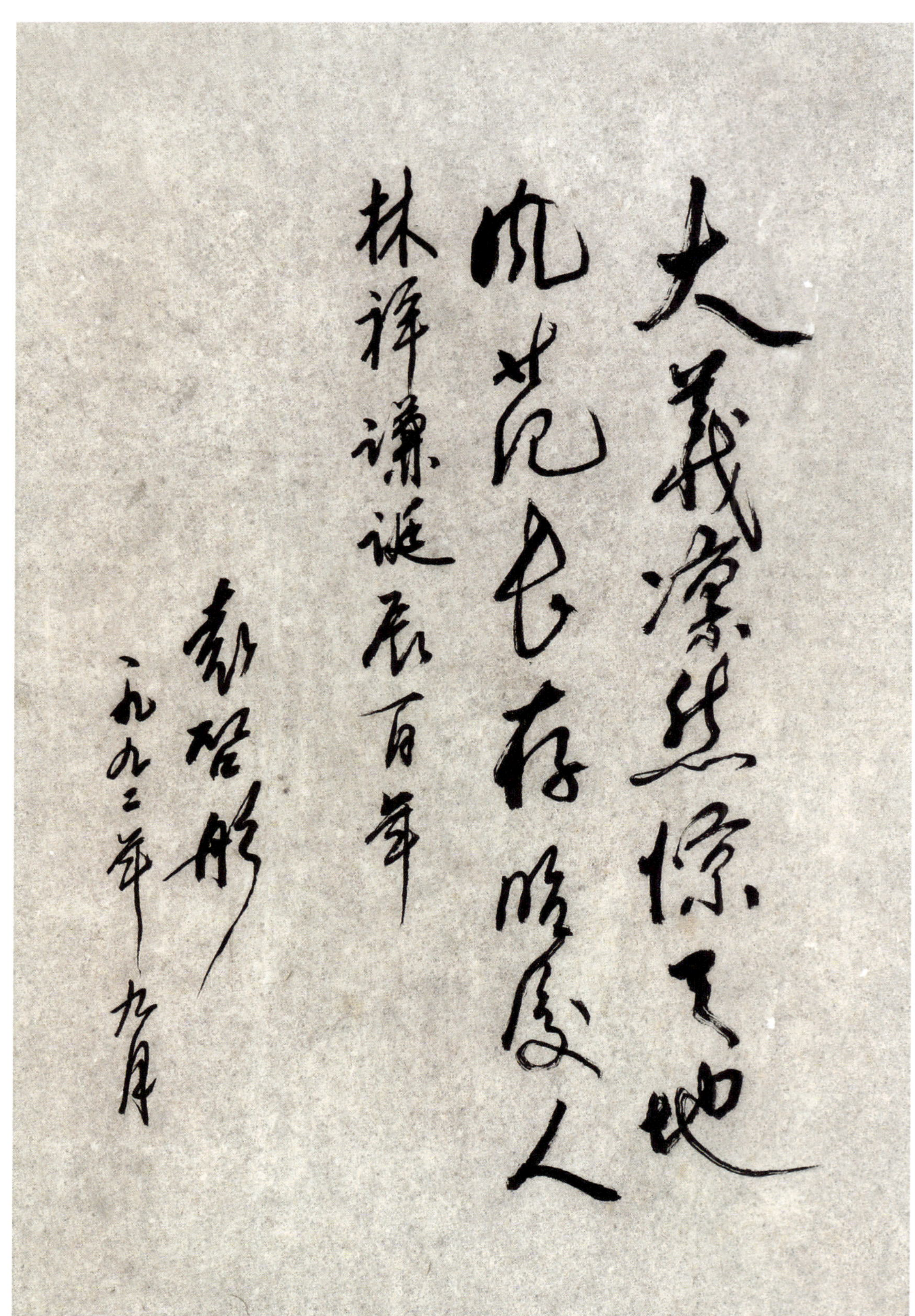

大义凛然惊天地　风范长存昭后人

袁启彤（1932— ）

曾任福建省人大常委会主任、
政法委书记。

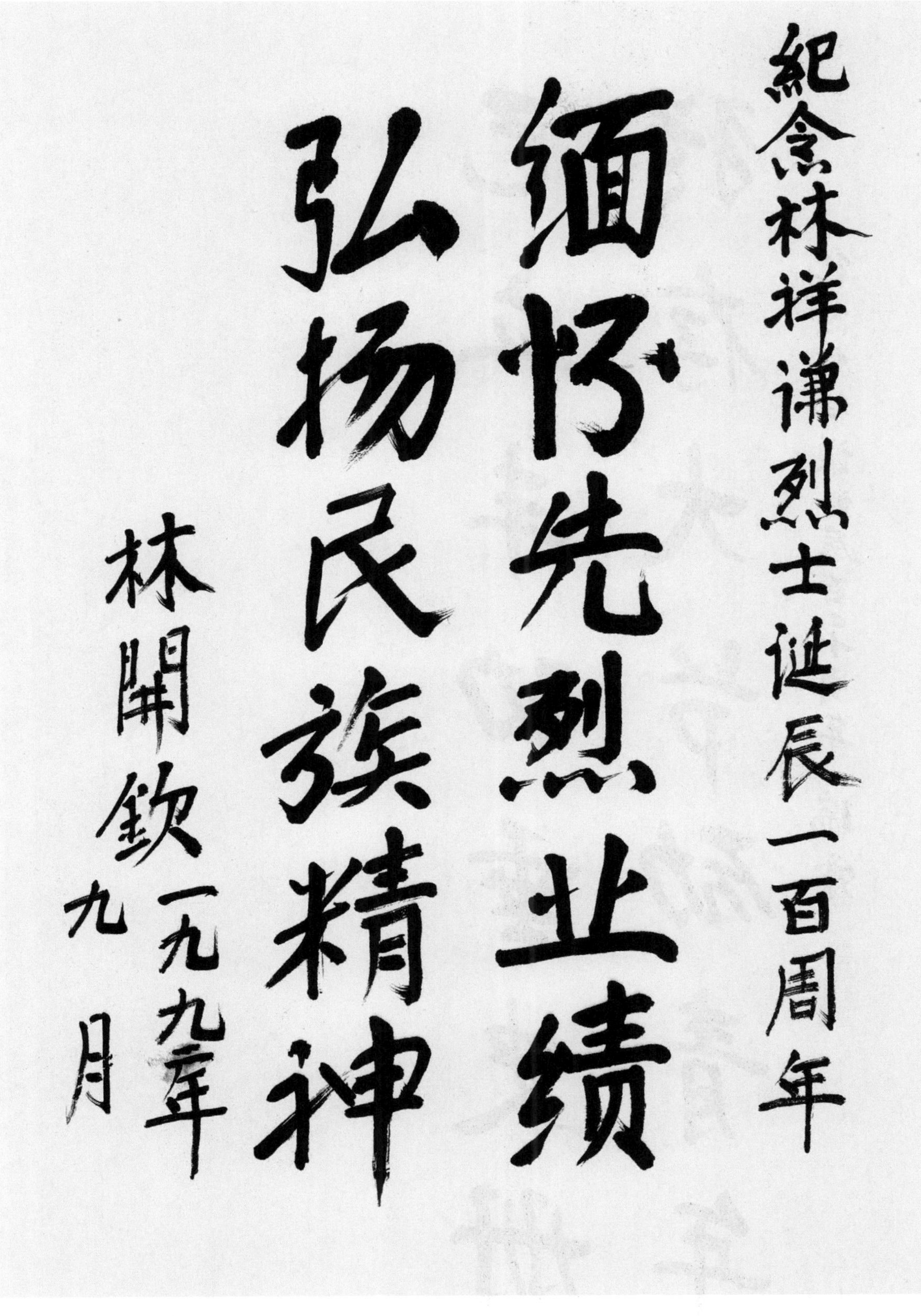

紀念林祥謙烈士誕辰一百周年

缅怀先烈业绩
弘扬民族精神

林開欽 一九九九年九月

缅怀先烈业绩　弘扬民族精神

林开钦（1934— ）
曾任福建省委副书记、省纪委书记。

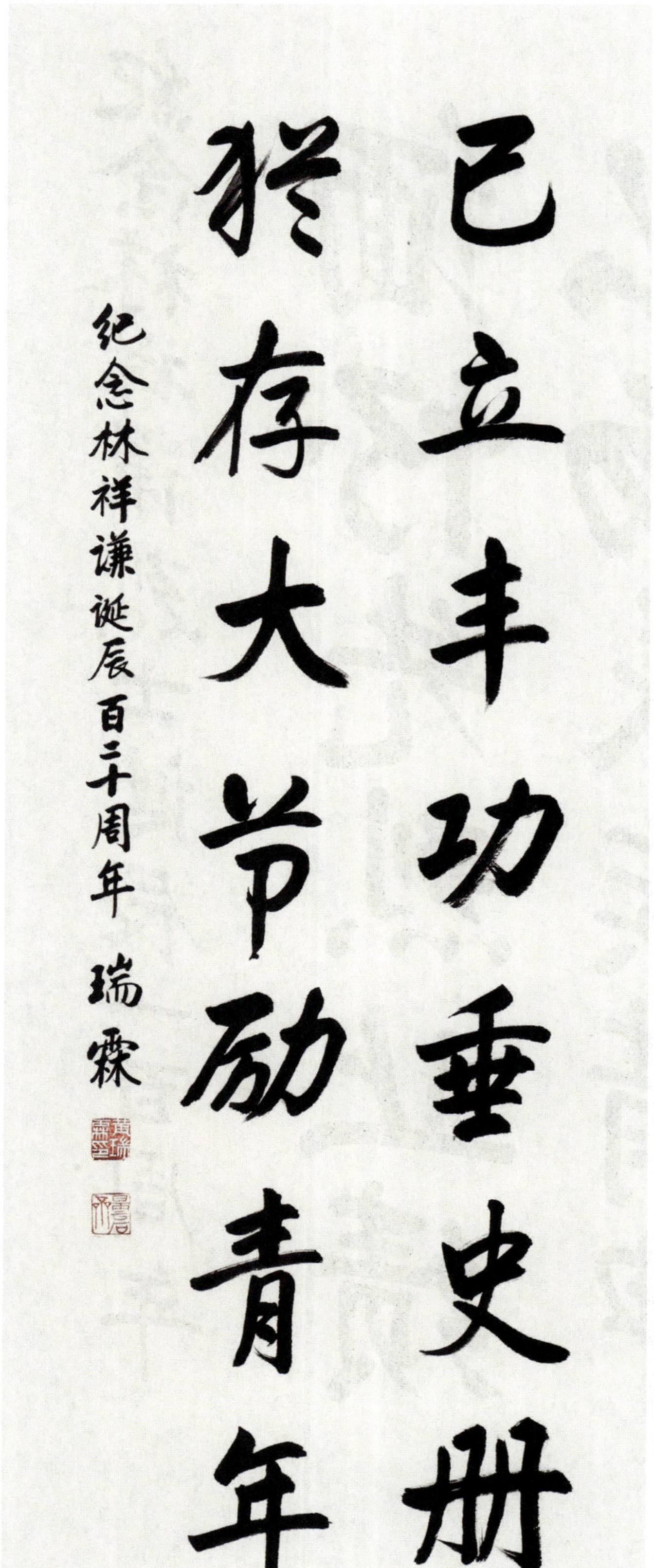

已立丰功垂史册
犹存大节励青年

纪念林祥谦诞辰百二十周年 瑞霖

已立丰功垂史册　犹存大节励青年

黄瑞霖（1944— ）

曾任福建省委副书记、福建省政协副主席、福建省总工会主席。

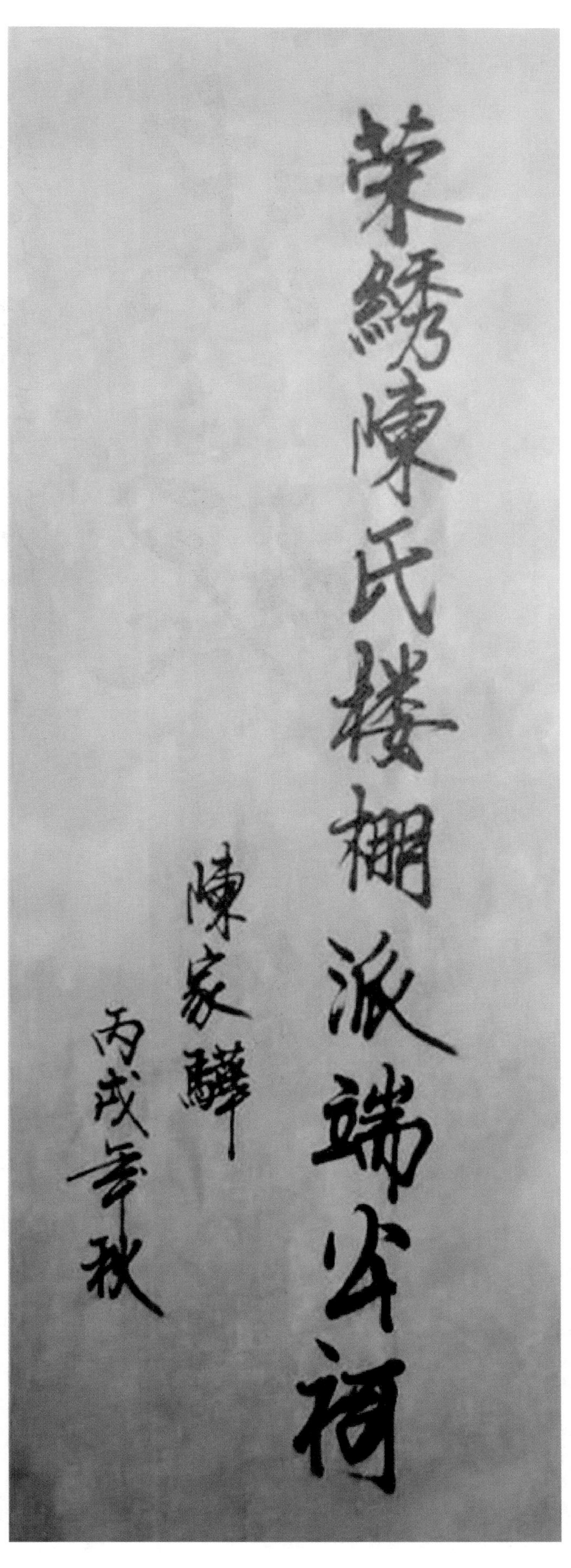

荣绣陈氏楼棚派端公祠

陈家骅（ 1947— ）
曾任福建省政协副主席、
九三学社福建省主委。

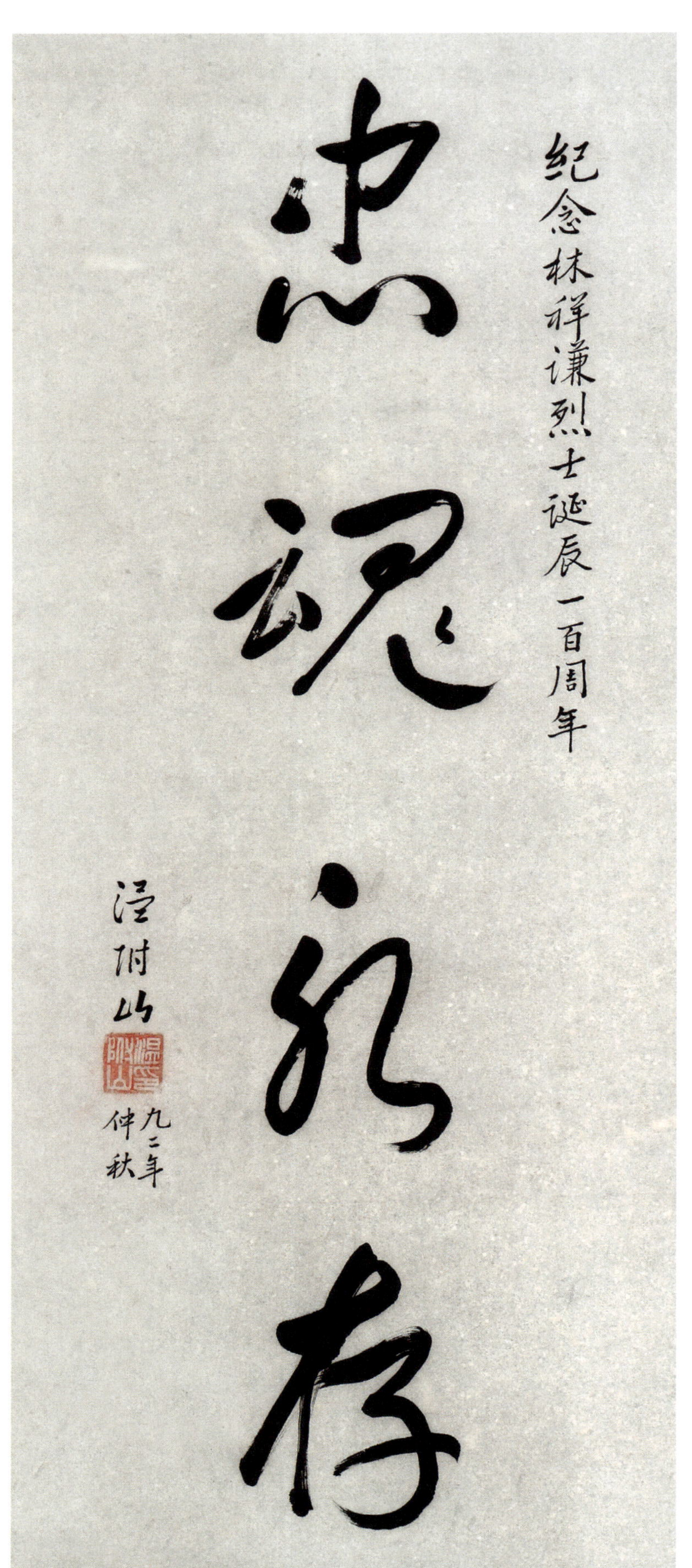

忠魂永存

温附山（1917—2001）

曾任福建省副省长。

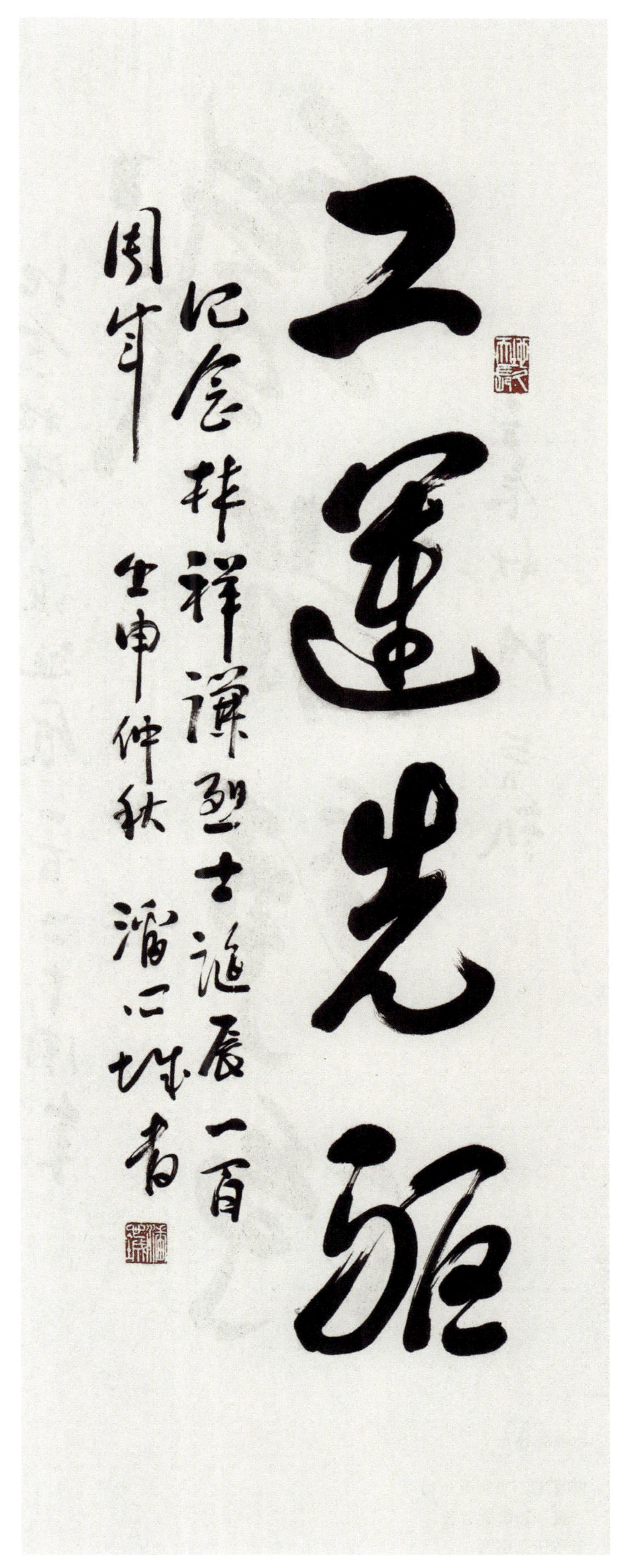

工运先驱

潘心诚（1942—）

曾任福建省副省长、福建省政协副主席。

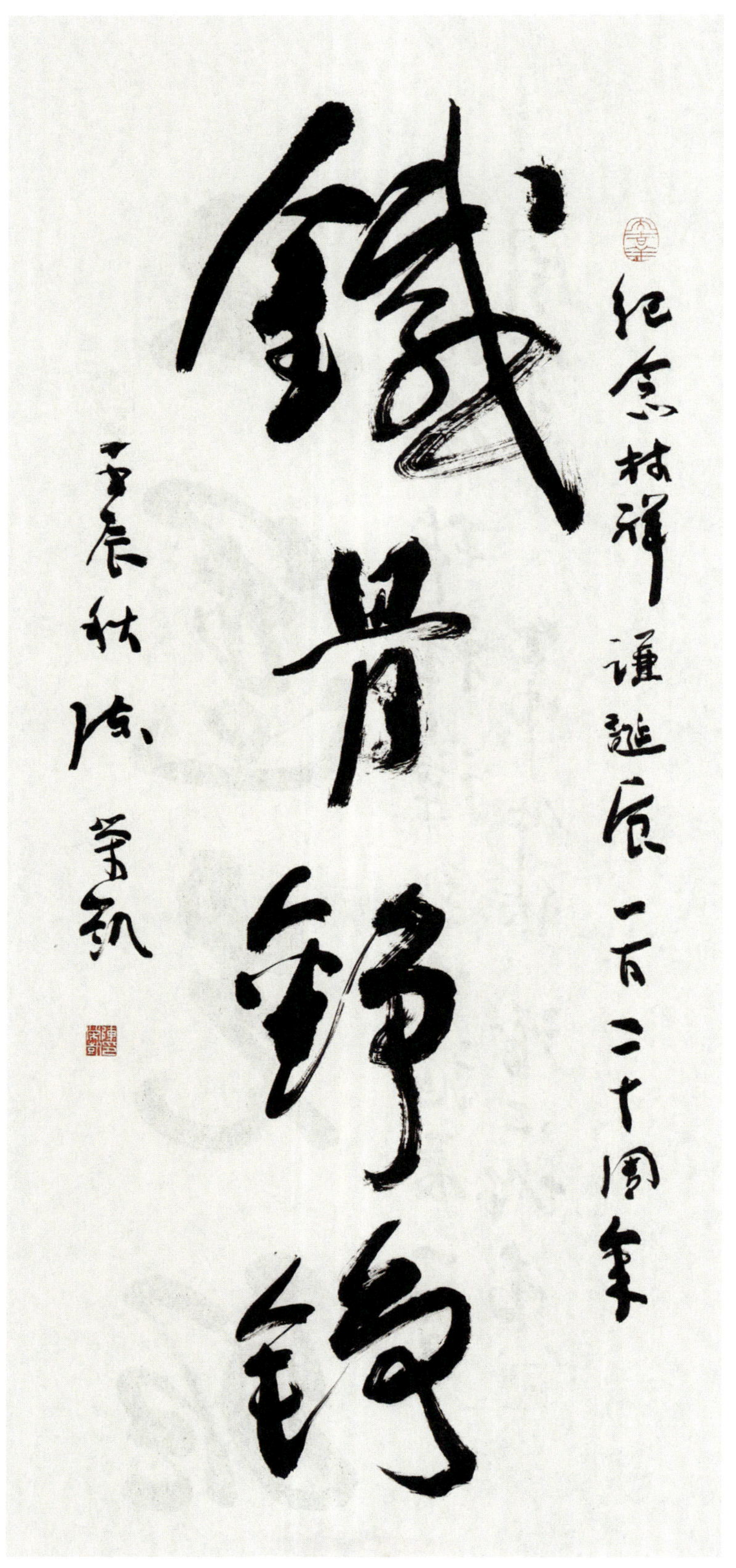

铁骨铮铮

陈荣凯（1955— ）

曾任福建省副省长、
省政协副主席。

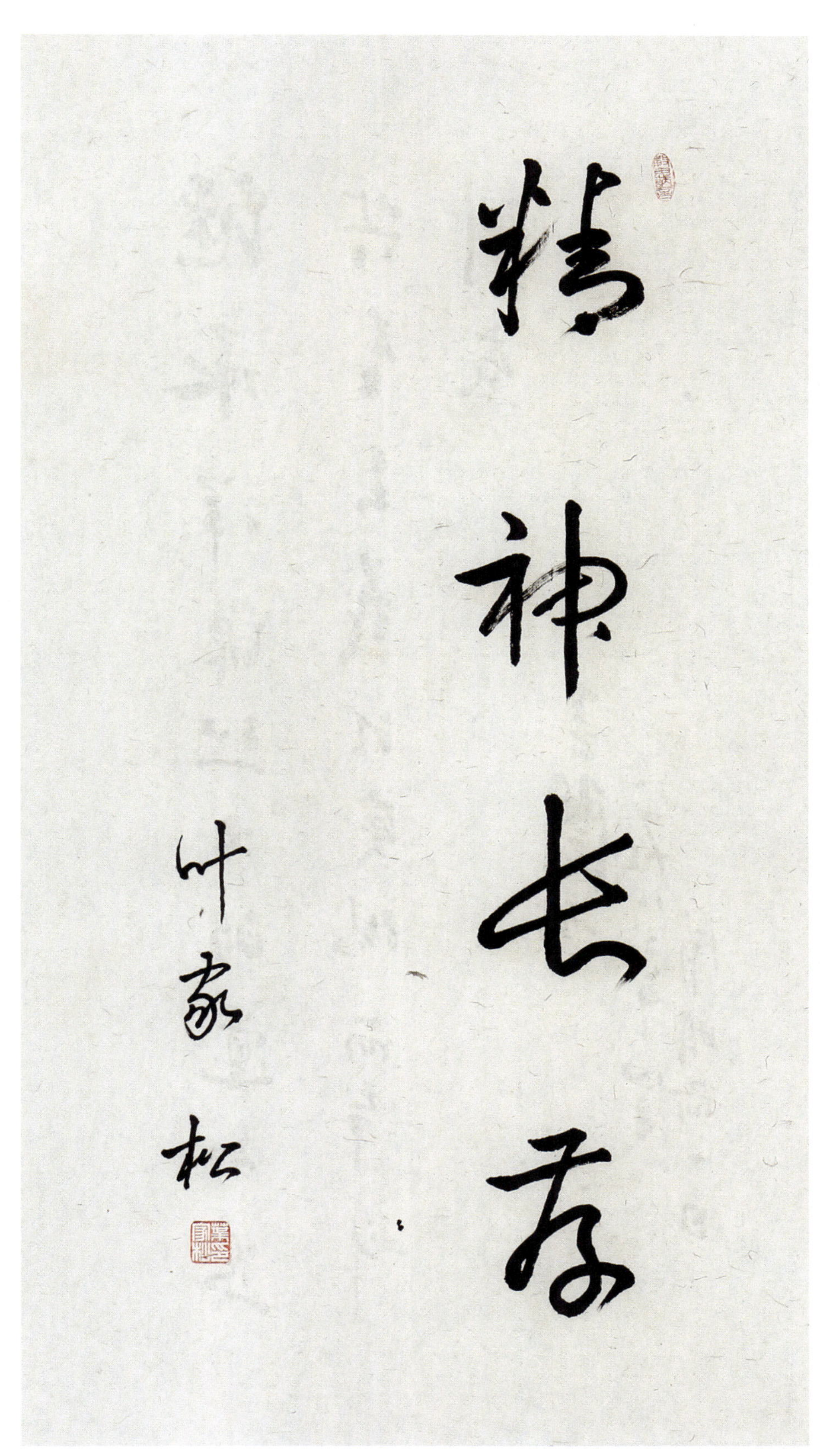

精神长存

叶家松（1948— ）

曾任福建省政协副主席兼秘书长。

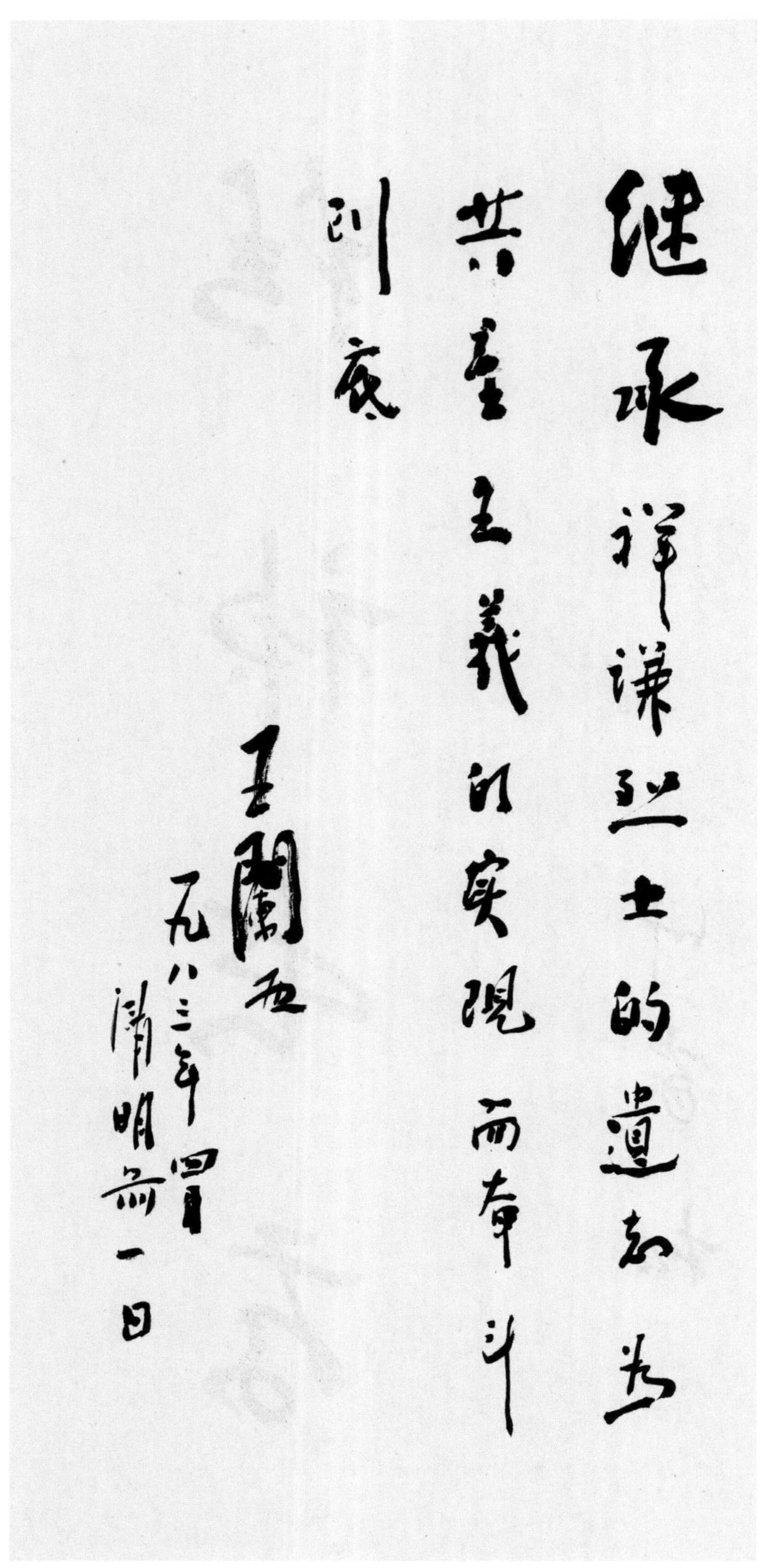

继承祥谦烈士的遗志为共产主义的实现而奋斗到底

王阑西（1912—1996）

曾任广东省省长、文化部副部长。

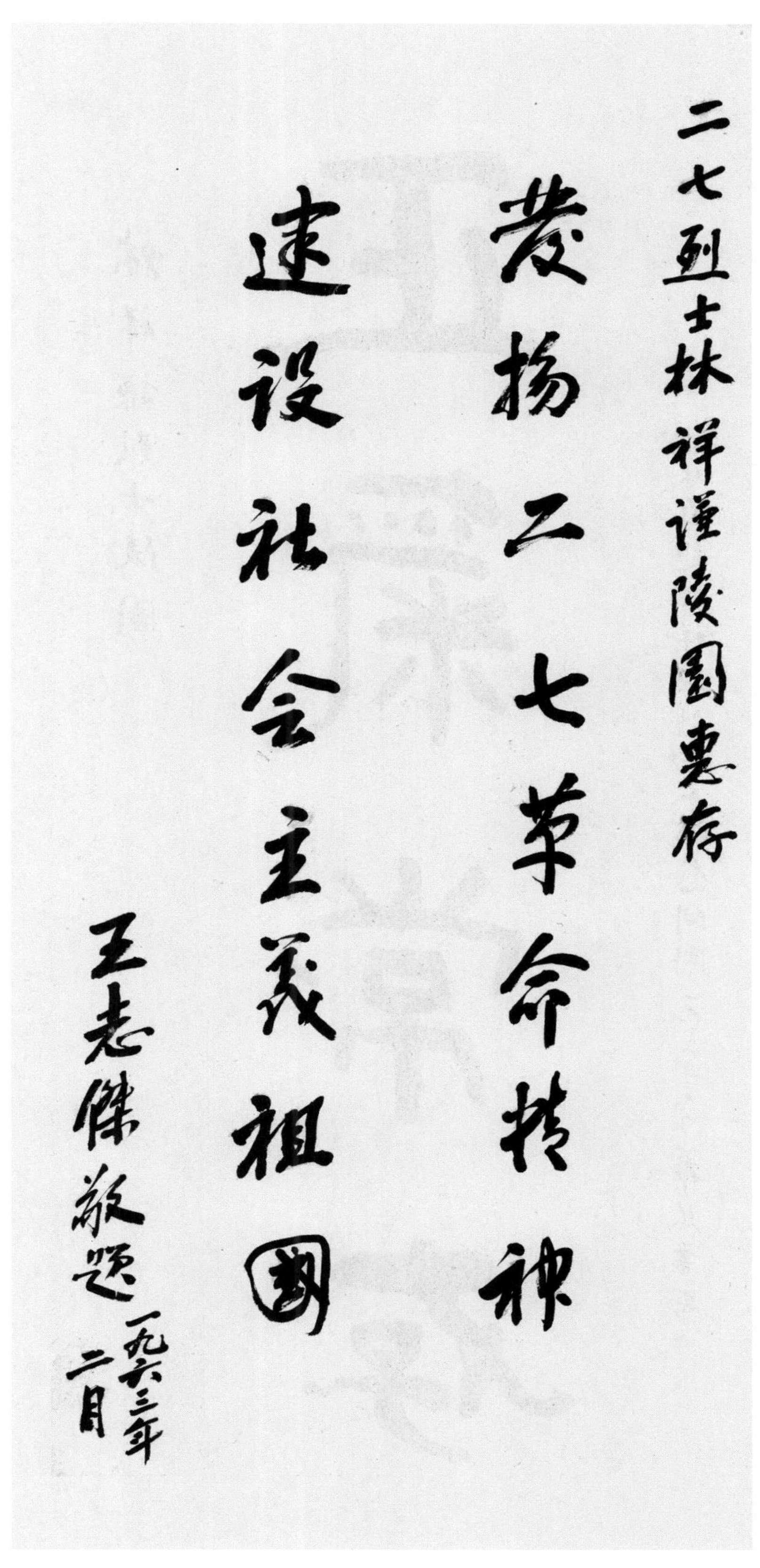

发扬二七革命精神　建设社会主义祖国

王志杰（1971—）

全国劳模。

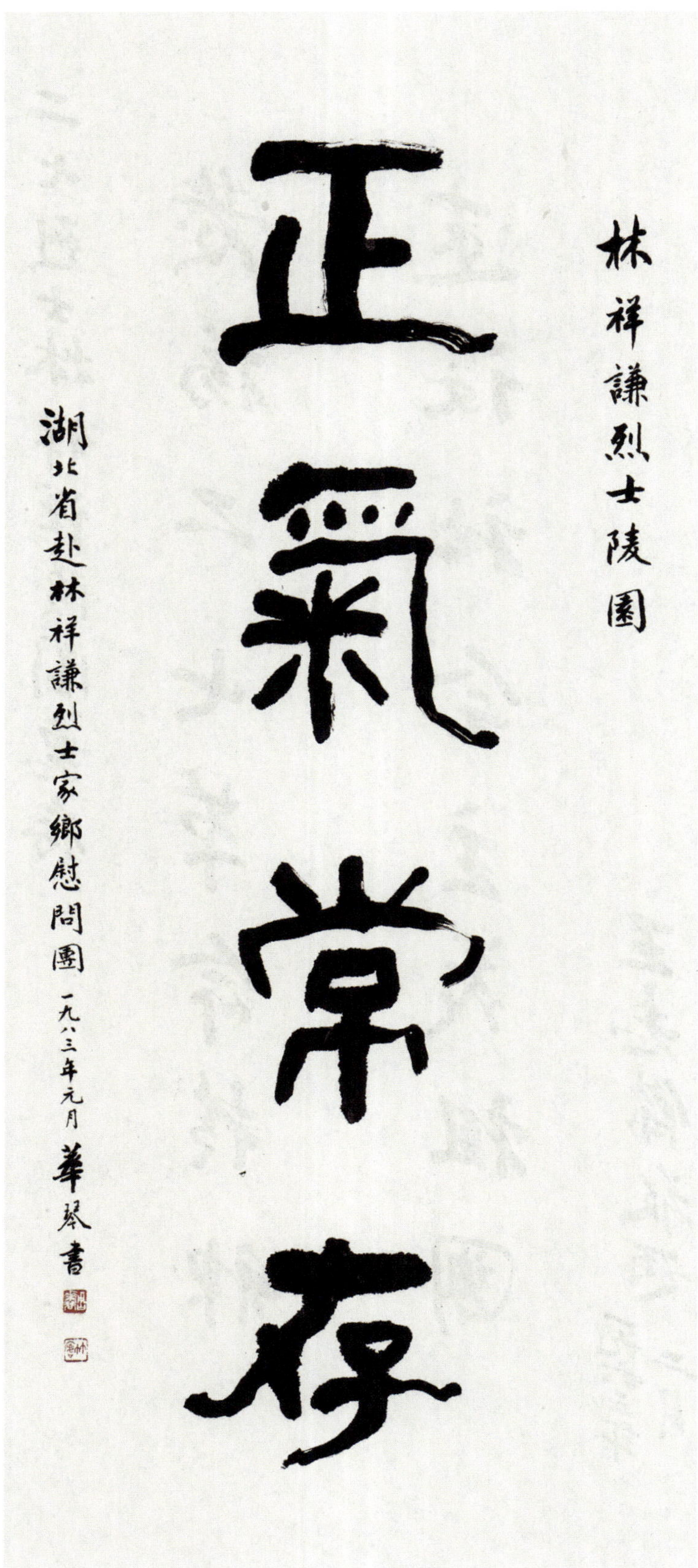

正气常存

湖北省赴林祥谦烈士家乡慰问团赠 | 周华琴书（1919—1990）

湖北现代书法家。

义烈垂千古

湖北省赴林祥谦烈士家乡慰问团赠 | 周华琴书（1919—1990）
湖北现代书法家。

“二七”革命斗争简况

1923年2月1日，在中国共产党领导下，京汉铁路工人在郑州举行全路总工会成立大会，大会遭到军阀吴佩孚的武力阻挠。总工会决定举行全路总同盟大罢工。2月7日，与帝国主义狼狈为奸的吴佩孚在帝国主义授意下，在郑州、江岸、长辛店等地血腥镇压大罢工，先后杀害工人52人，伤300多人，逮捕40多人，解雇1 000多人，此为“二七惨案”。惨案中，林祥谦因拒绝下令复工，慷慨就义，施洋在武昌也被杀害。这次惨案暴露了军阀的残暴，显示了中国工人阶级革命的坚定性和组织纪律性。“二七”革命斗争史是中国共产党不可磨灭的丰碑。

“二七”革命斗争简况

ER QI GE MING DOU ZHENG JIAN KUANG

“二七”革命斗争到现在已经整整98年了。98年间的中国社会发生了翻天覆地的变化。20世纪20年代前后正是第一次世界大战结束后不久，英、美、日、法等帝国主义国家，为扩张势力范围和挽救它们的经济危机，极力扶植中国的封建军阀作为它们侵略和瓜分中国的工具。这直接导致了我国封建割据、军阀混战、民不聊生的局面。京汉铁路的运营收入是直系军阀吴佩孚军饷的主要来源之一。吴佩孚与英帝国主义勾结在一起，对京汉铁路工人进行残酷的政治压迫和经济剥削。京汉铁路工人没有自由，没有人权，上工拿牌，下工搜身，挨打受骂，过着牛马不如的生活。帝国主义、封建军阀的残酷压榨，使民族矛盾、阶级矛盾日益激化。反对帝国主义，反对军阀统治的革命斗争，同全国人民、全国工人阶级一样，已成为京汉铁路工人的迫切要求。

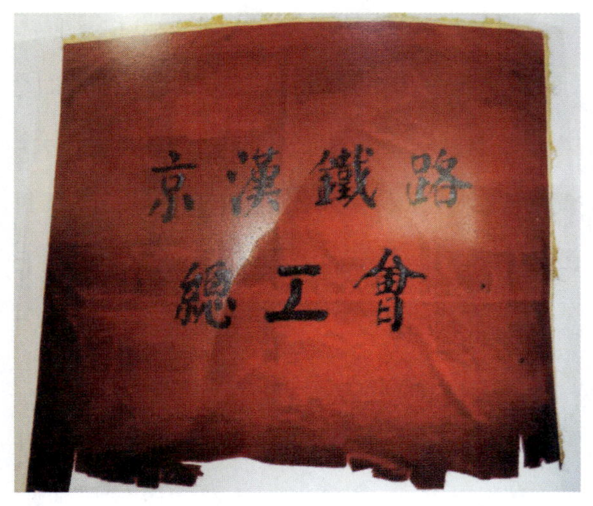

京汉铁路总工会会旗

党的“一大”之后，1921年8月11日，中国共产党在上海成立了领导工人运动的总机关——中国劳动组合书记部。以1922年1月香港海员大罢工为起点，到1923年2月的“二七”大罢工，出现了历时13个月的全国罢工高潮，累计有100多次罢工，30多万工人参加。

从全国来看，罢工运动和罢工斗争顺理成章地从加薪减时的经济斗争，发展到要求集会结社自由和反帝反军阀的政治斗争。罢工斗争主要发生在军阀政府官办企业、官督商办企业和外资企业中，军阀政府和帝国主义遭受沉重打击。其中，以汉口、郑州、长辛店为主战场的京汉铁路工人大罢工上演了最为壮烈的一幕。

中国劳动组合书记部计划先成立京汉铁路总工会，再成立各路总工会，然后成立全国铁路总工会并作为铁路工人运动的总机关；各城市成立各产业工会，再联合而成各城市工团联合会，并准备1923年5月1日在武汉召开第二次全国劳动大会，谋求全国工人运动的统一和更大发展。

根据中国劳动组合书记部的组织部署，

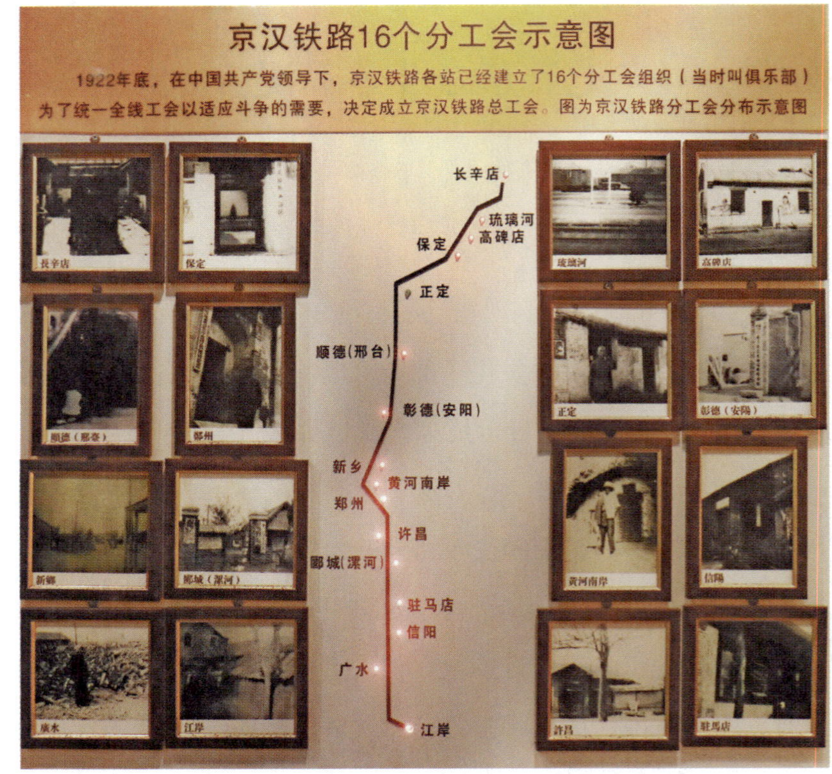

京汉铁路 16 个分工会示意图

京汉铁路各站陆续组织成立了每站工人过百人的工会分会。截至 1922 年年底，京汉铁路共成立了 16 个分工会，分布于长辛店、琉璃河、高碑店、保定、正定、顺德、彰德、新乡、黄河、郑州、徐州、郾城、驻马店、信阳、广水、江岸，林祥谦被推选为江岸分工会委员长。1922 年 4 月 9 日，在长辛店召开了第一次京汉铁路总工会筹备会议；1922 年 8 月 10 日，在郑州召开了第二次筹备会议，并成立总工会筹备委员会；1923 年 1 月 5 日，在郑州召开了第三次筹备会议，会议决定于 2 月 1 日在郑州举行京汉铁路总工会成立大会。

直系军阀吴佩孚武力阻挠京汉铁路总工会成立大会是京汉铁路大罢工的导火线。京汉铁路总工会的筹备工作完全是公开进行的，筹备会将开会的宗旨及地点均登载于各报，并向京汉铁路局局长赵继贤报备。赵继贤却玩弄两面派手法，表面上同意工人成立总工会，高唱“保护劳工”“赞成劳动立法”，并特别批准两件事：一是将工人 1 月 28 日的例假改在 2 月 1 日，以便工人代表参加会议；二是为北段赴会代表免票，批给南段赴会代表挂头、二等专车各一辆。与此同时，赵继贤却暗地里密电吴佩孚，诬称工人“未经地方官厅许可集会，竟敢明目张胆，聚众招摇”，请吴佩孚“迅饬预为防范，确切监视”。吴佩孚料到，京汉铁路近 3 万工人的进一步团结，将会更有力地与北京政府对抗，于是立即作了镇压工人运动的准备，并下令对京汉铁路总工会的成立大会“预为防范，设法制止”。

1922 年 1 月 31 日晚上，赴郑州参加京汉铁路总工会成立大会的各地及各铁路工团计到者有：汉冶萍总工会、汉阳钢铁厂工会、汉冶萍轮驳工会、粤汉铁路总工会、徐家棚粤汉铁路分会、武昌机器工会、机器缝纫工会、郑直豫蛋厂总工会、湖北蛋厂总工会、西式皮鞋工会、洗衣工会、武汉电话工会、武汉调剂工会及建筑工会筹备处等，共 31 个团体、130 余名代表，另有武汉等各地学生及新闻界代表 30 余人；各路代表计到者

1923年，京汉铁路总工会召开成立大会时全体代表合影。

有：京奉、津浦、道清、正太、京绥、陇海、粤汉等路，共约60人，京汉铁路16个分会代表等共计65人；加上郑州本地的代表等计有300人将参加总工会成立大会。

吴佩孚起先也假意召集工人代表到洛阳谈判，京汉铁路总工会筹委会考虑到斗争的有理有利有节，遂派杨德甫、凌楚藩、李震瀛、史文彬、林祥谦、李焕章等人于1923年1月30日去洛阳与吴谈判。当日，代表们到达洛阳后，吴佩孚却避而不见；31日，代表们再次前往吴佩孚官邸与之交涉，并据理力争提出：一是根据《中华民国临时约法》，人民有集会结社的自由；二是“保护劳工”的通电是吴佩孚的“四大政治主张”之一，不应出尔反尔；三是大会筹备已久，并经铁路管理局局长同意；各地代表已齐集郑州，大会势在必开。对此，吴佩孚“顾左右而言他”，冷笑几声，扬长而去。同时，吴佩孚电令驻郑州第十四师师长兼警备司令靳云鹗、郑州警察局长黄殿辰和京汉铁路局长赵继贤强力制止会议的召开。

当晚，赴洛阳的筹委会各位代表设法抽身赶回郑州，召集全路代表紧急会议，决定按原计划召开京汉铁路总工会成立大会。

1923年2月1日，党领导下的京汉铁路总工会筹备会决定在郑州召开成立大会。派出了陈潭秋、罗章龙、包惠僧、林育南、项英等人出席大会。

林育南

2月1日清晨，郑州警察局长黄殿辰派出大批荷枪实弹的军警，三步一岗，五步一哨，在郑州全城实行紧急戒严，军警荷枪实弹，沿街排列，如临大敌。上午10时，项英带领各路、站代表和各工团代表从五洲大旅馆向花地岗普乐园剧场进发，在离会场不远处，被武装军队阻拦，相持约两个小时。项英和林祥谦、施洋一起率领工人代表和群众冲破军警拦阻线，撕去普乐园剧场门上的封条，砸开大门进入会场，在大批军警层层包围的会场中宣布：“京汉铁路总工会成立了！”大会选举杨德甫为总工会委员长，凌楚藩、史文彬为副委员长，项英为总干事。会议代表群情激昂，高呼“京汉铁路总工会万岁”“劳动阶级胜利万岁”等口号。这时，郑州警察局长黄殿辰大叫：“限五分钟解散，有反抗者以军法从事！”下午4时，京汉铁路总工会成立大会在军阀的武力高压下被迫宣布散会。同时，军警包围代表及来宾所住各旅馆，不许工人自由走动和交谈；总工会会所被重兵占驻，禁止工人出入；室内一切文件、什物被捣毁一空；各团体所赠的匾额、礼物等，尽被摔毁，弃置道旁；各地代表和来宾被勒令离开郑州。

京汉铁路总工会成立大会留念章

当晚，总工会领导在郑州铁路老工人家中召开秘密会议，决定发动全路总罢工，以抵抗军阀的武力压迫。为方便起见，大家决定将总工会移至江岸办公。总工会在罢工决议中表明罢工是“为争自由作战，争人权作战”。会议决定立即成立总罢工委员会，统一指挥罢工行动。具体分工是：总罢工委员

位于武汉江岸的京汉铁路总工会旧址（杨翔燕摄）

会以杨德甫为委员长，凌楚潘、史文彬为副委员长，项英为总干事；郑州罢工负责人为高彬、姜海士等；江岸地区罢工总负责人为林祥谦、曾玉良等；长辛店罢工负责人为吴汝铭、史文彬等；传达罢工命令负责人为彭占元；《真报》的工作人员负责大罢工的舆论宣传工作。会后，各路代表迅速离开郑州。总工会也连夜迁移至汉口江岸分工会内，3日正式对外办公。

1923年2月2日清晨，京汉铁路总工会发表特别紧急启事和大罢工宣言，郑重对外宣布——铁路方如在48小时内不答应京汉铁路总工会提出的一系列合理诉求，总工会将于2月4日9时起实行京汉路全路总同盟罢工。为表决心，总工会还提出复工的五条最低条件。中国劳动组合书记部向全国发出通电，号召全国工人“以本阶级之斗争精神，切实援助京汉铁路工人”。

2月4日，震惊中外的京汉铁路沿线近三万工人举行的总同盟大罢工开始了。按照总工会的布置，江岸、郑州、长辛店分别于9点、10点、11点宣布罢工。2月4日，总罢工开始，全线各站工人一致行动，前后不到三个小时，客车、货车、军车一律停驶，长达1 200余公里的京汉铁路顿时瘫痪。正午12时，全路客车、货车、军车全部停驶，车站、桥梁、道棚、工厂一律停工。短短三个小时内，近三万工人统一行动的全路总同盟罢工，充分体现了中国工人阶级高度的组织性、纪律性和顽强的战斗精神。

2月5日，京汉铁路工人大罢工引起了帝国主义和反动军阀的恐慌，在帝国主义支持下，吴佩孚调动两万多军警在京汉铁路沿线镇压罢工工人。湖北督军萧耀南根据吴佩

1923年2月7日，京汉铁路全路罢工工人遭到武装镇压，全副武装的军队将江岸分工会包围，江岸机器厂车工、纠察团副团长曾玉良等36人，被乱枪或马刀杀害。

武汉京汉铁路学校内“二七”斗争铜雕

孚从速消灭罢工领导力量的命令，指派督军署参谋长张厚生带着军警来到江岸，佯称要同工会谈判，妄图诱捕林祥谦等领导人。这个阴谋被工人识破后，张厚生又调来大批军队占领工厂，并先后抓走两名司机和三名纠察队员，妄图以此要挟罢工工人生火开车。林祥谦当机立断，先后组织 2 000 多名工人和纠察队员前去营救，终于迫使敌人无条件释放他们。罢工在继续着，林祥谦和江岸全体工人决心战斗到底的斗争精神得到了武汉工人和各群众团体的大力声援。

2 月 6 日，陈潭秋等组织了 2 000 余人的武汉工团慰问队在江岸分工会门前举行了慰问大会。会上，工人们高呼“京汉铁路总工会万岁”“全世界的劳动者联合起来”等口号。会后，举行了大规模的示威游行，沿途共有 3 000 余人加入了游行队伍。游行队伍从江岸出发，穿过五国租界到达华界，巡捕岗警不敢阻拦。像这样闯入租界大规模的游行示威，在湖北人民反帝斗争的历史

陈潭秋

上是前所未有的。

京汉铁路大罢工开始后，帝国主义驻北京公使团召开紧急会议，议决向北京政府提出严重警告，怂恿北京政府立即采取武力手段镇压罢工。6日，英国驻汉口总领事劳灵费尔召集湖北督军萧耀南的代表和外国资本家在领事馆举行秘密会议，策划镇压罢工运动。这样，在帝国主义的支持和压力下，2月7日，军阀吴佩孚向工人举起了屠刀，制造了“二七”惨案。

2月7日，长辛店3 000多工人结队到当地驻军第十四混成旅部示威，要求释放被捕工友。军队开枪打死工人纠察队副队长葛树贵和干事杨诗田等5人，30余人受重伤，30余人被捕。

京汉铁路总工会设在江岸，这里成为军阀屠杀的重点。湖北督军署参谋长张厚生派一警官到江岸分会，约定总工会的代表于下午5时半在会所等候谈判，企图将工会领导人骗至一处后一网打尽。到了约定时间，萧耀南即令张厚生率两营全副武装的军队，从三面包围了江岸分工会会址，开枪屠杀纠察团副团长曾玉良等32人，伤200余人，逮捕60余人，鲜血染红了工会门前的场地。

当晚，天降大雪，敌人把林祥谦绑在江岸车站站台的电线杆上，湖北督军署参谋长张厚生提灯照着他，逼迫林祥谦下令复工，遭到林祥谦的断然拒绝。刽子手举刀砍向林祥谦，每砍一刀，就问：“上不上工？”已成血人的林祥谦斩钉截铁地说：“此事乃全路三万工人生死存亡大事，上工要总工会命令，没有总工会命令，我头可断，血可流，工不可复！”屠刀再次挥向这位不屈的战士，林祥谦拼尽最后的力气怒斥敌人：“可怜一个好好的中国，就断送在你们这班混账王八蛋军阀走狗手里了！”林祥谦宁死不屈，英勇就义，年仅31岁。

当晚，优秀共产党员、著名劳工律师、武汉工团联合会和京汉铁路总工会法律顾问施洋，被萧耀南以“煽动工潮”的罪名抓捕入狱，2月15日清晨被秘密杀害于武昌洪山脚下，时年34岁。临刑前，他慷慨激昂，面对军警大声疾呼：“我只希望中国的劳动者早些起来，把军阀、官僚、资本家和你们这班替他们做走狗的人，一起食肉寝皮……我不怕人，不怕事，不怕死，堂堂正正做人，反对强暴，你们杀了一个施洋，还有千万个施洋！”施洋身中三弹，仍高呼“劳工万岁！”表现了一个共产党员视死如归的英雄气概。

京汉路全线在“二七”惨案中牺牲的烈士共52人，其中，江岸地区有39人。主线受伤者300余人，被捕者60余人，被工厂开除致流亡者1 000余人。此外，京汉铁路沿线保定、正定、信阳、新乡、郾城等地的工人也都遭到镇压。中国工人阶级遭受了一次严重的打击，工人运动暂时转入低潮。

江岸惨案后，湖北笼罩在白色恐怖之中。帝国主义的海军陆战队也全部登陆，准备对罢工工人进行更大规模的屠杀。

2月9日，为保存实力，京汉铁路总工会和湖北全省工团联合会联名下复工令，让工人忍痛复工。至此，轰轰烈烈的京汉铁路大罢工在帝国主义和封建军阀的联合进攻下，宣告结束。

京汉铁路工人大罢工是中国共产党领导的第一次工人运动的高潮，它进一步显示了中国工人阶级的力量，扩大了党在全国人民中的影响。罢工虽然失败了，但是工人的生命和鲜血进一步唤醒了中国人民，使他们更加清楚地认识到帝国主义和封建军阀是中国人民的敌人，必须与之斗争到底，才能获得真正的自由和解放。

林祥谦烈士就义处碑

纪念“二七”革命斗争浪潮

京汉铁路大罢工在中国共产党历史上占有重要的位置，彪炳史册的革命斗争事迹可歌可泣，影响着一代又一代中国共产党人为国家独立、民族解放和人民大众的利益而英勇战斗，前赴后继。“二七”革命斗争史至今已有近百年历史，党和国家领导人为了缅怀先烈，激励后人，在重要的历史节点都积极号召和组织各种庄严隆重的悼念活动，以警醒全党不忘初心和使命。

铭记历史是为了奋进当代、开拓未来。本章分中华人民共和国成立前、中华人民共和国成立后和改革开放以来三个阶段，回顾“二七”革命纪念浪潮，在回首中铭记，在缅怀中传承，激励中华儿女赓续光荣，砥砺前行。

中华人民共和国成立前

京汉铁路"二七"革命斗争史，充分证明中国共产党领导的工人运动，唤醒了民众，激发了斗志，得到了共产国际的充分肯定，也得到孙中山先生的赞扬，促进了国共第一次合作，更顺应了历史潮流，使灾难深重的中国看到了希望和曙光。

"二七"惨案发生后，国共两党、老一辈革命家、社会各界、学生团体、妇联会等都纷纷组织开展各种悼念活动，缅怀"二七"先烈，阐述"二七"革命斗争的意义所在，以进一步唤醒世人接过"二七"革命斗争的赤红旗帜，踏着"二七"斗士的血迹，继续为反帝反封建和民族解放事业而战斗。1939—1940 年连续两年，中共中央在延安集会，隆重纪念"二七"革命斗争，毛泽东同志作了专题讲座，很多中共早期领导人也都纷纷为中国革命指明方向；1949 年，中华全国总工会为纪念"二七"革命斗争二十六周年，迎接全国解放，向各解放区职工总会发出通知，要求继承"二七"斗争精神，拥护人民解放军解放全中国。

1923 年

中共早期著名工人运动领袖罗章龙为《京汉工人流血记》作序（摘录）

今京汉路工人的团体既是民众觉悟的组织，京汉工人所争的既是约法的自由，这均是他们暗黑暴力的劲敌，北洋正统迷梦的仇雠，所以我们知道就使没有二月一日的事，他们也是要图谋倾陷的，因为他们卧榻之侧决不容有觉悟的群众的团体和活动。从这一点看来，"二七"事变是国民直接与军阀抗争，是封建暴力与光明的势力抗争，是被支配者与支配者抗争。

自"二七"事变以来，却表示了中国劳动者的伟大能干和魄力，证明中国无产阶级确能担当中国的革命——甚至于世界革命的责任。

我们唯知道以后中国革命和世界革命的责任，是永远在无产阶级的仔肩上，大家只有前仆后继的在此革命长流中涌进，最后的成功，终归于最后努力的人。

1923 年 3 月序于北京骑河楼旅次

嘉兴南湖游船

中共早期马克思学说研究会负责人高君宇为《京汉工人流血记》作后跋（摘录）

我们的现在的责任很明白了，我们要努力去恢复我们的营垒（工会），同时也要努力组织好我们的参谋部，凡是工人阶级的革命先驱，都要加入中国共产党的组织之内。

确认于工会之外，还须有党的组织，这是我们这次失败之下，一个很有益的教训。假使工友们努力迅速向这个需要进行，努力去扩张共产党的势力，我们损失的马上就会恢复。

中国共产党万岁！

1923年3月2日

（北京）

“二七”惨案发生后第二个月，北京各团体联合会与学生联合会于1923年3月22日下午，在高师风雨操场合办“施林暨‘二七’诸烈士追悼会”，到者约千人。兹选录各团体及社会人士挽辞挽联，可见当时社会震撼与人心愤慨之一斑。

自由是我们被压迫人民共同的需要，军阀是我们被压迫人民共同的仇人。你们——解放中华民族的先驱，为争我们共同的需要，被我们共同的仇人残杀了。我们后死者的责任，不尽是一哭你们就算了事。在追悼你们的今天，我们且要继续你们壮烈的行动：从此就一致起来，打倒我们共同的仇人——军阀，争得我们共同的需要——自由！

中国共产党挽

施林及“二七”诸烈同志的流血是为了工人阶级的自由，民族的解放，是我们最可敬的死者。为了劳苦群众的利益奋斗万岁！

中华社会主义青年团哀挽

注：中国社会主义青年团于1922年5月在广州成立，1925年1月在上海召开第三次全国代表大会，会议发表了《大会宣言》，并将中国社会主义青年团正式更名为“中国共产主义青年团”。

军阀和洋资本家压迫得我们老百姓好苦！健者先登提大刀握巨斧想欲杀尽这般国贼。男儿毕竟将头断，溅得大地飞红。后继努力紧接脚跟起，那怕他魑魅魍魉赤日光炎之下。

中国劳动组合书记部挽

注：为了贯彻党的一大提出的党在当前的中心任务是组织工人阶级，加强党对工人运动的领导的精神，党中央于1921年8月11日在中国产业中心——上海，成立了中国劳动组合书记部，将其作为领导全国工人运动的机关。1925年5月在广州召开的第二次全国劳动大会上，成立了中华全国总工会，取消中国劳动组合书记部。

血溅自由而死，胜于苟且偷安以生，冲锋陷阵而死，胜于呻吟请愿而生。流自由的热血鼓革命的高潮，打倒军阀打倒国际帝国主义，这是京汉流血的伟大目标，这是后死者的应尽义务，也是今日赧颜偷安的人的奇耻大辱。我们现在不必追慕死者，快快的为自己雪耻辱才对呵！

中国铁路总工会筹备委员会

诸烈为自由奋斗，竟抛弃了自己的头颅，是何等义烈！我们号称为智识阶级的先进，

各地支持声援“二七”大罢工

还不及诸烈的勇敢，还偷生在这万恶的政治底下，这是何等耻辱！从今以后我们只有紧记着诸烈的遗训，将你们未竟的功业，誓死贯彻下去，到那万不得已的时候，也许相见于九泉，那才对得起诸烈的牺牲呵！

北京大学学生干事会哀挽

为自由而奋斗宁溅热血，这是我们工界的伟大精神！愿被压迫的同胞，继起未竟事业，打倒军阀，打倒国际帝国主义，勇敢前进，一次二次……的流血，染红全世界，我们有这样的热血与精神，才可以安慰诸先烈的英灵！

京汉铁路总工会长辛店分会挽

道之将丧欤想当时慷慨牺牲竟使自由怅坠落
逝者长已矣愿后死热诚奋斗毋令正义痛凋零

高师国文会同人敬挽

苦力极堪怜劳动同盟竟不许自由结合
雄心应未泯英灵默佑定能将专制推翻

女高师史学系二年级同人同挽

骨肉虽残终古难消心焰炽
英灵宛在满堂共嗅血花香

北京高师学生会哀挽

烈士之死重于山岳
正气所在炳若日星

医专学生会拜挽

血染江流至死不忘劳工神圣
气冲霄汉有生共起拥护人权

平大学生会挽

君等争自由而死死无恨
我辈共军阀而生生匆荣

平大学生会敬挽

万口齐声哭哭声直遏八荒外
册躯一腥血血腥染遍六合中

法专学生会敬挽

倒地便撒英雄血
何处求慰壮士魂

北洋商业学校学生会敬挽

有志者事竟成大好头颅果为民权牺牲
取义成仁可以激发后进
不自由毋宁死一息尚存誓与军阀奋斗
前仆后继庶几不负前驱

北京民权运动大同盟挽

只一息尚存我辈庶毋忘此日
论盛名不朽斯人真独有千秋

国民监督议会团敬挽

秉热血战恶魔后生当承壮志
为劳工争人格到死不避强梁

中华国民救国会挽

人权竞争我辈从斯羞后死
法律黑暗诸君奋斗是先锋

中华女子救国团挽

为争劳动自由权拚将大好头颅成仁取义
将束刍奠双烈士愿来同遵轨道继往开来

平民大学学生会挽

黄鹤鹦鹉都饮泣
军阀政府一扫光

救国十人团哀挽

真烈士乃林祥谦施白皋
大国贼是吴佩孚肖耀南

川叙属留京学会挽

那三声劳动万岁之福音谁何能继续唱去
这一个中华民国的责任我们要担当起来

唯真学会哀挽

甘为群众牺牲血挥碧土
愿随诸君奋斗继续黄花

收回旅大同志会挽

血浪滔天滚滚逐大江东去
赤帜凌云炎炎跨漠野南来

湖北民生促进会挽

掷这个头颅赢得劳动界生军阀派死
凭一腔热血溅他鹦鹉洲赤黄鹤楼红

新民社敬挽

红歌吹响奋勇号角 迸发无穷革命激情
犀利的“二七”革命斗争歌词（摘录）

从 1919 年开始，以“五四”新文化运动为起点，中国近现代音乐文化逐渐开始建立和发展。随着一些大、专学校音乐专业的建立，培养了一批具有一定专业水平的音乐人才，他们借鉴古典浪漫主义音乐的表现手法，与中国民间音乐素材相结合，创作出反映时代进步精神、追求崇高理想和向往美好生活的优秀歌曲。

同时，随着中国工农运动的兴起，工农

革命歌咏活动也逐步在各个地区得到发展。产生在京汉铁路工人“二七”大罢工中的革命歌曲也深得人心，影响深远，它反映了时代生活中“最尖锐的矛盾，最本质的事物”。

《五一纪念歌》

美哉自由
世界明星
拼吾热血，为他牺牲
要把强权制度，一切扫除尽
记取五一良辰

红旗飞舞
走上光明路
各尽所能，不分贫贱
责任唯互助
愿大家努力齐进取

《革命火种歌》

成年累月做马牛
吃喝如猪穿如柳
军阀刀鞭沾满血
工人何时能出头

《二七团结歌》

军阀手中铁
工人颈上血
颈可折
肢可裂
奋斗的精神不消灭
劳苦的群众们
快起来团结

《工人面对军警歌》

当兵又离乡但怕打起仗
打起仗，回不来
怎能见爸娘
老乡见老乡
两眼泪汪汪
小米饭，破军装
辛苦劳累，挨打受骂
为的哪一桩
谁无妻子和爸娘
问你怎能忍心来开枪

《二七奋进歌》

你们为着奋斗而牺牲了
开我们阶级争斗第一幕
你们将你们一切交与民众了
生命幸福和自由
你们长埋在地狱的坟墓中了
万恶的强盗还在逞凶
我们踏着你们的血迹而前进
继你们的志以慰你们
你们长埋在地狱
的坟墓中了
万恶的军阀和帝国主义
我们踏着你们的血迹向前进
继你们的志以
慰你们

铁路工人居住的工棚

修建滠口至谌家矶之间的二道桥时，外国监工只顾施工进度，不顾工人安全，正在施工的 72 名工人全部被埋入塌方的桥墩基坑。一条京汉路，夺走多少工人的生命，已无法统计。

（广州）

京汉路被难工友追悼大会启事（广州）

敬启者，“二七”之役京汉铁路工友被戮于北洋军阀者，多至五十余人，近代惨剧莫过于此。同人等定于五月二十七日，夏历四月十二日，星期日，特开追悼大会，以表哀情，且示共同对敌军阀。各界自愿加入。若无论团体与个人，均请期前到本会筹备处（仙家巷广东工联会）报名，追悼会俟确定地点，再为通知。

发启人：民权运动大同盟、京汉路罢工后援会、社会主义青年团、互助总社、广东工会联合会、劳动周报同启。

广东工会联合会，《劳动周报》第 6 期，1923 年 5 月 19 日

《京汉工潮》（摘录）

现在表面上这次的风潮好像已经平静了，过去了，不过实际上工人未必肯平心静气的屈服于武力之下而不敢再动的。我们对于政府这次处置这件事实在不能满意，我们总觉得以武力来压止风潮不是一种办法，不但如此，反足以扩大风潮的范围。江亢虎君曾向政府条陈解决工潮三策：上策是实行资产公有，劳动报酬，教养普及；中策是采用“分红制”；下策是承认工人的要求，严惩军警的干涉，杜绝政客的利用。上中两策我们可以料定政府一定不会施行的，我们现在的最高要求只希望政府能够实行江君的最低要求就很满意了！

《东方杂志》第 20 卷 2 号，1923 年 1 月

注：《东方杂志》创办于 1904 年 3 月，终于 1948 年 12 月，以“启导国民，联络中亚”的创刊号发刊词为宗旨，是影响最大的百科全景式老期刊，享有“春蕾独卉，一帜永红”的美称。

《京汉铁路的大罢工》（摘录）

这次京汉铁路工人的罢工确是中国劳工运动历史上第一次的大规模举动。京汉铁路的劳工在全国劳工之中要算是最有组织。但是这一次的罢工实在是外力逼成的，就是他们工人自己也没有想到要发生罢工的举动。他们只不过预备于二月一号在郑州地方开一个“总工会成立大会”。先期柬请全国工会、报界、学界和其他各团体到会参观，一切事情均是公开的，并非一种秘密举动。

这位局长接到这个无关紧要的加挂车辆要求后，他却以为这是一件大不了的事情，就竭力想法使这件小小的事情变成一件极大的事情。一方面他把工人的要求批了“向无此例”四个大字，一方面就打电报到洛阳和保定，并要求吴佩孚和曹锟派兵去干涉。因此就发生靳云鹗以武力制止工人开会，发生这次工人的大罢工。

这次的罢工完全是因受了军阀的压迫而发生的。我们万万不能把这次罢工当作普通的罢工看待。其中的问题并不是工人和铁路管理局方面的问题。却是人民因为军阀剥夺他们的自由，飓飒他们的集会，到了忍无可忍的时候才发动的。这就是他们工人宣言中所说的“为自由而战争的问题”。这并不是京汉工人局部的问题，而是全国人民的切身问题，我们普通人民总应当注意到这一层才好。

我们可以断言：武力的压迫，即使有一时的胜利，终于要酿成大祸的；工人集会自由的原则，即使受一时的摧折，是终究会胜利的。荒谬的军阀政府今日的行为，不过是自绝于国人之一道罢了。

《劳动周报》，1923 年 2 月 11 日

注：《劳动周报》是中国劳动组合书记部机关报，于 1921 年 8 月创刊于上海，着重报道中共在各地开展工人运动的情况。1922 年 6 月 9 日被上海公共租界工部局勒令停刊。该报是共产党早期主办的第一份全国性工人报纸。

1924 年

“二七”一周年纪念大会（上海）

昨日（七日）下午一时，上海各团体假西藏路口慕尔堂，开京汉路“二七”第一周年纪念大会。到会代表有粤侨工界联合会、广东自治会、安徽驻沪劳工会、机器工会、船房栈务工会、浙江驻沪劳工会、全国工界救亡大会、上海实业工会、西式木器工会、江苏驻沪劳工会、工界协进会、上海大学、商科大学、震旦大学、安徽公学等。首由郭寄生报告开会宗旨，公推纺织工会代表徐锡麟为临时主席，与各代表向“二七”诸烈士遗像行三鞠躬礼，随由湖北工团联合会代表陈天报告“二七”事件后种种经过，后由各代表演讲，极为激昂，内以罗豁、周无为、方□僧、陈钟柔、吴荣选、陈达三、刘剑华等为最愤慨。最后主席声明筹备处备有各种印件，因年关关系尚未印齐，此外尚有纪念册，将诸烈士遗像刊在册首，正在印付中，欲阅者，请缓几日至西门斜桥，京汉路“二七”纪念会筹备处索取云云。至六时散会。

上海慕尔堂

上海《民国日报》，1924 年 2 月 8 日

注：上海《民国日报》是中华革命党在国内的主要言论阵地。该报创始人是中华革命党总务部长陈其美，主编为叶楚伧、邵力子。后该报成为国民党中央机关报。

中国共产党主要创始人
李大钊评“二七”烈士（摘录）

现在中国是在资本帝国主义压迫之下，试看全国的资产阶级、小资产阶级、知识阶级谁能反抗？只有无产阶级。在国民革命中

当先锋的亦只有无产阶级。今日纪念会当中，有一位林祥谦同志，当时被军阀拿去，迫他开工，但他不肯，说：“非有工会命令，头可断而工不可开。”军阀遂将他的头砍下。又有一位施洋律师，他为保障工人的正当利益，也被军阀杀了。施洋同志的死在我尤为伤心。当我在汉口时，曾见他一次。这一次会面是第一次见面，也是最后一次的见面。

国民革命中，黄花岗七十二烈士与“二七”死难工友，有同一的价值，京汉路流血与黄花岗七十二烈士流血，同埋下第二次革命的种子，将来不久是要爆发的。“二七”被难同志虽死了，然“二七”同志们仿佛常常在我们面前，他们的精神，还是像车轮——京汉火车的车轮，不息的在工友方面转，好像指导我们后死者要不断的前进。

李大钊《追悼列宁并纪念“二七”》，

《新学生》第 14 期，1924 年 2 月 16 日

注：《新学生》杂志，于 1923 年 7 月 1 日由广东新学生社创刊，初为半月刊，后改为旬刊。1926 年 6 月，为适应急剧发展的革命形势，停止活动。

《向导》发表为二七纪念告国人纪念文章

（为人）

去年二月七日京汉铁路工人底惨事，至今已有一年了！此一年中，反抗曹吴的先锋队——工人底痛苦，更日甚一日！那惨杀工人的罪魁——曹锟吴佩孚萧耀南等，反做的做贿选总统，升的升伪巡阅使，我们久无自由和受压迫的国民，对此自然是极痛恨！

但单是痛恨还是无益的，必定还要积极的去救济受惨祸的工人，与革命的先锋工人联成统一的战线，促进国民革命的发展，实现国民革命政府的成功。

国民呀！请看那为反抗曹吴而死的工人及其家属，至今还是死者已矣！家属无依！我们应当快去赈济他们底家属，并继续死者底志愿以为我们今后奋斗的志愿！

请看那为“二七”而被捕的志士，在那军阀黑暗的狱中已死剩无几了，我们应当快去救出他们的命，并赈济他们的家属。

请看那为“二七”而受压迫的工人，现在还是在那儿秘密不断的努力团结，我们应当去与他们诚恳携手，一齐担起国民革命的大事业！

请看那惨杀工人和卖国殃民的直系军阀，至今仍发展不已，作恶不已，两湖四川两粤闽赣河南陕西直隶等省底人民，都把他们杀到了；勾结英美，仇视苏俄，承认临城案，阻止孙中山收回海关卖国已卖够了。我们应当快去反抗他们到底，速起革命！

请更看那为国民革命而奋斗的孙中山与国民党，现在还是在那反革命重围之中，孤军苦斗，我们应当快去直接或间接的援助他们肃清东江，移师北伐！

“二七”纪念已一周了！国事已如此了！请看来周的“二七”纪念又将如何？京汉工人努力！全国工农努力！！全国人民努力！！！

《向导》第 53 期，1924 年 2 月 20 日

1925 年

1922 年少年共产党员 18 名代表之一郑超麟谈二七纪念与国际职工运动（摘录）

中国无产阶级纪念“二七”第二周年之际，世界局势正在变换。

本年的“二七”纪念同时中国铁路工人又召集代表大会，可说是中国职工运动沉寂二年后复兴之发端。中国无产阶级从今本“二七”失败之教训，与国际职工运动革命潮流联合起来，与先进国无产阶级遥相呼应，不特将恢复“二七”之损失，而且将动摇帝国主义之根基，促成资产阶级之崩溃了。

《向导》第 101 期，1925 年 2 月

中共早期革命活动家彭述之论“二七”斗争在中国革命史上地位（摘录）

自帝国主义侵入中国后，在中国近数十年来的革命运动史上，表现得最有价值而最可注意的，是义和团运动、辛亥革命、“五四”运动以及“二七”斗争。在这四个运动中，“二七”斗争是最后的表现，而又是最进步的最革命的工人阶级斗争史上之第一次的表现。中国的工人阶级从香港海员罢工、开滦矿工罢工，直到“二七”斗争，已由经济的总同盟罢工，而直转为纯粹政治的同盟罢工（“二七”斗争纯粹起于要求集会结社自由），以至于以徒手工人而与封建军阀的武装军队格斗。这是中国工人阶级之最急进而最猛烈的表现。“二七”斗争是中国工人阶级斗争史上最光荣，最伟大的第一页。

彭述之《“二七”斗争之意义与教训》，《“二七”两周纪念册》，1925 年 2 月 7 日

著名工人运动领袖、“为新中国成立作出突出贡献的 100 位英雄模范人物”之一赵世炎论二七纪念与工人阶级（摘录）

“二七”的纪念若要更有意义，必须我们继续行动，继续团结，继续战斗。并且把我们的战斗力，从散漫的行动联合成集中的势力。全国的铁路工人，要更紧密的团结于全国铁路总工会旗帜之下；各种产业工

1922 年 2 月 20 日，粤汉铁路徐家棚俱乐部成立，江岸工人俱乐部法律顾问施洋（第二排右 2），副委员长林祥谦（前排左 3）到会祝贺。

人，要各自团结于产业组合旗帜之下，并联合成全中国工人阶级的总团结。“二七”事件是指示我们团结与战斗之历史的标记，把“二七”奋斗精神发扬光辉起来是中国工人阶级唯一的责任，同时也就是中国工人阶级解放与取得自由之鲜明道路。

《劳工流血纪念》，1925 年 2 月

中共早期青年运动领导人、黄埔军校第四期政治教官恽代英论“二七”意义（摘录）

除了“二七”以外，谁曾对于军阀的压迫有过这样大而有力的反抗运动呢？若是没有“二七”的例证，谁曾梦想过工人阶级会有这样伟大的组织良好的纪律与这样坚决的决心，能够使军阀至今都还是对于他们不敢正视呢？

恽代英《中国劳动阶级斗争第一幕》，《中国青年》第 65 期，1925 年 2 月 7 日

注：《中国青年》是 1923 年共青团中央出版的杂志，是中国大陆现存历史最悠久的杂志，也是共青团中央主管主办的历史最长的红色媒体。

上海革命历史纪念馆珍藏文献论“二七”运动的意义（摘录）

（一）“二七”运动是中国工人阶级由日常生活的争斗，到政治争斗的空前伟大的运动；

（二）“二七”运动是继承五四以后中国反对军阀、反对帝国主义之更深入的真正革命的群众运动；

（三）“二七”运动是中国工人阶级第一次所表现的有力量的不妥协的革命的运动。“二七”运动因为是这样的一个运动，于是这运动乃比过去其他任何一切运动都有意义。

纪念邮票

上海革命历史纪念馆珍藏本《“二七”流血纪念》，1925 年 2 月 7 日

全国铁路总工会第二次代表大会追悼“二七”二周年殉难烈士词

（二月七日追悼会的主席宣读）

今天是“二七”诸烈士殉难的二周年纪念日。全国铁路总工会是全国铁路工友努力团结的结果，同样也是诸烈士殉难的产儿。我们全国铁路工友的代表在这第二次大会时，开首便举行“二七”的追悼，对于诸位烈士表示无限的悲哀与敬意！

我们追悼诸君的英魂，愿把我们的热血，渗合诸君的血花，努力向工人阶级解放之路前进！前进！

诸君！我们追悼诸君之死，我们咽痛！

诸君！我们追悼诸君殉难，我们兴奋！

诸君的灵魂是我们的向导！我们永远记得诸君！记得“二七”！

“二七”纪念万岁！

全国铁路总工会万岁！

工人的自由万岁！

1926 年

南昌起义前敌军委委员、中共七大宣布的60名著名烈士之一严昌颐发表纪念“二七”文章（摘录）

自然“二七”并不是中国民族运动的一个结论（“五卅”也不是），要中国民众运动求得结论还须在“二七”上求得最大的发展。“二七”发展到最高程度的时候，才是中国民族革命成功的时候，同时也才是世界无产阶级革命成功的时候。我们所以永久不忘我们的“二七”就是这个原故。

最后我们还当申明一句，“二七”不是别的，这只是中国无产阶级的精神之结晶。

《中国青年》第 112 期，1926 年 1 月 30 日

中共北方区委机关刊物发表署名文章论“二七”惨剧与中国革命运动（摘录）

“二七”的牺牲者，都是我们革命的导师，我们只有踏着他们的血迹，直奔他们所指示我们的道路，勇猛的与帝国主义、军阀、资本家战斗，完成中国的民族革命，完成世界的无产阶级革命。

中国的无产阶级！
未来的世界是我们的，
“二七”的复仇日快到了，
起来！起来！
打倒帝国主义！打倒军阀！
消灭资本主义！

铁路工人每天劳动 10 小时以上，经常缺粮断炊，饥寒交迫。图为外国监工手拿皮鞭，监视工人筑路情形。

建设无产阶级的政权！

《政治生活》第 67 期，1926 年 2 月 3 日

注：《政治生活》周刊，是第一次国共合作期间中共北京地委（1925 年后为中共北方区委）的机关刊物，也是中共历史上最早的地委机关刊物。它创刊于 1924 年，1927 年停刊。

中共早期重要领导人之一、中国共青团创始人之一张太雷论“二七”精神（摘录）

“二七”运动最先表示中国民族运动中无产阶级的领导地位。为争人民的自由，京汉路工人是先锋。在这个运动当中，可看出工人阶级的团结力。他们决定二月四日上午一律罢工，京汉路十二时全路即一律停车，各铁路工人并先后罢工响应。在这运动中可看出工人阶级的组织力。当时已有纠察队的组织，京汉路工人一致服从京汉路总工会命令。江岸分会长林祥谦至死尚喊“非总工会命令不下上工命令”。在这运动中可看出工人阶级的牺牲精神，工人都有至死不屈的精神。

张太雷《二七之意义》，《人民周刊》第 1 期，1926 年 2 月 7 日

注：《人民周刊》是大革命时期中国共产党广东区委机关报，1926 年 2 月 7 日创刊，主编张太雷。1927 年 4 月 10 日停刊，共出 50 期。

“二七”三周年纪念大会详情（广东）（摘录）

昨天乃“二七”为京汉路工人替民众争集会结社自由，与军阀血肉相搏三周年纪念日，死难者数十人，为中国革命史上一绝大的纪念。昨日广东各界民众纪念大会详情如次：

会场布置——会场布置极其悲壮，中间建军政台一座，西边搭学商台一座，东边建搭工农台一座，三台相对成品形，台上悬着“二七”死难烈士遗像，伴以国旗党旗，台前挂着丈余长红布白字标语大横额。

开会前情形——十二时各军校、省港罢工各工会、广州市各工各学校、农会各会、各社团，先后整队而来，人数不下十万，团体五百余。各团皆派人散发传单，一时旌旗蔽空，传单如雪片纷飞，广大之操场人山人海，万头乱动。

军政台开会情形——十二时半开会，中台由国民党中央执行委员林祖涵主席宣布开会理由，略谓：京汉路工人为全国人民为争自己自由，简直为全国人民争自由，同时军阀之屠杀中国人民镇压一般革命势力，故吾人今日不能不作热烈之纪念云。中华全国总工会代表邓中夏……何香凝、缪斌，上海总工会副委员长刘贯之，华侨东印度代表吴瑞华，全国学生代表刘声，继续演讲。演完，由中华全国总工会代表邓中夏提出决议案（另录于后），一致通过，遂高呼口号而巡。

商学台开会情形——商学台主席为广州学联会代表陈玉衡，宣布开会理由后，即请国民党中央执行委员恽代英演讲。恽君演辞颇长，略谓：“二七”失败，不是工人的失败，而是全国人民的失败，因为吴佩孚残杀工人后，便来残杀商学及其他各界了。工人是最革命的，是反抗帝国主义、军阀的主力军，所以我们如果要反抗军阀、帝国主义，一定要表情于工人，帮工人眼前省港大罢工以获得最后胜利云。继续演说者有国民党青年部长甘乃光、海外部长彭泽民先生演说，最后援助罢工周筹备会代表谭植棠报告援助罢工周筹备情形及意义，报告毕，遂高呼口号而巡。

工农台开会情形——工农台由中华全国总工会代表戴卓民主席宣布开会理由后，李森报告京汉路工人流血略史。继续演讲者有农工厅长陈公博，中国共产党代表阮啸仙，工人代表会代表刘文松，报告援助罢工周意义。此外尚有周文雍诸先生继续演讲，讲毕高呼口号而巡。口号继续“二七”革命精神奋斗，继续“五卅”革命精神奋斗，烈士精神不死，打倒军阀，打倒帝国主义，被压迫阶级联合起来，中华民族解放万岁。

巡行情形——各界演毕遂宣布巡行。由总领队徐成辛及唐指挥，各团次第鱼贯出门，先学界次工界又次为军政界，一路挤拥非常，各团体均派人沿途散发传单，并高呼口号，大队由文明路转水汉路转长堤出西濠口，入太平南路，至西瓜南园各分途散队。

《工人之路》，1926年2月8日

注：《工人之路》是大革命时期中国共产党指导工人运动的报纸，是大革命时期出版时间最长的一份日报。邓中夏主编《工人之路》原为中华全国总工会创办的周刊，原定于1925年5月31日出版。后因省港大罢工的爆发，未能按时出版。省港罢工委员会将其改为日报。该报以报道省港大罢工而享有盛誉，被视为研究早期中国共产党历史不可或缺的重要资料。《工人之路》于1925年6月24日创刊，至1927年4月14日“四一二”事变发生后停刊，共出版600多期。

邓中夏

广东各界“二七”纪念大会决议案（摘录）

是以大会一致决议：号召全国民众一致团结起来，继承“二七”与“五卅”的革命精神，一方面促成国民会议，一方面援助省港罢工并武装民众，以与帝国主义及国内军阀一切反革命势力的结合下攻击，促成国民革命的成功，达到中国民族的完全解放，这才不失纪念“二七”及诸烈士的重要意义。

（一）继续“二七”与“五卅”的牺牲精神！

（二）恢复国民会议！

（三）援助省港罢工胜利！

（四）全国民众团结起来！

（五）中俄革命势力团结起来！

（六）打倒帝国主义与军阀！

（七）打倒一切反革命势力！

（八）国民革命成功万岁！

（九）世界革命万岁！

《工人之路》，1926年2月8日

中华民国《京报》发文
论“二七”与中国革命运动（摘录）

我们再看“二七”运动，遗留下来的是什么。

（一）帝国主义勾结国内的反动军阀，不惜采用最残酷的手段摧残工人的组织。在客观上证明帝国主义军阀自己供认无产阶级组织的力量，可以使他们惊心碎胆。而中国工人阶级，因之对组织发生深刻的信仰，知道这是他们斗争的武器，帝国主义的致命伤。

（二）使中国革命民众，一方认识工人阶级的伟大力量和革命的精神，而同情于工人运动，并且知道工人阶级在国民革命过程中的重要，稳固了国民革命的联合战线；一方更认识帝国主义与军阀之穷凶极恶，而造成反英美帝国主义及其工具——直系军阀的新局面。

（三）直系军阀的倒台，使英帝国主义受一重大的打击。于是民众更明白帝国主义勾结军阀，造成反动的武力统治，经不住民众势力的猛烈攻击，终究是要破产的。

（四）在此次斗争中，证明帝国主义要保持在半殖民地的长期侵略，必然勾结反动军阀，猛烈的向革命民众的势力进攻；更证明半殖民地的工人阶级的阶级斗争，是包含着很浓厚的反帝国主义的意味，而是帝国主义与军阀的死敌。

（五）“二七”运动，发生了反直系的全国大战争，使反动的政治局面，濒于破产时期，而民众的革命势力，得到激烈的发展；革命分子或团体，建立了稳固的联合战线，锻炼出与帝国主义及新的反动军阀作长期斗

20 世纪初，外国资本家监督中国铁路工人干活。

争的武器。

（六）斗争的结果，使世界上的被压迫民族与无产阶级，明白中国革命的意义和工人的力量。同时国民革命的世界性，也深印入革命民众的心理中。因此，坚固了全世界反帝国主义联合战线的重要的信仰。

“二七”运动所遗留下来的东西，就是“五卅”运动。

我们站在革命的观点上去观察“五卅”运动与“二七”运动，在“二七”运动的结果，暴（爆）发反直大战；在“五卅”运动中，暴（爆）发反奉的联合战线。这完全是证明民众的革命势力的高涨，就是军阀的破产，间接也是帝国主义的崩坏。同时我们知道工人阶级是帝国主义和军阀的死敌，他们的运动直接的或间接的都是与帝国主义及其工具作剧烈的斗争。我们民众，应该团结我们的势力，巩固我们的联合战线，打倒我们共同的敌人——帝国主义，努力我们共同的工作——国民革命。这次奉直的联合，纯是日本帝国主义吊膀伎俩的巧妙。我们要认清敌人，努力前进，只有革命民众势力的巩固，才可以打倒帝国主义及其工具——军阀。

《京报》副刊 409 号，1926 年 2 月 8 日

注：《京报》创刊于 1918 年 10 月 5 日，由报人邵飘萍与潘公弼于北京创办，日出对开 4 版，注重对政局、战局的报道和评述，反帝反军阀的旗帜鲜明。1926 年 4 月 24 日，邵飘萍从俄国驻北京大使馆被张翰举骗出而被拘捕，26 日被枪决。同日，《京报》被封，终期 2275 号。《京报》还为中国共产党北方区党委做了许多工作，积极支持《工人周刊》和《京汉工人流血记》等小册子的出版发行工作。1929 年，在邵飘萍的第二夫人汤修慧女士主持下，再度复刊，并在他蒙难三周年之际出版了纪念特刊。1937 年 7 月“七七事变”后，汤修慧撤离北平，抛弃了全部资产，《京报》正式停刊。

论“二七”惨杀之由来及其价值（摘录）

今天是“二七”三周纪念日，这纪念日又恰逢失意的狄克推多吴佩孚又想恢复旧有势力的时候。不用说，他的成功即是我们的失败！中国工人们在这时除了纪念“二七”诸烈士，并高呼“全世界无产阶级联合起来”外，还应迅速起来：

扑灭武胜关的国直战争！

打倒万恶的狄克推多吴佩孚！

打倒阻碍工人运动的资本家、军阀并国际帝国主义！

《京报》副刊 409 号，1926 年 2 月 8 日

中共中央早期重要领导人之一瞿秋白论纪念“二七”意义（摘录）

中国职工运动的发展不但是国民革命中得着了强有力的新力军，而且找着了自己最勇猛最坚决奋斗（、）最先牺牲的先锋队。这一过程，可以说是从“二七”开始的……“二七”的牺牲者，我亲爱的同志呵，你们的血是为中国工人阶级而流的，也是为中国民族而流的。你们的志愿终有一天达到的，中国一般平民群众如今已经深切地被你们的勇猛悲壮的精神感动了，尤其是全中国的工人和农民。

瞿秋白《中国职工运动战士大追悼周之意义》，

中共中央机关报《向导》周报第 145 期，

1926 年2月19日

“二七”四周年武汉七十万民众之纪念盛会（摘录）

二月七日，为京汉路工人被英帝国主义者走狗吴佩孚惨杀的纪念日期，今年适为四周年，武汉各界，以此次惨案为中国工人第一次大流血，促起了全国工人运动的团结，推进了国民革命的高潮，意义至为重大，早已分途筹备，作大规模之纪念。是日上午九时，武汉各界相继齐集洪山施洋烈士之墓侧及江岸奠基地点前后达七十余万人，至下午四时，各界代表赶来参加者，尤络绎于道，且有飞机翱翔空际，散发传单，气象极为静肃。兹将洪山及江岸两方面纪念情形分录于下：

洪山方面纪念情形

（一）会场布置：会场即在洪山附近之坟坪中，扎有主席台演讲台二，音乐台一，指挥台一，各盖以白布绿布，中悬施洋烈土的遗像，及诸先烈之灵位，各界挽联甚多。蒋总司令联云：“为解放民族而奋斗，是无产阶级之先锋”，省党部联云：“烈士血花，是革命的种子，是主义的结晶，要撒遍寰区，求达到彻底解放；‘二七’运动为奋斗先锋，为光明的道路，快追寻遗迹，准备着继续牺牲”。其余佳制甚多，不及备载。

（二）到会之团体：学兵团、革命军日报社、四军在省部队、中央政治学校全体、武昌市各级党部，省市两党部代表、全省总工会、裕华纱厂、第一纱厂、四军政治部、九军政治部、总政治部、中国济难会、省农民协会、中央学术院、司法部、十一军政治部、全省妇女协会、省学联会、武昌造币厂工会、武昌公安局、京汉路总工会、前敌总指挥部等百余团体，合计不下二十余万人。

江岸方面纪念情形

（一）奠基情形：由总主席刘文岛率各主席及各团体代表，于上午九时至奠基地点，举行奠基礼。其程序：

1. 全场肃立；
2. 奏乐升炮；
3. 唱革命歌；
4. 恭诵总理遗嘱；
5. 静默三分钟；
6. 主席报告奠基意义；
7. 主席奠基；

洪山施洋烈士墓

8. 读奠基词；

9. 全体对纪念碑行三鞠躬礼；

10. 呼口号；

11. 奏乐；

12. 摄影；

13. 礼成闭会。

由刘文岛恭诵总理遗嘱并读奠基词，全体向纪念碑行三鞠躬礼，礼毕，各团体代表遂过江赴洪山致祭，各主席指挥均回主席台指挥台。

（二）致奠情形：从八时起，至下午五时正，前后共祭四次，到会人由玉带门及大智门搭专车陆续而来，约五十余万人。

由总主席刘文岛报告纪念大会意义：黄花冈七十二烈士葬在广东，广东人民见之皆油然起敬仰之心。广东为革命策源地，广东革命的成功，可说是黄花冈烈士造成的。今年革命军由广东打到湖北，把吴佩孚等万恶军阀打得雪（落）花流水的败走。我们可以说今年革命的成功，是"二七"死难烈士造成的。我们今天来到江岸祭"二七"诸烈士，就是因为"二七"诸烈士是革命的先锋队，是值得我们纪念的。但我们不仅纪念"二七"诸烈士就够了，还要一致团结起来，继续"二七"诸烈士的遗志，努力去打倒国内一切残余的军阀，及国际一切帝国主义，把我们革命的势力达到北京。明年今日我们能到北京举行这同样的，那末我们纪念"二七"烈士愈有价值了。

次由杨柏森读祭文，读毕邓演达（国民革命军总政治部主任）讲演谓："二七"烈士之死是为民族革命而死的，因他们能团结一致，直接与军阀斗争，间接与帝国主义斗争，这种斗争不仅是要求增加工资改良待遇的经济斗争，实是反抗帝国主义及军阀的政治斗争，所以我们应该纪念他们，应该继续他们的遗志，踏着他们的血路努力奋斗以求国民革命迅速成功。

次中国共产党代表谓："二七"是中国革命世界革命的纪念日，中国共产党，是领导国内民众开始一切革命斗争的政党，"二七"运动共产党的力量也是很大的，前仅有一京汉铁路总工会，现在全国有二百多总工会，至于死难者"二七"有三十余同志，现在各惨案死者数万余了，故争斗是一天跟一天的向前进，我们应武装起来，团结起来，继续"二七"烈士的遗志，打倒军阀及帝国主义，达到国民革命成功。

次中国共产党青年团代表演说，谓："二七"诸烈士不仅为工人利益而奋斗牺牲，是为全国民众谋利益而奋斗牺牲，我们现在应踏着"二七"烈士的血路向前杀去，打倒一切反革命势力。

末"二七"死难烈士家属先后演说，语极沉痛，情极真挚，到会群众莫不为之动容而现悲戚之色。最后林祥谦烈士夫人陈桂贞演说，详述林烈士被难之惨况及其家境之萧条，吞声饮泪恻恻动人，全场群众皆为堕泪。

演说毕，总主席刘文岛宣布散会，各主席指挥仍联袂乘车回汉，时午后七时矣。

《"二七"斗争》，国民革命军总司令部、政治部印行，革命军日报社丛刊之二，1927

中共早期革命活动家、“二七”斗争的重要领导人林育南论“二七”价值（摘录）

“二七”真是中国劳动运动史上，中国民族革命史上伟大不朽的纪念！

“二七”的光荣、伟大和永恒不朽的价值，是由我们的战士们的血造成的！我们不能忘记“二七”，那即是我们不能忘记“二七”流血的战士！最使我们不能忘记的是我们英勇的施洋和林祥谦俩同志，他们临死时尚高呼劳工万岁，愿断头而不屈服！这种可以动天地泣鬼神的精神，应该时时刻刻在我们每个无产阶级革命同志的脑筋和血管中颤动！

林育南《纪念二七流血的战士》，《群众周刊》第 9 期，“二七”四周年纪念，1927 年 2 月 7 日

注：大革命中后期，湖北区委得到了较大发展，北伐军攻克武汉后，各方面工作全面铺开，为做好宣传工作，中共湖北区委于 1926 年 10 月创办了《群众周刊》，作为区委的机关刊物。

著名的国民党左派领导人邓演达谈“二七”烈士的纪念（摘录）

“二七”烈士之死是为民族革命而死的，因他们能团结一致，直接与军阀斗争，间接与帝国主义斗争。这种斗争不仅是要求增加工资改良待遇的经济斗争，实是反抗帝国主义及军阀的政治斗争，所以我们应该纪念他们，应该继续他们的遗志，踏着他们的血路努力奋斗以求国民革命迅速成功！

国民革命军总司令部政治部印行《“二七”斗争》革命军日报社丛刊之二，1927 年

中国共产党主要创始人陈独秀论“二七”纪念日（摘录）

“二七”运动，是中国工人阶级开始和军阀血战之第一幕。四年前的今日，中国铁路工人的赤血洒遍了沿京汉路二千余里。血战四年后的今日，在我们的战士，我们的领

八集电视连续剧《林祥谦》中的京汉铁路总工会成立大会场景

袖施洋、林祥谦等流血地——汉口，才有了公开的盛大的纪念会。这些艰难困苦，在我们工人阶级血战史上，都有重大意义，我们不可忽视了！

陈独秀《"二七"纪念日敬告铁路工友》，《向导》周报第 187 期，1927 年 2 月 7 日

注：《向导》周报，于 1922 年 9 月 13 日在上海创刊，是经中国共产党第二次全国代表会决定出版的，是中共中央第一份政治机关报。蔡和森担任主编，陈独秀题写刊名。1929 年 7 月，汪精卫叛变革命后停刊，共出 201 期。

中共湖南区委
关于"二七"惨案四周年纪念宣言（摘录）

去年二月七日，我们曾指出"二七"在中国职工运动史上占着重要的地位，同时在民族解放运动的观点上，"二七"也是极重要的日子。因为前年的"五卅"运动，完全以罢工为中心，这百数十万觉悟的团结的工人群众，更是两年来轰轰烈烈民族革命的台柱。但是，这些工人群众之革命运动，是由"二七"而扩大，没有壮烈的"二七"，便没有汹涌的"五卅"。

工友们，革命的民众们，徒然追念过去的"二七"是枉然的，我们大家紧迫的职任，是怎样的应付眼前的"二七"呵！

革命的道路是过去一切战士的血筑成的，在今天我们不能不记得已往牺牲的战士。我们怀念着"二七"死难的施洋、林祥谦诸同志，怀念着"二七"以后死难的李慰农（、）刘华（、）黄静源（、）汪先宗……诸同志，以及最近遭军阀反动派惨杀的高风（、）胡伦（、）陈定一（、）金□□（、）赵醒农（、）万□□（、）陈清河（、）刘肇经诸同志，我们同时怀念着其他一切为工人阶级或为中国民族解放运动而死难的战士们，我们如何的悲痛呵！但是，我们如果要对得住已往的战士们，只有建立广大的联合战线，斩除荆棘，打开一条更大的血路吧！

工友们，一切革命的民众们，起来，我们的口号是：

"二七"死难烈士精神不死！

拥护革命政府！

打倒英帝国主义！

打倒奉鲁军阀！

消灭吴系余孽！

肃清反动派！

湖南区委机关刊物《战士》第 33 期，1927 年 2 月 13 日

北阀军总司令部政治部编纂人汪静之论
"二七"惨案与中国阶级斗争之新纪元

京汉路工人认识帝国主义与军阀是一个双头的恶魔，这双头的恶魔是被压迫阶级的吸血鬼，要向吸血鬼哀求赏赐自由是等于与虎谋皮，决不可能的，所以他们便共同行动，用自己的力量去推翻支配者的权力，去打倒势不两立的仇人——帝国主义和军阀。

京汉工人为了争自由，争人权，并保持工人的第二生命——工会，而誓死奋斗，肝脑涂地，前仆后继。虽然不幸是失败了，但失败中亦有几许胜利存在的。他们虽然被残杀了，但他们运动的意义是和日月经天、江

河行地一样，他们的气焰是和长虹一样，永远不朽，永远不磨灭的！

“二七”运动在中国劳动运动史上有极大的意义，极大的价值，他在中国沉寂的运动史上放一异彩，开了中国阶级斗争的新纪元。继“二七”运动而起的便是“五卅”运动，“二七”与“五卅”运动的意义是相同的，但“二七”是无产阶级直接与军阀斗争，间接与帝国主义斗争（“二七”运动发生时，东交民巷的公使团曾训诫北洋军阀要他们严厉处置），而“五卅”是无产阶级直接与帝国主义的斗争。但两者都是支配者与被支配者的斗争，是光明势力与黑暗势力的斗争，在根本上重要之点是相同的。

我们须牢牢记着：只有权力才能战胜权力，而团结的权力是最伟大的权力。我们要想打倒军阀与帝国王义，必须遵守马克思“团结即权力”这句金言，先把自己国内的被压迫阶级——农工商学兵一一组织起来，再和全世界无产阶级，被压迫民族团结起来，在打倒帝国主义与军阀的共同的革命目标之下，成一全世界最强固的联合战线，成一全世界最伟大的革命势力，一齐向军阀与帝国主义进攻，完成“二七”烈士未实现的遗志。

五四运动

呵！我要起来高呼了——“二七”烈士精神复活起来！

农工商学兵团结起来！

中国劳动运动胜利万岁！

受压迫的民众解放万岁！

国民革命成功万岁！

《“二七”纪念刊》，1927 年

1929 年

共青团中央为纪念“二七”六周年发表署名文章（摘录）

柯夫

“二七”斗争到现在，已经整整六周年了！

“二七”斗争是中国工人阶级斗争史上最光荣最伟大的第一页，是中国工人阶级由日常生活进到政治斗争第一次最伟大的表现。“二七”是继承“五四”后中国反军阀反帝国主义之更深入的民权革命的群众运动，表现中国无产阶级更积极的参加了民权革命运动，开辟了一九二五年至（一九）

二七年的革命高潮的第一个浪花。

在这次斗争中又充分表现了中国工人阶级之最勇猛的奋斗精神和最伟大的牺牲精神，我们知道京汉路的工人阶级完全是在曹（、）吴（、）萧等野蛮军阀的武装监视之下，然而京汉路的工人绝不因此有所畏惧，只是勇猛奋斗以期达到应有的集会结社等自由之目的，当萧耀南军队以武装向江岸总工会进攻时，工人群众依然不退，竟以徒手与之搏战，直到领袖下令才始退却。至于江岸工会委员长林祥谦临刑时慷慨激昂，施洋同志之从容就义，其他各路工友明知必被军阀资本家压迫摧残而卒能同情罢工，表示愿意为阶级利益而牺牲，这种奋斗与牺牲精神，何等伟大！

“二七”斗争无疑的是中国民族解放中工人力争自由的民权革命运动，这一次伟大光荣的斗争虽被吴（、）萧军阀的屠杀政策所镇压，施洋（、）林祥谦及京汉全路四十余烈士断头折臂，血溅红旗；但是“二七”斗争在中国革命和世界工人斗争史上的意义和光辉，却一直照耀及于现在，以至于无尽的将来。

所以“二七”斗争的实质，确是中国被压迫的工人阶级直接对于军阀而间接对于帝国主义者之鲜红的阶级斗争。“二七”在中国革命史上划出了一个新的时期。中国民族解放运动在“二七”以前没有中心的阶级，所以表现异常妥协懦弱。但“二七”之后就完全不同了，“二七”斗争中证明中国工人阶级是军阀和帝国主义的死敌，是反对军阀反对帝国主义的前锋，尤其是在“二七”以后，中国工人阶级更在事实上成为国民革命的主力军。

“二七”斗争同时又有很伟大的国际意义，所以共产国际在当时京汉铁路工人书中说：“确实说，你们的行动已经走到世界无产阶级的组织了！”

“二七”斗争的结果虽然失败了，但是中国工人阶级却从此走进世界无产阶级的战斗队伍，工人战斗的种子亦因此撒遍全中国，总集起群众的奋斗力，在一年之内便产生了全国铁路总工会，一年之后又举行太平洋运输工人的国际联合。两年之后，“五卅”的革命怒潮，广州的省港罢工，一直到一九二七年三月上海暴动，十二月广州工农兵夺取政权建立苏维埃的暴动。中国工人运动在这六年之中有很大的发展，一般农民已经受了工人阶级的领导而起来了。

革命时期共产主义青年团的机关刊物《列宁青年》

第1卷第10期，1929年2月15日

当年参加过“二七”斗争的老工人，如今受到党政府和工会组织的关怀，各级领导经常到家中看望他们。图为全国总工会主席倪志福到“二七”老工人刘炳坡家中。

全国总工会机关《劳动》刊文 纪念“二七”战士施洋、林祥谦（摘录）

中国革命运动的先锋，我们无产阶级的战士，他们于七年前的今日，在帝国主义和军阀的刀枪之下牺牲了他们的躯体！他们为了争无产阶级的自由，争全国劳苦群众的解放，流尽了他们最后的热血！……我们在纪念“二七”战士中，尤其不能忘记我们无产阶级伟大的革命领袖施洋同志和林祥谦同志！他们是中国工会运动的开创者，是广大的工人阶级和劳苦群众的领导者，是中国无产阶级的先锋中国共产党的党员，是“二七”流血中激昂慷慨的英勇的牺牲者！他们的英灵深入于我们全国无产阶级和劳苦群众之中，永远不能磨灭！

佚名《纪念“二七”战士》

《劳动》第 22 期，1930 年 2 月 7 日

“二七”七周年中华全国总工会通告全国工人开展“争自由运动周”斗争（摘录）

自从前年国民党背叛革命屠杀工人投降帝国主义后，中国革命半途失败，北洋军阀虽然倒了一半，而产生了更多的新军阀。目前蒋介石、阎锡山、张学良、冯玉祥、唐生智，以及国民党各派军阀专制政治又完全恢复到比当年吴佩孚军阀时更黑暗的局面。他们不断的屠杀工人农民及革命分子，封闭一切的革命工会及民众团体，禁止工人及劳苦民众的一切自由，帮助资本家利用工贼走狗更加野蛮残酷剥削和压迫全国工人，使工人痛苦更加千百倍于“二七”时代！尤其在最近，国民党受帝国主义的指使，以武力向苏联进攻，并爆发不断的军阀混战，国民党和资本家在进攻苏联和军阀混战中，更是凶暴无情的加重工人和劳苦民众的压迫和剥削，遂使全国工人愈陷于水深火热之中没有生路。

因此全国工人在今年的“二七”纪念中，更加重了反帝国主义反国民党军阀和力争工会自由的伟大任务。全国总工会在目前“二七”纪念快要到来的时候，特号召全国工人群众一致的动员起来继续“二七”的奋斗精神，坚决勇敢的反抗国民党军阀的混战和资本家的进攻，尤其要力争工会的集会结社言论出版和罢工等一切自由，发展赤色工会的广大群众的组织，要团结工人群众的伟大力量，争取赤色工会的公开的存在，要消灭欺骗和压迫工人的黄色工会及其领袖以及国民党资本家豢养利用的一切工贼走狗，特别是惯用改良主义来欺骗工人的改组派。在这个伟大的运动中，全国工人特别注意到第五次全国劳动大会的全国斗争纲领，同时要提出各业工人的切身要求，要使各个斗争，都奔赴到总的斗争纲领，使这个运动的发展，能汇合各个斗争，成为全国工人的总斗争。即是要全国工人都一致为实现这个总纲领而奋斗，因此全国革命工会必须以最大的努力，立即进行工人群众的武装组织和训练，以准

备武装拥护苏联和彻底消灭反动统治，建立苏维埃政权，完成工人阶级最后的解放。

全国总工会根据上述的重大意义和任务，决定从本年二月一日至二月七日为全国工人“争自由运动周”。全总除印发“二七”纪念小册子及专函指示各重要产业及城市工会外，特通告全国工会切实执行下列各项工作（略）。

纪念“二七”要争全国工人的一切自由！

纪念“二七”全国工人要起来反帝反军阀战争！

纪念“二七”要争取赤色工会公开存在！

纪念“二七”要扩大赤色工会群众组织！

打倒欺压工人的黄色工会及其领袖工贼走狗等！

继续“二七”烈士的精神，为“二七”烈士复仇！

反对帝国主义进攻苏联，武装保护苏联！

反对帝国主义世界大战！反对国民党军阀混战！

打倒压迫工人的国民党和欺骗工人的改组派！

力争工人集会结社言论出版及罢工等完全自由！

扩大和巩固赤色工会的群众组织！

全国工人加入代表工人利益的赤色工会！

全国总工会机关刊物《劳动》第22期，

1930年2月7日

1925年，全国总工会成立大会。

“二七”七周年纪念日全国总工会机关刊物《劳动》发表纪念“二七”战士文章（摘录）

全国的无产阶级和劳苦的群众，七年以来一直到此后无穷的时期，我们永远不能忘记战士们为我们争自由解放的最后流血，不能忘记我们当前最大的敌人帝国主义和国民党军阀仍然顽暴的存在，不能忘记我们的战士遗留给我们的伟大的革命任务！

我们在纪念“二七”战士中，尤其不能忘记我们无产阶级伟大的革命领袖——施洋同志和林祥谦同志！他们是中国工会运动的开创者，是广大的工人阶级和劳苦群众的领导者，是中国无产阶级的先锋、中国共产党的党员，是“二七”流血中激昂慷慨的英勇的牺牲者！他们的英灵深入于我们全国无产阶级和劳苦群众之中，永远不能磨灭！

全国工友们！劳苦群众们！时光一年一年如流水般的过去，我们的战士们牺牲流血的精神，他遗留给我们的印象是年复一年的愈加深刻，久而弥坚！特别在今年“二七”世界革命运动高涨，中国革命运动复兴的时候，我们纪念“二七”，追忆战士，大家更要冲上前去，打倒帝国主义，打倒国民党军阀，争取工人阶级的自由，完成劳苦民众的解放！

《劳动》第22期，1930年2月7日

“二七”七周年纪念日全国总工会机关刊物《劳动》论“二七”运动开辟了中国革命的大道（摘录）

“二七”运动是有非常伟大之意义的！

“二七”运动与中国革命有密切的关系！

“二七”运动是中国革命的先路！

“二七”运动开辟了中国革命的大道！

在“二七”大罢工中，各地工人代表不约而同的高呼“打倒帝国主义”“打倒军阀”的口号，震骇了当时指使屠杀工人的帝国主义及刽子手的军阀的心肝。

“二七”运动，无产阶级登上了政治舞台，确定了中国革命的动力。京汉路总工会江岸分工会的委员长林祥谦被吴佩孚拘禁了！受着束缚和大刀架在他的颈上的威吓，要他宣布上工。这样的死刑的威吓，是如何的严重！然而直到开刀的最后一秒钟，林祥谦依然高呼着“誓不下令上工！”这样就惨酷（烈）地死在敌人的刀下了！

几十个工人的领袖虽然是死了，然而他们已完成了“二七”的伟大运动！这是应当归功于那时全体工人代表的不怕死向前冲的精神的！工友们！继续“二七”先烈的伟大精神呵！不怕死！向前冲！而今是“二七”运动的第七周年了！正是中国革命在最严重之时期。全国的工友们都应当一致起来热烈地研究“二七”的教训，学习“二七”的精神，以“二七”的经验为（指）南针，向帝国主义（、）国民党军阀作猛烈的斗争，以实现推翻反动统治，完成苏维埃政权的伟大任务！同时，在目前，我们更应如同“二七”一样，实行争自由的斗争，以同盟罢工为手段，以汇合全国各地工农的斗争，成为总的大革命斗争！

《劳动》第22期，1930年2月7日

1931 年

“二七”八周年中国共产党中央委员会为“二七”纪念宣言（摘录）

全国工人、农民、兵士和城市贫民们！

一九二三年二月七日是中国工人阶级第一次在中国共产党领导之下作伟大的斗争，为反抗军阀资本家和帝国主义者的压迫与剥削而流血的日子，从那时到现在，整整的经过了八年。这八年之中，形势大变。现在全世界的革命运动都在高涨，空前猛烈的经济恐慌笼罩着整个资本主义世界，统治阶级的地位非常动摇了。

加入赤色工会，加入农民协会、雇农工会、贫民团，加入贫民协会、革命学生会和一切革命群众组织，加入红军，加入共产党，在共产党领导之下，为你们自己切身的政治经济的利益而斗争！中国共产党号召“二七”纪念日的罢工、罢操、罢课和游行示威，纪念列宁，纪念李卜克内西和卢森堡，纪念“二七”革命战士，中国工农群众苏维埃革命胜利万岁！

中国共产党中央委员会

《中共中央关于工人运动文件选（中）》中华全国总工会编，档案出版社，1985 年 9 月

1932 年

中共早期领导人、工人运动活动家、林祥谦战友项英论“二七”意义（摘录）

“二七”大流血发生后，全国震动，军阀罪恶完全暴露于全国民众之前，打倒军阀之声浪，遍及全国，使中国革命运动在无产阶级伟大的英勇斗争与牺牲之下，开展了新的发展局势，搁动了 1925—1927 年大革命的高潮。所以“二七”伟大的英勇斗争，是开辟了中国革命新的发展道路。

项英《“二七”事略》，《红色中华“二七”增刊》，1932 年 2 月 3 日

项德隆（项英）　　林祥谦　　王荷波

1939 年

延安召开“二七”十六周年纪念大会

——本市盛大举行群众纪念“二七”大会到会各业工人千余毛泽东氏莅场讲演

本报特讯 七日下午三时，延安职工在东门外抗大三大队大礼堂，开“二七”十六周年纪念会，到会计有抗大职工大队，印刷厂工友等一千余人。“宣布开会”后，首由职工大队一位同志指挥全场唱“国际歌”，次即推举朱宝亭、吴克真、田茂华、刘香林……等九人为大会主席团，接着由齐华同志报告“二七”纪念的意义，他首先提议向“二七”事变牺牲的同志、工友，全场起立默三分钟，继指出：“二七”事变是中国工人阶级第一次走上政治舞台的斗争，以及今后中国工人阶级在抗战时期的任务（。）继由亲身参加过“二七”运动的张浩同志讲演“二七”运动的经过，他首先分析“二七”运动的来源——当时革命运动的高涨，以及“二七”的经过情形，最后指出“二七”运动与以后中国革命运动的关系和意义。

次由中国共产党领袖毛泽东同志讲演，他讲话的内容共分为三大部分：第一，中国工人阶级在民族解放事业上的伟大功绩；第二，中国工人阶级今天的伟大任务——抗日救国；第三，工人阶级有光明的前途——社会主义社会。

延安《新中华报》1939 年 2 月 10 日

注：《新中华报》，原为陕甘宁边区政府机关报，1939 年 2 月 7 日改为中共中央机关报，刊期另起，三日一刊，李初梨为主编。该报是边区最有影响力的报纸。毛主席评价该报“是全国报纸中最好的一个”。1941 年 5 月 16 日，该报与《今日新闻》合并为《解放日报》。

1940 年

中共早期领导人、工人运动领袖林育英论林祥谦精神（摘录）

“二七”意义的伟大，就在于它表现出了中国工人为正义不怕牺牲的精神。当曹、吴走狗张厚生拘捕林祥谦同志并强迫他下上工命令，林祥谦同志坚决不允，张乃令刽子手先砍一刀，然后再问道：“上工不上工？”林祥谦同志抗声说：“不上！”张又下令再砍一刀，怒声喝道：“你到底下不下上工命令？”林祥谦同志悲痛大呼：“上工要总工会命令，我的头可断，工是不上的！”张复令再砍一刀，此时林同志鲜血溅地过多，遂晕去。移时醒来，张狞恶地笑道：“现在怎样？”林同志切齿大骂：“现在还有什么话可说，可怜一个好好的中国，就断送在你们这些王八蛋手里……”张听了大怒，不待他说完，立令杀死，割头示众。林祥谦同志就这样地慷慨成仁了！如此纪律森严，至死不屈，舍身成仁，从容就义，为阶级为人民的利益而牺牲的精神，这是为民族解放与社会解放所必具的美德，是每个先进的工人，每个中华民族优秀的儿女所必备的条件，我们要踏着林祥谦同志的血迹前进。我们纪念“二七”，要完成他未完成的事业，要学习林祥谦（同志）、施洋同志的伟大精神和高尚的革命气概。

林育英《“二七”的意义与经验教训》，

《中国工人》，1940 年 2 月 7 日

注：《中国工人》，是中国共产党在抗日战争相持阶段创办的综合性工人刊物，由中共中央职工委员会主办，1940 年 2 月 7 日在延安创刊。毛泽东题写刊头和发刊词。刊物于 1941 年 3 月 8 日停刊，共出版 13 期。

中共早期领导人、工人运动领袖林育英谈“二七”的经验启迪（摘录）

“二七”的经验，教训了我们：中国工人阶级是具有着不可战胜的力量，具有着无上英勇牺牲的精神。中国工人阶级的力量，正是今天为民族解放，为社会解放而斗争的骨干的力量。中国工人阶级先进战士所具有的美德，是中华民族的每一个优秀儿女所应当学习的。我们要踏着林祥谦同志的血迹前进，我们更要有争取民族解放、社会解放最后胜利的坚强信心。

张浩（本名林育英）《纪念“二七”的意义》，

《解放》第 98-99 期，1940 年 2 月 20 日

注：中共中央机关刊物——《解放》周刊，于 1937 年 4 月 24 日在延安蓝家坪创刊。《解放》周刊是在党中央和毛泽东等中央领导的亲自指导和支持下创办的。从第 17 期起，毛泽东为《解放》题写了刊名。为纪念抗日战争一周年，毛泽东为《解放》封面题词：“坚持抗战，坚持统一战线，坚持持久战，最后胜利必然是中国的。”毛泽东发表在《解放》上的署名文章就有 29 篇。

1941 年 8 月 31 日，为了集中力量办好中央机关报《解放日报》，《解放》周刊停办，共出版了 134 期。

“二七”惨案十七周年延安举行纪念大会（摘录）

……“二七”完全证明了中国工人阶级为反帝反封建的先锋……“二七”完全证明中国工人阶级是中国人民为自由为民族而斗争的先锋战士。

邓发

注：邓发，原名邓元钊，中国共产党早期领导人之一，中国工人运动的早期领导人，“四八”烈士（博古、邓发、叶挺、黄冬生等）之一，于 1946 年 4 月 8 日飞机失事牺牲。

本报特讯 二月七日为京汉铁路工人斗争纪念日，中共中央职工委员会特于二月六日晚五时在大礼堂召开纪念大会，到延安各机关学校团体干部千余人，首由乐少华同志宣布开会，并由大会推举毛泽东、王明、洛甫、康生、王稼祥、陈云、朱德、彭德怀、周恩来、项英、任弼时、刘少奇、博古、邓发、林伯渠、吴玉章、李富春、孔源、张浩、张鼎承、罗迈、高岗、高自立、谭政、肖劲光、王首

位于林祥谦陵园门口的京汉铁路江岸分工会会议雕像

道、冯文彬、朱宝庭、刘耐、乐少华、李卓然、高长久、蔡畅、邓颖超、阿金、孟庆树、廖似光、张炳真、周兴、管瑞才、祝志澄、李颉伯、贺瑞林、李平、肖彩风、毛远耀等四十六同志为大会主席团，继由吴玉章同志讲话（见另文）后，邓发同志代表中共中央，报告关于“二七”斗争的简历及“二七”在中国革命及职工运动上的意义经验教训，及今后任务（报告详见另文），工运先辈朱宝庭同志以诙谐而诚挚的语态也向大家作了兴奋的演说。

继陈云同志被请登台讲话的是新自海外归来的西班牙参战工人张瑞书同志，他详尽的报告了前往西班牙参战的始末。大会至十时始宣布散会。

《新中华报》，1940 年 2 月 28 日

吴玉章同志在纪念“二七”十七周年大会上的讲话（摘录）

“二七”是中国工人阶级英勇奋斗惨遭军阀屠杀的一个纪念日，关于“二七”的斗争历史，邓发同志将作详细的报告，我不多说。今天我们纪念“二七”，为什么我们党中央要举行盛大纪念？一方面是中国工人阶级在“二七”向军阀进行了坚决的斗争，其英勇战斗的精神堪称为中国工人阶级光荣的模范，一方面是现在我党在工人运动中的工作还是最弱的一环，要提高全党认识工人运动工作的重要。

“二七”是中国工人阶级开始作流血斗争的纪念日，我们共产党是工人阶级的先锋队，是以共产主义社会为我们的最高理想，

中国工人阶级便是创造中国新社会的主力。

今天纪念“二七”的主要意义：一方面要纪念工人大罢工的烈士，一方面使党员同非党员懂得无产阶级是革命的主要力量，同时前途远大。不但要完成目前资产阶级民主革命，并要走到无产阶级社会，使大家懂得怎样作一个共产党员，如何为党奋斗。今后希望大家进一步的了解工人阶级的斗争历史，锻炼自己，一切为了无产阶级革命的理想而奋斗，我们要作新社会的主人，今天开大会实有着重大意义，我的简单几句话完了，就请邓发同志报告关于“二七”斗争的历史吧！

《新中华报》，1940 年 2 月 28 日

注：吴玉章（1878 年 12 月 30 日—1966 年 12 月 12 日），原名：永珊，字树人，四川荣县人。吴玉章、董必武、徐特立、谢觉哉一起被尊称为“延安五老”。参与创立中国人民大学，并任校长达 17 年之久。

朱宝庭同志在纪念“二七”十七周年大会上的讲话（摘录）

今天是“二七”纪念大会，我今年五十九岁看到过三次。第一次在武汉纪念“二七”，当时会场还悬挂着牺牲烈士的照片，被肖耀南杀死的工人家属也都参加了，并在大会上进行了募捐运动。第二次是去年在抗大纪念“二七”。第三次就是今年又在这里纪念“二七”了。我非常高兴，过去工人没有公开开会的地方，没有公开说话的余地，但现在我们有了，这就是在边区。它有我们党的坚强和正确的领导，在边区我们有言论出版集会结社的一切民主自由。

“二七”以后，我们党的力量才大大开展，领导着各地工人，工会便普遍建立起来了。但那时工会组织还是秘密的，组织还不大巩固，就是因为没有枪杆。我们党的同志，今天纪念“二七”，我们不要忘记，今天曾是流血之一日，各地工人都要开大会纪念。当时的罢工是为了什么？为了改善生活，要平等、自由，增加工资，减少工作时间，要完成这个目的，必须一步步的来。

《新中华报》，1940 年 2 月 28 日

注：朱宝庭 1922 年加入中国共产党，是中国共产党工人运动领导之一，中共七大正式代表，1947 年因病在陕西省安塞县逝世。

邓发同志在纪念“二七”十七周年大会上的讲话（摘录）

在“二七”大惨案中，中国工人阶级表示英勇战斗而至死不屈之精神，用自己的鲜血写成那种惊天动地泣鬼神的光辉历史；特别是被压迫阶级先进战士林祥谦、施洋等同志的英勇牺牲，这是中国共产党、中国工人阶级值得骄傲的。

封建军阀采用了最残酷的手段，用断肢切臂杀头的办法对付被捕工人及我们的英勇战士。林祥谦同志被捕后，便被缚在电线杆上。萧耀南（的）参谋长张厚生迫其下令复工，林严词拒绝……林祥谦同志虽受尽万分

痛苦，可是他为了忠实于无产阶级事业，为了遵守工人阶级伟大人格和气节，始终不下复工命令，最后虽被军阀下令当众“枭首示众”，林祥谦就此成为中国工人阶级万古不朽的英勇模范！施洋同志也一样的为总工会的成立出了很大力量。施洋同志本来是一个知识分子，是武汉的一个律师，但他愿为无产阶级忠实服务，他充任着武汉工团、总工会的法律顾问。因为他参加了罢工的队伍，在江岸也被军阀捕去，在2月15日被枪毙于武汉。这说明京汉路中国工人阶级在第一次走上了政治舞台时遭受到残酷的摧残，遭遇着很恶劣的环境。但中国工人阶级所进行的斗争，仍英勇坚决的。今日之“二七”之所以成为光荣之一日，这是值得中国工人阶级骄傲的。

《解放》第100期，1940年2月29日

1943年

中国工人与民族解放运动（摘录）

——中央机关理论报刊纪念“二七”二十周年发表华岗文章

在中国近代史上有重大意义的“二七”事变，到今天已整整二十周年了。正如马超俊先生所估计：“迨二七罢工失败，工人为武力所镇压，革命之怒涛，渐告平静，北洋军阀之专暴，复横行一时。然而工人组织工会之热情，并未稍怯，且经过失败之教训，不再徒注重于形式之组织，而对于组织之内容，亦知力求充实。又因经济斗争之结果，提醒其政治意识。”（同上）

最明显的事实，就是“二七”流血之后，全国铁路总工会的成立，全国劳动大会的召开，中华全国总工会的产生，“五卅”、省港等罢工运动的发展，特别重要的，就是工人运动与国民革命相结合，因而取得了北伐战争的伟大胜利，终于打倒了北洋军阀的反动统治。

中国工人阶级是懂得小我和大我的关系的，他们决没有只顾阶级利益而不顾民族利益的狭隘思想。

事实是最好的证明，二十年来中国工人运动的发展，只有加强民族解放运动的力量，推动爱国运动向更彻底的解放方向迈进，证明中国国民党第二次全国代表大会宣言所说：“凡民族革命运动，欲求成功，必须有广大的民众参加。而农工民众，尤为必须。”

劳动群众是民族的真正骨干，是民族生存与民族革命运动的基本力量。

一个民族的新生，必须找到力量的源泉，而且要爱护这个源泉，使水下的劲流能够更有力地激起更可观的波澜。

本来我们中国工人在“二七”之后，就已走进世界工人运动的行列。二十年来，中国工人斗争回顾过去的二十年，中国工人斗争的伟绩，在世界工人运动史上，一直维持着光荣的地位。

回顾过去二十年，我们不仅充满了对于自己的力量和尊严的意识，而且还充满了对自己在民族苦斗中先进战士的伟大责任感。中国工人在这二十年当中学得了三大基本课程，即经济与政治的关系，中国与世界的关系，以及阶级与民族的关系。现在应该把这三大课程加以融会贯通，懂得它们相互之间的发展规律与主导方面，并在实际行动上把握住这种发展规律与主导方面，以推动解放事业的发展。

中国工人有"二七"以来的光荣传统与丰富经验，应该更加团结一致，并推动民族团结和进步，冲破困难，缩短黑暗，迎接黎明，使统战盟国的大业奋勇前进。

《群众》第8卷第3期，1943年2月1日

注：华岗，1925年加入中国共产党，《群众》周刊主编，中共中央南方局宣传部长。中国现代哲学家、史学家、教育家。

1949年

为纪念"二七"二十六周年 迎接全国解放
中华全国总工会发布通知（摘录）

新华社东北二日电 中华全国总工会昨日发布纪念"二七"十六周年通知，全文如下——

各解放区职工总会并转所属各职工会：

中国工人阶级为争取组织工会的自由、反对帝国主义和封建军阀压迫，而在一九二三年举行的"二七"斗争二十六周年纪念日，就要到来了。中国工人阶级在这次斗争中，已表现出坚强的革命性和不屈不挠的英勇精神；一走上政治舞台，就成了中国人民反帝反封建运动的先锋队。在目前人民解放战争获得空前胜利、国民党反动政府很快就要完全垮台、全国胜利在望的环境中，纪念"二七"，有特别重大的意义。

纪念"二七"，要与目前反对国民党假和平，争取真正的民主的永久和平密切地联系起来。要用工人阶级在"二七"以后争自由争生存的斗争遭受帝国主义走狗国民党残酷镇压屠杀的许多历史事实，来说明不把革命进行到底，不彻底结束国民党反动统治，工人阶级是无法翻身的。

全体职工们均应发扬"二七"英雄们的革命精神，并领导全国人民，把革命进行到底，为建立新民主主义的繁荣幸福的新中国而斗争。

纪念"二七"，要号召工人建立和巩固职工会的组织，密切职工会与工人群众的联系，提倡以互相合作的方式，举办各种职工福利事业。

继承"二七"斗争的英雄精神；拥护人民解放军解放全中国；反对国民党反动派的虚假的和平；拥护毛泽东主席八项和平条件；反对国民党迁移和破坏工厂；保护机器，保护工厂，准备迎接人民解放军。

中华全国总工会《中原日报》，1949年2月3日

中华人民共和国成立后

为了缅怀“二七”革命斗争先烈，弘扬“二七”革命斗争精神，中共中央持续组织开展各种纪念“二七”活动：毛泽东主席亲笔为武汉“二七烈士纪念碑”题写碑文；毛泽东、周恩来、董必武等党和国家领导人还接见了林祥谦烈士的夫人陈桂贞；国家大规模组织修建纪念“二七”的设施；全国总工会倡议将“工厂作为战场”，号召工人积极投身于“保家卫国”的抗美援朝斗争；1959年，周恩来总理接见了拍摄电影《风暴》的全体演职员工；1951年，杀害“二七”工人的刽子手赵继贤接受公审，被处决于林祥谦就义处；1961年，福建省为林祥谦烈士灵柩举行了隆重的迁葬仪式，党政军首长亲自为其护灵；1963年，为纪念“二七”革命斗争四十周年，人民日报等媒体以及福建、武汉、郑州等地铁路局纷纷发表纪念文章，北京、上海、福建等地都举行了庄严隆重的纪念活动，表达了发扬“二七”革命传统、努力增产节约、大干快上建设社会主义新中国的信心和决心。

1950年

福州市工人代表集会纪念“二七”二十七周年抗议香港英帝暴行（摘录）

本报讯 本市工人为纪念“二七”工运二十七周年纪念，同时为抗议英政府一月三十日对香港工人集会使用武器而造成流血惨案。

参会的工人代表150余人。福州市政府许市长和省总工会周秘书长参加了座谈。会议由福州市总工会主任何平主持。

许亚市长在座谈中指出：如果没有先烈的英勇斗争，就没有今天全国这样的空前胜利和自由幸福，工人阶级要接受先烈的斗争经验和斗争精神，来建设新中国。周秘书长发言后工人代表也踊跃发言，澡堂业工人曾柏霖说：纪念“二七”，我们工人阶级应该大团结，以我们的实际行动，来支援前线，解放台湾，并且对香港工人被英国迫害，我们提出严重抗议！大家一致表示纪念“二七”要继承先烈的斗争精神，加紧生产，支援前线，并坚决声援香港工人的正义行动。

《福建日报》，1950年2月8日

1951年

继承"二七"反帝斗争光荣传统 全国工人阶级走在抗美前列

——一百廿万职工投入爱国生产竞赛 大批青年工人走上国防建设岗位

新华社北京六日电 中国工人阶级继承"二七"反对帝国主义斗争的光荣传统，在抗美援朝保家卫国运动中发挥着伟大的作用。工人们为了迅速加强祖国的经济力量已作了辉煌的贡献。当美帝国主义把侵略朝鲜的战火延烧到我国大门，美机不断轰炸扫射我东北领土，美国侵占我国台湾的时候，全国工人愤慨万分，纷纷表示"将工厂作为战场"，多生产一件成品，多增加一份打击美帝国主义的力量。到11月6日全国总工会发表宣言，号召全国工人阶级开展抗美援朝保家卫国运动之后，这一爱国主义生产竞赛运动，就随着时事学习运动，如火如荼地普及全国。到1月初，据东北、华北、华东、中南四个地区的不完全统计，已有1 200多个工矿企业单位，120多万工人投入这一运动。其中铁路、电业工人则占其总数的百分之七十以上。

中国工人阶级不仅在建设强大经济力量，而且在建设强大国防力量上表现了英雄的气概。（他们）报名参加了军事干部学校。报名的青年工人，在北京市，三天中就有一千多名，在上海市，有四千多名。

《福建日报》，1951年2月8日

汉口江岸火车站举行公审大会 "二七"惨案主犯赵匪继贤伏法

新华社汉口十八日电 全国铁路工会和武汉市各界人民代表共五千多人，十六日在汉口江岸火车站公审二十八年前制造"二七"惨案的主要凶犯赵匪继贤。公审大会后，赵匪即在当年"二七"杀害林祥谦烈士的地方伏法。

上午八时五十五分，赵匪继贤被押进公审大会会场。武汉市人民法院院长兼公审大会临时人民法庭审判长张雪涛宣布开庭。武汉市人民政府检察署副检察长吴杰首先提起公诉，列举了赵匪在一九二三年制造京汉铁路"二七"惨案的罪行，要求人民法庭依据政治反革命条例将赵匪判处死刑。接着，曾受赵匪迫害的"二七"老工人和死难烈士家属纷纷作证，控诉赵匪的杀人罪行。郑州机务段老工人郑国钧说："一九二三年一月，我们京汉铁路工人因为不堪暴虐统治，在中国共产党领导下，组织京汉铁路总工会。当时，这个阴险奸诈的赵继贤，一方面假意允许我们把一月二十八日的星期日例假改在二月一日，以便工友们参加总工会的成立大会；另一方面却暗中打电报给军阀吴佩孚，阴谋扼杀工人组织的成立。二月一日，吴佩孚派兵包围了我们总工会成立大会的会场，强迫我们把大会解散。但是工人们坚持不屈，在军队包围中英勇地举行了开幕式。在这种极端无理的压迫下，总工会在当天晚上接受到会代表的一致要求。决定在二月四日举行全路工人同盟罢工。罢工的第四天，就遭到了这个刽子手——赵匪继贤的血腥镇压。全路被打死、打伤的工人有数百人，另有一千多工人被迫流离失所，很多工人被害得家破人亡。郑国钧愤怒地指着赵匪继贤说：“今天你活到头了，我们要求人民政府枪杀你这个杀人不眨眼的罪魁，替‘二七’死难烈士报仇！”“二七”烈士林祥谦的夫人陈桂贞特地从福州赶来参加公审大会。她说：“我丈夫的血没有白流，在毛主席和共产党的领导下，祖国已经获得解放，我们已经翻了身。现在，我要亲眼看着这个杀害我丈夫的刽子手在人民面前伏法。”烈士林材咏的夫人梅慧清在她丈夫遇难以后，因不堪迫害，从二十岁起就当了尼姑。她在公审大会上说：“今天，人民政府替我报了仇了，从现在起，我要脱掉袈裟，参加铁路工会的工作。”（她的志愿已实现了，中国铁路工会郑州区委员会已批准她的要求。）江岸车站“二七”老工人张士汉、吕志兴和长辛店“二七”死难烈士吴珍的女儿吴艳荣，先后控诉了赵匪继贤害得他们家破人亡的罪行。到会者一致高呼：“枪毙赵继贤，为死难烈士报仇！”

被害工人和死难烈士家属控诉完毕后，审判长开始审问。因证据确凿，赵匪对犯罪事实均直认不讳。审判长当即宣布将赵匪判处死刑，褫夺公权终身，所有财产除酌留其家属生活费用外，全部没收。武汉市市长吴德峰当场宣布批准审判长的判决。至此，这个双手沾满人民鲜血的刽子手，被绑赴林祥谦等烈士遇难处执行枪决。

当天下午，全体代表举行了公祭“二七”死难烈士大会。主祭人武汉市市长吴德峰致词说：“今天，我们京汉铁路工人的血海深仇得到了清算，这是在中国共产党和毛主席的英明领导下得到的伟大胜利。”他号召到会的铁路工人代表继承“二七”先烈的伟大精神，做好铁路系统的民主改革工作，巩固革命胜利。

《福建日报》，1951年7月20日

汉口江岸火车站举行公审和公祭大会
“二七”惨案主犯赵匪继贤伏法
老工人和烈士家属纷纷控诉赵匪罪行

新华社汉口十八日电 全国铁路工会武汉市各界人民代表共五千多人，一九五一年七月十六日在汉口江岸火车站公审二十八年前制造“二七”惨案的主要凶犯赵匪继贤。公审大会后，赵匪即在当年“二七”杀害林祥谦烈士的地方伏法。

“二七”烈士林祥谦的夫人陈桂贞特地从福州赶来参加公审大会。她说：“我丈夫的血没有白流，在毛主席和共产党的领导下，祖国已经获得解放，我们已经翻了身。现在，我要亲眼看着这个杀害我丈夫的刽子手在人民面前伏法。”

烈士梅才咏的夫人梅恋清在她丈夫遇难以后，因不堪被凌虐迫害，从二十岁起就当了尼姑。她在公审大会上说：“今天，人民政府替我报了仇，从现在起，我要脱掉袈裟，

1951 年，公祭大会后，赵继贤在林祥谦烈士就义处被处决。

参加铁路的工作。”

还有代表控诉了赵匪继贤杀害“二七”烈士导致家破人亡的罪行。

到会者一致高呼：“枪毙赵继贤，为死难烈士报仇。”

当天下午，全体代表参加了“二七”死难烈士公祭大会。主祭人武汉市市长吴德峰致词说：“今天，我们京汉铁路工人的血海深仇得到了清算，这是在中国共产党和毛主席英明领导下得到的伟大胜利。”他号召到会的铁路工人代表继承“二七”先烈的伟大精神，做好铁路系统的民主改革工作，巩固革命的胜利。

《福建日报》，1951 年 7 月 20 日

中国铁路工会全国委员会在汉口举行抚恤“二七”烈士家属大会 颁布抚恤“二七”烈士家属办法 烈士林祥谦等亲属将长期领取抚恤金

新华社汉口五日电 中国铁路工会全国委员会经中华全国总工会批准，决定对“二七”烈士家属分别给以抚恤。烈士林祥谦、施洋、姜和顺的母亲长期享受相当于供给制的中灶待遇；烈士林祥谦、施洋、曾玉良、王起鹏、叶志松、张福狗的妻子长期享受相当于供给制的大灶待遇；其余二十家烈士家属一次发给大米一千五百斤、一千斤或八百斤的抚恤金。十月二十五日中国铁路工会全国委员会在汉口江岸举行了抚恤“二七”烈士家属大会。会上，中国铁路工会全国委员会副主席梁永福宣布了抚恤办法并发给烈士家属抚恤金。到会的烈士家属们都表示要教好孩子，努力生产。“二七”老工人代表吴柏林也在会上号召所有的“二七”老工人带头搞好爱国增产节约运动。

《福建日报》，1951 年 12 月 9 日

中共工人运动重要领导人邓中夏 1930 年评林祥谦（摘录）

林祥谦同志就此慷慨成仁了。如此至死不屈，从容就义，纪律严肃，也只有无产阶级的先锋战士，才能有此。

邓中夏《中共职工运动简史》，
人民出版社 1952 年版，第 112 页。

福州市一千余工会干部举行“二七”纪念大会号召全市工人继承革命传统积极参加“五反”斗争

本报讯 福州市工人干部纪念“二七”大会于昨日下午在本市劳动人民文化宫举行。到有本市各行业工会干部一千多人。“二七”烈士林祥谦的儿子林冠康及弟弟林祥麟也应邀参加。

省总工会吴良傑主席讲话。他报告了“二七”运动的经过，号召全市工人继承“二七”革命的光荣传统，积极参加反行贿、反欺诈、反偷税漏税、反暴利、反盗窃国家资财的斗争。他说：全市三万五千多工人，要发挥我们的力量，积极参加“五反”运动，大胆检举不法商人！我们工人中也有一部分人，由于对资产阶级的进攻警惕不够，为资产阶级的思想所侵蚀，接受了不法商人的“小恩小惠”，但是我们工人同志可要把不法商人行贿的事实揭发出来，积极参加检举一切不法行为，政府对工人被骗受贿一律不加追究。

《福建日报》，1952 年 2 月 8 日

郑州铁路职工及各界群众代表举行纪念“二七”公祭汪胜友、司文德二烈士

“二七”惨案发生后，张世荣（历任军阀吴佩俘 14 师副官、国民党郑州警察局督察员等职），勾结工贼边中全逮捕罢工工人彭占元、刘振清等八人，送交军阀吴佩孚长期关押。1926 年 8 月 30 日晚，张世荣又伙同贾鸿顺等人，勾结军阀部队将参加“二七”罢工谈判的郑州铁路工务段总代表司文德、京汉铁路郑州分工会委员长汪胜友逮捕，严刑拷打。并于 9 月 9 日将司、汪二人押至郑州西关外长春桥路口枪杀，将二烈士的头颅挂在电线杆上示众。解放后，张世荣畏罪潜逃，1951 年 12 月被捉拿归案。1952 年 2 月 7 日，郑州市各界代表和铁路工人与市民约三万人在二七广场，召开大会进行公审，依法判处张世荣死刑，立即执行。

公审大会后公祭了汪胜友和司文德俩烈士，郑州市长宋致和主祭，郑州铁路区工会主席王志梧宣读祭文。

这些沾满工人阶级鲜血的刽子手终于受到了严惩，为人民除了害，为烈士报了仇。

为了继承和发扬二七光荣传统，追忆“二七”大罢工的壮举，党和政府在长春桥旧址建成了雄伟壮观的二七纪念塔，象征着烈士鲜血染红的历史丰碑，永远矗立在亿万后来人的心中。

郑州日报、郑州二七纪念馆，1952 年 2 月 8 日

1953 年

福建省福州市工会召开纪念“二七”三十周年大会

本报讯 二月七日，福建省、福州市总工会在福州市劳动人民文化宫联合召开工人纪念“二七”三十周年大会。出席省、市工会干部和福州市各工矿企业的工人代表千余人。

福建省总工会组织部王成柱号召全体工人积极发扬中国工人阶级的革命精神，继续加强抗美援朝，开展爱国主义劳动竞赛，完成和超额完成国家的经济计划。

林祥谦烈士的胞弟和烈士儿子林冠康代表烈士家属讲话。林冠康说：我一定要学好技术（政府介绍到福建运输公司福州修车厂工作），不辜负党、人民政府和工会对我的培养。

《福建日报》，1953 年 2 月 8 日

林祥谦遗腹子林冠康工作像

郑州市二七纪念堂在京汉铁路总工会旧址修建完成

新华社开封五日电 郑州市总工会和中国铁路工会郑州区委员会共同主持修建的“二七”纪念堂已经建成。该堂位于郑州市钱塘路普乐戏园旧址，也就是 1923 年 2 月 1 日京汉铁路总工会举行成立大会的地方。“二七”纪念堂里设有“二七”史迹陈列馆、电影部和俱乐部（包括遊艺室、图书室和露天舞场）三部分。“二七”史迹陈列室正中间挂着中南行政委会副主席邓子恢的一幅亲笔题词“伟大的工人阶级英勇的革命斗争”。

此外，还有郑州铁路局文艺工作者根据二七老工人的回忆作成了“中国铁路工人‘二七’斗争史”连环画和解放后公审枪决“二七”惨案凶手京汉铁路管理局局长赵继贤的照片等。

《福建日报》，1953 年 2 月 7 日

1957 年

中共一大代表、中国劳动组合书记部长江支部主任包惠僧忆林祥谦（摘录）

包惠僧

林祥谦烈士性格和善，对父母孝顺，对妻子亲爱，对兄弟朋友和睦友爱。他自奉甚薄，不吸烟，不喝酒，不赌博，一生没有穿过绸呢绒的衣服，也没有穿过皮鞋，自己虽然是这样节省，但每遇同乡事有缓急之需，常典当衣物帮助人，济困扶危，乐善好施。尤好打抱不平，每遇强暴凌辱穷苦人民，必挺身而出，仗义执言，虽花钱费力在所不计。在工人俱乐部任财务干事时，公私分明，丝毫不苟，为同事所敬服。在“二七”罢工运动中，他同项德隆（按：项英）手联手，肩靠肩，不分昼夜地工作，不畏强暴，不怕艰险。他常对项德隆（项德隆、项德龙皆指项英）说：“罢工运动就是革命运动，没有不流血不流汗的革命，也没有不流血不流汗的罢工，我们要准备一切应付事变！”他牺牲的消息传出后，同志们无不悲痛落泪，切齿痛恨封建军阀。

栖梧老人（包惠僧）《二七回忆录》，工人出版社 1957 年版，第 94 页。

1959 年

清明祭扫烈士墓　处处春花慰忠魂

——福建省人委决定拨款修建“二七”烈士林祥谦陵园

屹立在乌龙江畔的“二七”烈士林祥谦墓前，昨大上午也挤满了祭扫的人群。闽侯县机关、学生代表、尚干公社社员和福州铁路管理局职工共一千多人到这里扫墓。闽侯县委书记、县长吴殿选打扫陵墓后，还访问了林祥谦烈士的夫人陈桂贞。前往访问的各机关干部、学生等还请陈桂贞同志介绍了烈士生平事迹。

又讯　省人民委员决定援款四万元修建“二七”烈士林祥谦陵墓。全部修建工程包括陵园、纪念碑和烈士事迹陈列馆等。此外，还将为烈士夫人陈桂贞修建一座别墅。

（时海珍、肖品荣、章志正、朱立民、苗秉诚、王汾树）

《福建日报》，1959 年 4 月 6 日

各界代表前往林祥谦陵墓祭扫悼念

闽侯县祥谦公社党政领导暨各界代表在“二七”烈士林祥谦同志墓前献花圈留影纪念

各界代表同烈士林祥谦夫人合影纪念

革命浩气贯斗牛

——记影片《风暴》精采的片断

《风暴》，是一部不可不看的好影片。看过舞台剧《红色风暴》的人更应该看看，因为影片中有许多是舞台上所没有的雄壮的斗争场面，有新塑造起来的党领导老项的形象。这里面有诗情但那不是柔情蜜意，而是工人阶级气魄磅礴的革命豪情；这里有画意，但不是桃红柳绿，而是无产阶级红旗翻卷如潮……

这是一部共产党和工人们用血写成的光辉的史诗。从这里看出革命先辈的英勇和创业的艰难。1923年中国共产党刚刚诞生不久，深受压迫的工人一下就认清了党是自己的战斗司令部，立即团结在党的周围，对反动派展开了猛烈的进攻。

党一诞生，西方帝国主义的魔影就紧紧

跟随着它。他妄想“当布尔什维克在摇篮的时候就把他捏死！”他们和军阀、买办资产阶级勾结起来，企图消灭新生的革命力量。

年轻的党，带领自己的队伍，经历了多少回旋，突破重重围困，领导工人们成立了自己的工会。这样矛盾就推上了尖端。统治者自己撕下“保护劳工”的面具，拔出了凶利的刺刀。工人阶级也运用了最犀利的武器——罢工。

罢工的汽笛一响，一呼百应，地动山摇。看！工厂轮带停顿了，锅炉火灭，烟囱烟断。轮船停在水中，火车变成一条死蛇。创造世界的主人停住了手，世界就变成了一个僵硬的躯壳。军阀吴佩孚四肢瘫软，喘息不已：“混账！这简直捏住了我的脖子！”

风暴来了！老项喊出了“争自由，争人权”的正义口号，施洋写出了强硬的挑战书，林祥谦带着工人群众万人示威大队出动了！数不清的红旗，赤浪千里，前不见头，后不见尾，浩浩荡荡涌向帝国主义的大楼。军阀和帝国主义领事颤抖着掀开了窗帘的一角，只见楼下：多少只碗大的铁拳群挥，万人齐声怒吼，一片怒涛汹涌的气势，几乎要将这大楼冲塌。

中国的劳苦大众，第一次向世界宣示：我们是砸不断、压不弯的硬骨头。2 月 7 日，军阀和帝国主义者策动了残酷的大屠杀。觉醒了的工人虽然手无寸铁，但有了党的领导，他们便无畏地举起革命大旗，桌椅、砖石当作武器，向刀枪林立的敌人扑去。这就是罢工中工人首次与敌人交锋的气派！

福建街杀声冲天，前面一批工人倒下，后面接着冲上去。猛虎般的工人曾玉良连中数弹，仍咬紧牙根，将红旗插在地上，再扑向敌人。使人不禁想到他入党时庄严的宣示：“我整个是你的……跟着你跑，我愿为工人阶级卖命！”

革命家施洋在大乱中不幸被捕，他站在屋脊上，双眼光芒闪闪，他奋臂仰天长啸：“你斗杀得了一个施洋，却杀不了几万万伟大的民众！”

工人领袖林祥谦被绑在电（线）杆上，军阀举刀猛砍。林祥谦鲜血射出来，还是昂首疾呼：“我头可断，决不复工！”他以自己的血，染红了中国无产阶级的光辉的名字，显示工人特有的凛然的气节，为后代革命立下不朽的典范。

福建街火光冲天，尸横遍地，杀声不绝于野，但红旗并没有倒下，它在风暴中傲然翻卷……

今日，建国十年的日子，革命先辈们用血染的五星红旗，已高高插在天安门上。让帝国主义者和反动渣滓们对着红旗发抖吧，胜利的革命红旗将永远高高飘扬。

《福建日报》，1959 年 9 月 25 日

为头山上存忠骨，乌龙江畔慰英灵

——福建省市闽侯专区各界在烈士故乡举行“二七”烈士林祥谦灵柩迁葬典礼，陈绍宽及党政军首长亲自护送灵柩

本报讯 “二七”烈士林祥谦灵柩迁葬典礼，于1月31日在闽侯县祥谦公社的林祥谦陵园基地上隆重进行。为了褒扬林祥谦烈士的革命功绩，教育下一代继承革命传统，省、地、县、社党委和政府于去年10月间成立了林祥谦陵园筹建委员会，在烈士的故乡——闽侯县祥谦公社枕峰村的为头山上兴建包括有陵墓、纪念馆、绿化广场、大门等五个部分组成的“林祥谦陵园”。这一工程已于去年12月10日开始动工，现在陵园基地已基本拓成。

1月31日在中共闽侯县委、闽侯县人民委员会主持下，举行了隆重的烈士灵柩迁葬典礼。参加迁葬典礼的各级领导及代表有一千五百余人。林祥谦烈士夫人陈桂贞也参加了迁葬典礼。

上午十时半，副省长陈绍宽，副专员赵大斌等党、政、军首长，亲自护着林祥谦烈士灵柩，迁进烈士陵园新址安葬。

在迁葬典礼大会上，副省长陈绍宽、副专员赵大斌以及闽侯县副县长孙子美等都讲了话，他们一致指出：林祥谦烈士是党的好儿子，坚强的无产阶级战士，我们要学习和发扬林祥谦烈士英勇不屈的革命精神，和高贵的共产主义品质，高举总路线、“大跃进”、人民公社三面红旗，争取社会主义建设的新胜利。

会上，省、地、市、县党政军首长，各界代表还在林祥谦烈士墓前献了花圈。

《福建日报》，闽侯人民报编辑部，1961年2月7日

学生团体前往祥谦陵园接受“二七”革命传统教育

1963 年

省总工会通知各地纪念“二七”四十周年

本报讯 今年2月7日是京汉铁路“二七大罢工四十周年纪念日，也是林祥谦烈士英勇牺牲四十周年。省总工会于日前发出通知，要求各级工会组织在“二七”前后开展广泛的纪念活动。

通知指出，“二七”宣传纪念活动，是一次深刻的阶级教育和革命传统教育。要通过纪念活动号召职工学习革命先烈坚贞不屈、英勇顽强的革命气概，忠于党忠于人民的高贵品质，爱憎分明的阶级感情和对工人阶级解放事业的无限忠诚，进一步提高阶级觉悟，团结一致，高举三面红旗，以充沛的精力投入增产节约运动，更好地为实现党的八届十中全会提出的伟大历史任务而奋斗。要求各级工会组织要充分运用各种形式开展多种多样的活动，如举办报告会、图片展览会、小型座谈会、故事会、讲座等，介绍“二七”斗争史实和林祥谦烈士的生平事迹；组织职工看“风暴”等影片，推荐工人革命斗争书籍等。（省总工会宣传部）

《福建日报》，1963 年 1 月 22 日

全国铁总组织“二七”老工人代表团抵闽参加“二七”四十周年纪念活动

本报讯 由中国铁路工会全国委员会组织的“二七”老工人代表团一行四人，于昨（四）日到达福州。代表团成员有：“二七”老工人、铁路局局长助理李震钢，“二七”老工人郑州铁路区工会劳保部副部长李全德，“二七”老工人李迓隆和万能山。他们都亲身参加过“二七”斗争。其中李全德是当时郑州地区敢死队队员，万能山在江岸“二七”大屠杀时，参加过与反动军警面对面的搏斗。代表团除将参加林祥谦烈士就义四十周年纪念大会外，还将应邀到福州、厦门、南平、三明等地向职工报告“二七”英勇斗争事迹。

《福建日报》，1963 年 2 月 5 日

纪念“二七”大罢工四十周年 首都工人连日开展各种活动

新华社北京 2 日电 首都工人连日来开展各种活动，纪念“二七”大罢工四十周年，学习“二七”斗争的革命精神。北京市总工会今天举办了纪念“二七”四十周年的报告会。中华全国总工会工运史研究室主任张承民在会上作了关于“二七”大罢工斗争历史和继续发扬“二七”斗争的革命精神的报告。有一千多人参加了这个报告会。

全市许多工矿企业和铁路职工，这几天都举办了有关“二七”斗争的报告会和座谈会，许多人还访问了“二七”老工人。当年曾参加“二七”大罢工的长辛店机车车辆厂，各个车间的职工普遍举行了纪念“二七”的敬老会，“二七”老工人和工厂的领导干部在会上给青年工人讲了“二七”斗争历史，他们鼓励青年工人学习革命前辈的革命精神。

全厂青年工人还开展了阅读和学习厂史的活动。这个工厂的领导干部，最近挨户访问了“二七”烈士家属和“二七”老工人，并且举行了“二七”老工人座谈会，征求他们对生产的意见，老工人们在座谈中都表示要继续保持并发扬“二七”革命精神，在自己的劳动岗位上努力搞好增产节约。

今年“二七”以前，首都的工矿企业和铁路职工还要举行许多纪念活动。北京铁路办事处将举行北京铁路工人纪念“二七”大会，并且请“二七”老工人与先进生产者举行座谈会。石景山钢铁公司、北京第三棉纺织厂等工厂，以及朝阳、西城、丰台等区的工人俱乐部纪念“二七”的筹备活动也已就绪。

《福建日报》，1963 年 2 月 5 日

纪念“二七”四十周年福建省总工会主席何萍发表《继承和发扬“二七”的光荣革命传统》一文（摘录）

四十年来，“二七”斗争的光荣，鼓舞着我们奋勇前进。在伟大的中国共产党和伟大的领袖毛主席的领导下，十四年前，我国便在全国范围内取得了反帝（国）主义、反封建主义、反官僚资本主义的伟大胜利。现在我们工人阶级的社会政治地位和十四年前根本不同了，我们早已取得了“二七”时代牺牲流血所争取的一切自由权利，成为国家社会的主人，并且为我国社会主义作出了重大的贡献。

在我们前进的道路上，还会遇到种种困难。我们工人阶级要永远地继承和发扬“二七”革命传统，学习先烈藐视敌人、战

铁道文工团歌剧团访问祥谦夫人留影

胜敌人的革命胆略，学习先烈革命的坚定性和彻底性，以及自我牺牲的革命精神和组织性、纪律性，和国内外一切阶级敌人坚决斗争，不断克服困难，争取更大的胜利。

我们应当沿着“二七”革命的道路，加强社会主义学习，提高阶级觉悟，增强阶级斗争观念，以主人翁的态度对待劳动，爱护国家财富，遵守国家政策法令，以高度的创造精神，学习钻研技术，革新技术。以集体主义精神，加强协作，互相帮忙，共同提高，广泛、深入地开展比先进、学先进、赶先进、帮后进的社会主义劳动竞赛，以提高产品质量，增加产品品种，减少消耗，降低成本，提高劳动生产率，全面完成国家计划，从各方面积极支援农业生产和农业技术改革。我们每个职工在劳动竞赛中，应当积极向先进生产者看齐，做到模范地执行党和国家的政策法令，认真遵守企业的规章制度，出色地完成生产任务。每个班组应当积极向先进班组看齐，做到：政治思想好，生产好，学习技术好，管理好，互助协作好。

今年是我们国家执行第三个五年计划（的）第一年，我们应当用“二七”的精神，艰苦奋斗，努力搞好自己的工作，出色的地完成国家计划。我们要以最出色的劳动，为实现农业现代化、工业现代化、国防现代化、科学技术现代化而积极斗争。

《福建日报》，1963 年 2 月 7 日

北京、上海、武汉、郑州、广州、哈尔滨等地广泛开展活动纪念“二七”四十周年

新华社北京 6 日电 北京、上海、广州、哈尔滨等地劳动人民今天隆重集会，纪念“二七”大罢工四十周年。北京地区铁路职工、

陈桂贞（前排右五）出席省第三届妇代大会与闽侯代表团全体代表合影

长辛店机车车辆厂职工和北京市少年儿童今天分别举行了纪念会。

北京地区铁路职工的纪念会有一千多人参加。在当年“二七”大罢工策源地之一的北京长辛店机车车辆厂，今天举行了有一千六百多名工人参加的纪念会，其中有二百多名“二七”老工人。

上海市总工会今天举行有一千多人参加的纪念会。中共上海市委书记处书记陈丕显和上海市副市长刘述周、张承宗等出席了大会。

广州市各业工人代表和铁路职工今天晚上分别举行了纪念会。

参加哈尔滨市第九届劳动模范和先进集体代表大会的代表，以及哈尔滨市各工厂企业和铁路职工的代表一千多人，今晚举行了纪念会。

在“二七”大罢工发起地之一的武汉市，展开了各种纪念活动。武汉市少先队员的代表在即将揭幕的“二七”纪念牌前举行了纪念会，他们在碑前宣誓：继承革命先辈的光荣传统，做共产主义的接班人。

在郑州市总工会和郑州铁路区工会培训的一批“二七”史实报告员，也分赴各工厂展开宣传活动。

《福建日报》，1963 年 2 月 7 日

中国铁路工会福州区委员会举行纪念“二七”四十周年活动

中国铁路工会福州区委员会昨日（6）日举行了纪念“二七”四十周年报告会。福州铁路局政治部副主任韦荣寰在会上作了关于“二七”大罢工斗争史实的报告。同一天，厦斗、邵武、永安等地区铁路部门也都为职工举办了关于“二七”大罢工斗争史实的报告会。铁路系统各基层工会和共青团组织，连日来纷纷组织职工座谈，举办了图片展览会、放映影片《风暴》、组织工人拜谒林祥谦烈士陵墓等。职工们通过纪念“二七”活动，受到了一次深刻的阶级教育，表示要发扬“二七”斗争的革命精神，高举三面红旗，努力开展增产节约运动。

《福建日报》头版，1963 年 2 月 7 日

福建省长魏金水出席省市各界四千人大会隆重纪念“二七”烈士林祥谦就义四十周年（摘录）

“二七”烈士林谦同志就义四十周年纪念大会，昨日在烈士故乡闽侯县尚干镇隆重举行。昨天天气晴朗，刚刚落成的烈士陵园在阳光下显得格外雄伟。烈士墓前松柏环绕，布满鲜花，两边挂着“发扬二七革命精神，学习烈士高贵品质”的巨幅对联。中共福建省委书记处书记、省长魏金水，省委书记处书记林一心，副省长陈绍宽，福建军区代表南登进出席了纪念大会。出席纪念大会的还有省总工会副主席粘文华，共青团福建省委书记陈玉西，省妇联主任苏华，以及闽侯专区、福州市、闽侯县党政机关，人民团体负责人和各界代表四千多人。全国铁路工

会"二七"老工人代表团李震刚、李全德、李迓隆、万能山等，也参加了纪念大会。上午十时正，闽侯县副县长潘文彦宣布纪念大会开始。在国际歌歌声中，全场肃立，向烈士默哀致敬。林一心书记代表中共福建省委，陈绍宽副省长代表省人委，分别在烈士墓前敬献花圈。

中共福建省委书记处书记、省长魏金水在会上讲话。他代表省委、省人委对林祥谦烈士及"二七"斗争中壮烈牺牲的其他烈士表示深切的悼念和崇高的敬意。魏金水同志在阐述了"二七"革命斗争的伟大意义后说，"二七"大罢工是中国工人阶级一场可歌可泣的战斗，林祥谦同志为了工人阶级的事业，与帝国主义及其走狗封建军阀进行残酷复杂的斗争，献出了宝贵生命，表现出革命者坚贞不屈、视死如归的革命精神，表现出中国工人阶级先锋战士的伟大气概和高贵品质。林祥谦同志的光辉业绩，将永远鼓舞着我们工人阶级和全体人民的革命斗志，永远是我们学习的光辉榜样。魏金水同志指出，"二七"斗争到现在已整整四十年了。经过四十年的英勇斗争，我们国家已发生了根本变化，继民主革命的胜利，又取得了社会主义革命和社会主义建设的一系列辉煌的胜利，"二七"烈士们的崇高理想正在逐步实现。现在，我们的革命事业已经进入一个新的历史时期，我们必须提高警惕美帝国主义的阴谋，继承先烈遗志，坚持不懈地继续斗争。最后魏金水同志号召全省人民学习"二七"烈士的革命精神，紧紧团结在党中央和毛主席的周围，在省委和省人委的领导下，坚决贯彻党的八届十中全会的精神，更高地举起总路线、"大跃进"、人民公社三面红旗，奋勇前进，争取早日把我国建设成为一个具有农业现代化、工业现代化、国防现代化、科学技术现代化的社会主义强国。

林祥谦烈士夫人陈桂贞最后讲话，她感谢党和政府对她无微不至的关怀，表示要勉励自己的孩子继承先烈的光荣传统，为社会主义事业贡献力量。

《福建日报》头版，1963年2月8日

论中国工人阶级的先锋战士（摘录）

——《福建工人》"二七"专号

（风长）

林祥谦烈士虽然逝世了，但他的思想光辉却永远照在我们心上。他那种敢于蔑视敌人，敢于斗争，敢于革命的无比旺盛的革命精神，他那种在强暴敌人面前，威武不屈，利诱不降，永远忠于自己的阶级利益，忠于革命事业，并为革命而不惜抛头颅，洒热血的革命坚定性，他那种工人阶级高度组织纪律性，他那种在斗争中始终和自己阶级兄弟同甘苦，共患难，始终和阶级兄弟紧密团结在一起的优良品质，以及处处关心工人，工作深入，不怕艰苦的优良作风，永远是我们学习的榜样。当我们再一次回忆烈士的革命事迹，内心不禁涌起无限敬仰之情，而且我们对社会主义、共产主义事业增加出无限信心和力量，使我们更加激励自己的革命斗志，去迎接新的战斗，迎接新的胜利！

《福建日报》四版，1963 年 2 月 7 日

人民日报为纪念“二七”四十周年发表社论，工人日报、中国青年报等也分别发表纪念社论和文章

发扬革命传统努力增产节约（摘录）

新华北京 7 日电 今天首都许多报纸都在显著地位刊登社论、新闻和文章，纪念“二七”大罢工四十周年。《人民日报》一版社论的题目是“努力增产节约”，《工人日报》以一半以上的篇幅刊登纪念“二七”的文章，其中有社论：“发扬光荣的革命传统，更加奋勇地前进”，郭沫若同志为林祥谦烈士陵园的题词，以及访施洋烈士夫人郭继烈的通讯。《中国青年报》一版在“把老工人优秀品德学到手，把老工人精湛技术学到手”的通栏标题下，刊登了一些纪念“二七”四十周年的文章，和题为“发扬‘二七’革命精神，做自觉的接班人”的社论。北京日报除发表了“发扬‘二七’的革命精神”的社论和有关消息以外，还在四版刊出了“喜看今朝”的纪念“二七”画刊。

《人民日报》的社论说：“今天是‘二七’大罢工的四十周年纪念日。四十年来，中国工人阶级发扬了英勇斗争的光荣革命传统，继承了‘二七’斗争的革命精神，在自己的先锋队中国共产党的领导下团结全国人民，推翻了帝国主义、封建主义、官僚资本主义的反动统治，建立了中华人民共和国。在这以后，又进一步取得了社会主义革命、社会主义建设的大胜利。现在，高举总路线、“大跃进”、人民公社三面红旗，为争取社会主义建设事业崭新胜利而奋勇前进。”把我们的国家建为一个伟大的社会主义国家，是我国工人阶级长期以来渴望实现的理想。经过两个“五年计划”的建设，我国的社会主义事业，已经有了很大的发展，国民经济的面貌有了巨大的改观。

今年我国已经进入了发展社会主义建设的第三个“五年计划”的第一年。为把我国建设成为一个具有现代工业、现代农业、现代科学文化、现代国防的社会主义强国，我们工人阶级要继续以自己的英勇劳动，以自己的组织性、纪律性和艰苦奋斗为模范，团结全国人民，努力增产节约，积极发挥工业的主导作用，积极支援农业，在今后的建设事业中，作出更大的贡献。

毛泽东同志 1945 年在《论联合政府》中教导我们：“中国工人阶级的任务，不但是为建立新民主主义的国家而斗争，而且是为着中国的工业化和农业现代化而斗争。”我国工人阶级和全国人民，在纪念“二七”四十周年的时候，今天比过去任何时候都更加充满着无限信心，我们正在胜利执行毛泽东同志的指示，我们一定要英勇顽强、百折不回地达到我们的目标。

《福建日报》，1963 年 2 月 8 日

1973年

继承“二七”革命传统争取更大的胜利
——北京武汉郑州闽侯等地隆重纪念“二七”京汉铁路工人大罢工五十周年

新华社电 北京一九七三年二月七日电 北京、武汉、郑州和闽侯等地群众举行各种活动，隆重纪念“二七”京汉铁路工人大罢工五十周年。

北京市工人代表一千六百人，今天在北京二七机车车辆厂举行纪念大会。交通部和北京市委负责人、市工代会领导小组成员出席了大会，并在开会前慰问了当年参加“二七”大罢工的老工人和烈士的家属，向老工人赠送了马列的书和毛主席的书，鼓励他们认真看书学习，为人民立新功。

最近，武汉市和湖北各地许多工厂、部队、学校等基层单位，纷纷举办报告会、座谈会，纪念“二七”大罢工五十周年。今天武汉地区铁路工人和各条战线的群众一千五百多人隆重举行了纪念“二七”大罢工五十周年。中共武汉市委负责人和“二七”老工人、青年工人代表先后在会上讲了话。

在纪念“二七”大罢工五十周年的日子里，郑州地区许多工厂、机关、学校，结合学习中央两报一刊一九七三年元旦社论《新年献词》，广泛举行了各种宣传和纪念活动。郑州市许多铁路工人、青年学生、解放军战

政府在尚干镇为林祥谦夫人及后代修建的祥庐别墅

士，瞻仰了“二七”纪念塔，参观了“二七”斗争史画展览。今天，郑州市和郑州铁路局的工人代表、解放军指战员一千五百多人，在二七纪念堂举行了纪念大会。河南省和郑州市负责同志出席了大会。到会的同志表示，一定要继承“二七”革命斗争光荣传统，牢记毛主席关于“深挖洞，广积粮，不称霸”的指示，抓革命，促生产，促工作，促战备，争取更大的胜利。

在“二七”烈士林祥谦的故乡——福建省闽侯县祥谦公社，今天也举行了纪念大会，来自福州市、闽侯县及福州铁路分局等单位的一千三百多名代表向林祥谦烈士陵墓献了花圈，并对林祥谦烈士家属进行了亲切慰问。

《福建日报》，1973 年 2 月 8 日

1978 年

北京郑州武汉和闽侯等地隆重集会纪念“二七”大罢工五十五周年（摘录）

新华社 北京一九七八年二月六日电 北京、郑州、武汉市的广大工人和林祥谦烈士的家乡福建省闽侯县祥谦公社的贫下中农，分别集会隆重纪念中国工人阶级的光辉战斗节日——京汉铁路“二七”大罢工五十五周年。

北京市总工会二月一日在北京长辛店二七机车车辆工厂工人俱乐部举行了隆重的纪念大会。中共北京市委、市革命委员会、铁道部、北京市总工会、“二七”厂的负责人，以及“二七”厂老工人和全市各工矿企业工人代表共一千六百多人参加了大会。北京市委常委、市总工会副主任刘畅昌在大会上讲了话。他说，我们北京市工人阶级一定要继承和发扬“二七”斗争的革命传统，在抓纲治国的重要一年一九七八年，继续深入揭批“四人帮”，学好马列著作和毛主席著作，进一步开展工业学大庆的群众运动和社会主义劳动竞赛，为加快社会主义建设速度作出自己的贡献。参加过“二七”大罢工的老工人杭宝华代表“二七”厂九十四位“二七”老工人和六百多位退休老工人在大会上发了言。他回忆了“二七”斗争的光荣历史之后说，我们伟大领袖和导师毛主席，敬爱的周总理、朱委员长，都非常关怀“二七”烈士，重视发扬“二七”革命精神，并多次参加“二七”纪念活动，这使我们受到很大鼓舞。我们人退休了，但思想不退休。我们一定要积极参加工厂各项活动，组织老工人检查团，对工厂学大庆运动、各项管理工作进行检查，发现好的就表扬，不好的就批评，在有限的余年里，为社会主义多做贡献。会前，代表们向“二七”烈士敬献了花圈。

五日上午，郑州“二七”老工人和郑州市、郑州铁路局的一千多名职工，在“二七”纪念堂举行了隆重的纪念大会，中共中央候补委员、中共河南省委常委、河南省总工会

主任申茂功，在大会上揭发批判了"四人帮"抹杀"二七"大罢工的伟大意义，压制宣传"二七"大罢工革命事迹的罪行。他说，我们一定要发扬"二七"革命传统，深揭狠批"四人帮"，在党中央领导下，甩开膀子大干社会主义，为建设伟大的社会主义现代化强国而奋斗。"二七"老工人郑国钧在会上表示，一定要发扬"二七"革命精神，深揭狠批"四人帮"，不获全胜决不收兵。

二月六日，武汉市各界代表一千多人在汉口江岸机务段举行了纪念大会。"二七"老工人代表和武汉市工业学大庆先进单位、先进个人代表在会上发了言。中共湖北省委副书记任中林和武汉市革委会副主任邓垦，也在会上讲了话。他们回顾了"二七"革命斗争的光荣传统，狠批了"四人帮"分裂工人阶级队伍的罪行，一致表示要高举毛主席的旗帜，继承和发扬"二七"光荣传统，把揭批"四人帮"的斗争进行到底，为国民经济的新跃进作出贡献。

"二七"烈士林祥谦同志的家乡——福建省闽侯县祥谦公社的贫下中农和各界代表一千多人，四日在祥谦陵园隆重集会，纪念林祥谦同志英勇就义五十五周年。各界代表和烈士家属在会上发了言，他们一致表示，要深入开展工业学大庆、农业学大寨运动，大批资本主义大干社会主义，为实现抓纲治国三年大见成效的战斗目标，为建设社会主义现代化的强国作出贡献。

《福建日报》，1978 年 2 月 7 日

中国共产主义青年团祥谦人民公社第六届代表大会全体代表在"祥庐"门前合影

改革开放以来

1983 年，全国各地隆重纪念“二七”革命斗争六十周年，党和国家领导人叶剑英、邓小平、李先念、陈云都分别题词纪念，全国总工会、团中央、全国妇联、铁道部都派员参加了长辛店隆重纪念“二七”的六十周年大会。福建省、湖北省、河南省主要领导都参加各种纪念和慰问“二七”烈士家属的活动，湖北省还成立慰问团抵闽慰问林祥谦烈士后代。1992 年，江泽民总书记、李鹏总理为林祥谦烈士诞辰一百周年题词；北京、福建、河南、湖北等地都编排了反映“二七”革命斗争的剧目；各地“二七”纪念馆亦适时开展学术研究。2009 年，林祥谦烈士当选“100 位为新中国成立作出突出贡献的英雄模范人物”。2018 年，中央电视台新闻频道播出了《为了民族的复兴，英雄烈士谱》系列节目……这些活动使广大人民群众又一次受到了深刻的革命传统教育。

当今世界并不太平，我们正面临百年未有之大变局，以林祥谦等为代表的“二七”革命斗争精神在新时代下更凸显其价值，更值得发扬光大！

1981 年

罗章龙为《京汉铁路工人流血记》重版序言（摘录）

《京汉铁路工人流血记》于 1923 年 3 月底在北京初版，印五千册，后改由广州复印多次，先后在北京、上海、广州分区发行。前后共印十五次，发行量十五万册，畅销南北，远及日本、南洋各地，影响深远！

中共中央机关刊物《新青年》季刊（1923 年 6 月出版）对于《京汉铁路工人流血记》刊出下列一段文字：

“二月七日，京汉铁路工人的惨杀事件不仅为中国劳动运动史上一件大事，而且是民权运动史上一件大事。发踪指示的不仅为直系军阀吴佩孚，而且有外国侵略者。他们意图遏制中国劳动界的新兴势力！

此书记载详明，分析精到，一字一句，可歌可泣，凡留心中国新兴势力发展的人，皆不可不人手一篇。”

伟大的“二七”革命运动，距今已历五十八年，在此悠长岁月中，由

林祥谦遗物：油灯、蚊帐、伞

施洋遗物

于年堙代远，革命史迹沉霾昏垫。《京汉铁路工人流血记》从三十年代起已被列为禁书，“文化大革命”期间禁止流通。打倒“四人帮”后海宇重光，拨乱反正，这一革命文献始得与读者重获见面。

又此次重印，原书内容悉未改动，本书原名为《京汉工人流血记》，为了名实一致，现改为《京汉铁路工人流血记》。

罗章龙（文虎），时年85岁，1981年春节“二七”大罢工五十八周年纪念日于北京

共产国际对“二七”大罢工的评价（摘录）

1923年2月“二七”惨案后，共产国际致电中共中央转北方区委，表达了共产国际对“二七”大罢工的评价：

中国铁路工人同志们！

共产国际执行委员会得悉你们为反抗军阀——英、美、日本帝国主义者之忠仆而血战，敢以无限的敬意祝贺你们！从此以后不要从你们手中放松赤色工人的标志，用你们困苦的最后罢工手段，加入世界无产阶级共同反抗世界的压迫者……你们的行动，是已经走到世界无产阶级的组织了，你们曾经开始了斗争，实在是恰当的，你们在外国帝国主义者和他的忠仆——本国的军阀压迫之下唯一的急务，是要打击中国资产阶级的，增加自己团体的斗争力以达中国人民的解放。

第三共产国际执行委员会《第三共产国际拥护中国铁路工人宣言》，罗章龙《京汉铁路工人流血记》，河南人民出版社1981年版，第195-196页。

1982 年

中华全国总工会关于转发全总党组《关于筹备"二七"大罢工六十周年纪念活动的报告》的通知

各省、市、自治区总工会、全国铁路总工会：

全总党组《关于筹备"二七"大罢工六十周年纪念活动的报告》已经中央书记处一九八二年九月二十日第三次会议议论通过。现将这个报告转发给你们，请你们参照报告精神，做好纪念活动的准备工作。

中华全国总工会 1982 年 10 月 15 日

附：全总党组《关于筹备二七大罢工六十周年纪念活动的报告》（略）。

1983 年

全国总工会铁道部北京市等单位联合成立纪念"二七"大罢工六十周年筹委会

新华社北京一月十日电 纪念"二七"大罢工六十周年筹备委员会今天在北京成立，今年二月七日是京汉铁路大罢工六十周年，筹委会主任倪志福提出，要通过今年的纪念活动，向全国各条战线的职工普遍进行一次工人阶级历史使命、革命传统和固有本色的教育，动员广大工人群众站在改革的前列。

筹委会由全国总工会铁道部和北京市等单位联合组成，陈璞如、白介夫任副主任。

"二七"前后，首都和全国各地将举行多种形式的纪念活动。

《福建日报》，1983 年 1 月 11 日

林祥谦故乡新貌拍成电视片

1983 年 1 月 15 日至 21 日，福建电视台在"二七"烈士林祥谦的故乡——闽侯县祥谦公社拍摄电视纪录片，纪录这个公社实行大包干以后出现的变化。电视摄影师们拍摄了烈士陵园、故居、医院、学校和烈士生前工作过的马尾造船厂；拍摄了多种经营专业户、先富户和社队企业、农贸市场以及群众集资办的农村自来水厂等福利事业的镜头。该片将在纪念"二七"烈士英勇就义六十周年前夕播放。

《福建日报》，1983 年 1 月 22 日

枕峰山上吊忠魂　乌龙江畔慰烈属

——湖北省慰问团赴林祥谦家乡慰问烈士家属

湖北省赴林祥谦烈士家乡慰问团 1983 年 1 月 28 日到福州市后，转赴离福州市约二十公里的烈士故乡——闽侯县尚干镇。全体同志怀着对先烈无限崇敬的心情，登上烈士陵园所在地乌龙江畔的枕峰山山顶墓地。以湖北省总工会副主席汤瑞普为团长的慰问团，代表湖北人民向烈士默哀，敬献花圈，并围绕墓地，久久凭吊，慰问团还向林祥谦烈士纪念堂赠送了我国著名书法家周华琴书写的字画“义烈垂千古”“正气长存”。凭吊结束后，慰问团全体同志参观了烈属新居“祥庐”。这是当地人民政府一九六三年兴建的。烈属一家在这里接待了慰问团的同志。现在林祥谦烈士的后代已经有了第四代。四个孙儿除老四未成年外，另三个都在铁路部门继承了祖父事业。长孙林耀武任福州车辆段团委副书记，两个孙女也在这里当钳工。组织上曾送林耀武到长沙铁道学院深造，毕业回厂后进步很快，现在是福州车辆段党委委员、南昌铁路分局工会委员、福建省第五届人大代表。看到烈士后继有人，烈士后代健康成长，一家人过着幸福生活，慰问团的同志感到十分高兴。他们亲切慰问了烈士家属，并向烈士家属赠送了荣誉金和湖北特产。林耀武代表烈士全家表示，要继承先烈革命遗志，严格要求自己，做好本职工作，报答湖北人民的关怀。

《湖北日报》，1983 年 1 月 28 日

福建省委书记程序到驻地看望湖北省林祥谦烈士家乡慰问团全体同志

湖北省赴林祥谦烈士家乡慰问团一月三十日离开福州市前，中共福建省委书记程序专程到慰问团驻地看望了慰问团全体同志。

今日凌晨，林祥谦烈士的孙女林丽钦、孙儿林耀强，随湖北省赴林祥谦烈士家乡慰问团从福建省到达武汉，参加武汉地区“二七”罢工六十周年纪念活动。

《湖北日报》，1983 年 2 月 1 日

铁道部慰问团曲艺队访问林祥谦烈士夫人陈桂贞同志（前排右四）留影

全国各地著名人士向祥谦陵园赠书画

在林祥谦烈士英勇就义六十周年纪念日即将来临之际，全国各地有关单位和知名人士、著名书画家，纷纷向祥谦陵园敬赠纪念珍件，函寄书画作品，其中有李维汉、谢冰心、俞振飞、吕骥等人。

省总工会、南昌铁路局、湖北省赴林祥谦烈士家乡慰问团等单位，还将在“二七”前夕向陵园纪念堂敬赠烈士半身塑像、劳工神圣匾额和以烈士就义、京汉铁路工人举行暴动为内容的两件珍贵瓷画。

《福建日报》，1983 年 2 月 2 日

举旗自有后来人

——福州铁路分局南昌铁道报、福建日报社联合采访“二七”烈士林祥谦后代

今年，是京汉铁路工人“二七”大罢工六十周年纪念。六十年前，中国共产党党员、京汉铁路总工会江岸分会委员长林祥谦，英勇就义在汉口江岸车站，“二七”前夕，我们前往烈士故乡——闽侯县尚干镇，访问了烈士的后代。

解放后，在党和人民政府为烈士遗属修建的一座二层楼“祥庐”里，我们见到了林祥谦的后代——长孙林耀武、长孙女林丽钦、次孙女林丽英、次孙林耀强、烈士儿媳谢赛玉（烈士夫人陈桂贞和遗腹子林冠康，已于一九七二年相继病逝）。林耀武同志今年二十九岁，一九七一年参加铁路工作，一九七二年到长沙铁路学院深造过，一九七八年入党，如今是福州车辆段党委委员、省人大代表、段团委副书记，丽钦、丽英亦在车辆厂当工人，耀强初中毕业后待业，烈士儿媳谢赛玉是祥谦公社供销社工作人员。当我们说明来意，他们一家热情地让坐、递茶，耀武代表全家说：“作为烈士的后代，我们牢记祖母在世时的教导。”接着，他谈起了祥谦夫人陈桂贞在世时对他们兄妹的严格要求和希望。

耀武说，祖母生前对我们经常说的有两句话：一句是你们是烈士的后代，要继承先烈的遗志；一句是要听党的话，靠拢党组织，没有中国共产党，就没有新社会，更没有我们一家。接着，他跟我们谈起参加工作后经历的几件事，我们深受教育和启发。

小林说，他参加工作后不久，每月的津贴不够用，后来又想买块手表，就向家里要钱，祖母语重心长地对他说：你现在有了固定工作，每月还有津贴，生活、处境比你爷爷时代不知好多少，要知足呀！青年人要把心思放在工作上，不要年纪轻轻的就追求生活享受，她还说起我爷爷生前如何俭朴和他对党的工作，对革命事业不怕担风险，不怕流血牺牲的可贵品质。耀武说，现在祖母虽然去世十多年了，但她的这些话，仍然记在我们心里，我们问：“后来，你要的手表怎么样了？”耀武笑了笑，说：“只从家里拿了一块旧的。”这时，坐在一旁的耀武妹妹丽钦插话说：“祖母对我们要求可严了，她老人家在世时，经常资助困难的乡亲，就是不满足我们兄妹的要求！”说得大家都笑了起来，我们事先了解到，耀武兄妹在一些问

题上是处理得很好的，例如，耀武刚来铁路车辆段电机班工作，经常要跟油泥打交道。有人对他说，你是烈士的后代，只要跟领导说说，改行干个干净的工作还不容易！但是，耀武从不靠烈士后代这块牌子。他认为路要靠自己走，财富要用自己的双手去创造，一直到进入长沙铁道学院学习之前他都努力做好本职工作。又如，他们兄妹虽然工作在一个单位，但是他们不以烈士后代自居，思想上要求进步，工作上互相帮助，丽钦体质较弱，丽英还是学徒工，但他们先后都在工作中做出了成绩，被评上了“青年工作积极分子”和“新长征突击队活动积极分子”，现在，他们一家除耀武和在省邮电邮件转运站工作的爱人徐飞是共产党员外，两个妹妹也都加入了团组织。在这里，我们可以欣慰地告诉读者的是，在党的关怀下，祥谦烈士的三代在健康地成长，四代，即耀武的女儿林婧也已出生七个多月了。

当话题回到林祥谦同志牺牲后，他们一家的生活情况时，我们了解到一件至今尚未被外界尽知的史实，即祥谦同志牺牲前，他的弟弟林元成已先在罢工斗争中被反动派枪杀。祥谦同志牺牲后，他的父亲也因不满工头的压迫和羞辱，与工头抗争，被凶狠的工头几脚踢死了（当时林祥谦一家都在汉口江岸机务大厂工作），面对凶残的反动派，三位亲人的被害，烈士夫人陈桂贞忍着悲痛，在工友的帮助下，千方百计地保存了三位亲人的遗体。一九二八年，在党组织和工友们的安排掩护下，陈桂贞带着两个年幼的孩子，用船载着三口棺木，从水路秘密地回到了故乡。由于家乡同样处在白色恐怖中，陈桂贞只能偷偷地将三位亲人的遗体，掩埋在一处僻静的荒山里，连一块墓碑也不敢树，直至解放后党找到他们一家，才修了烈士陵园，这次，我们在烈士家乡访问中，还见到了当年掩埋祥谦烈士等三口棺木的墓丘。

在访问结束之前，我们想听听他们今后的打算，由于耀武已担任团委工作，两位妹妹又是共青团员，所以话题就从党的十二大和共青团十一大的宏伟目标谈起，我们首先问耀武，你在长沙铁道学院学的是车辆专业，对改行搞团的工作有什么想法？耀武说，他是热爱技术工作的，正因为懂得技术，来搞团的工作更有有利条件。说车辆段有团员、青年三百多名，团的工作好了，对段里的生产、工作是一股巨大的力量。他兴致勃勃地谈起了在党委领导下，在团员、青年中开展“新长征突击手”等活动的情况，提到有的团员还被团中央、全国铁道团委、团省委命名为“新长征突击手”。他还具体跟我们说了开创团的工作新局面，做好团员、青年的思想政治工作，组织他们学文化、学技术知识和发挥团员、青年在生产中的突击队作用的一些打算，并对围坐在一起的弟妹说，我们应当象胡耀邦同志在团的十一大上讲的“青年同志应当胜过老年人”，接过先辈的旗帜，为建设四化，实现共产主义而努力奋斗。

福州铁路分局宣传部 郑锦铿，《南昌铁道》（记者 闻凤鸣），《福建日报》（记者 林榕来），1983年2月4日

发扬“二七”精神 站在改革前列（摘录）

在改革之风吹拂神州大地之时，我们迎来了京汉铁路工人“二七”大罢工六十周年纪念日。

工人阶级及其政党——中国共产党是以改造世界，最终实现共产主义的社会制度，为自己的伟大历史使命。为了完成这个使命，工人阶级在不同的历史时期，肩负着不同的革命斗争任务。六十年前的“二七”，那个时候，是同帝国主义和封建军阀作斗争；今天，在新的历史条件下则是为实现社会主义现代化建设的宏伟目标而斗争。而“要搞四个现代化建设，就必须进行一系列改革”。

解放以后，在一个相当长的时间里，铁路受外国某些模式的影响也比较大，迄今仍束缚着我们的思想和手脚。因此我们铁路不是要不要改革的问题，而是必须下大力气抓紧进行改革。只有坚决改革，铁路才能跟上时代的步伐，满足国家和人民的要求。

我们要继承和发扬“二七”先烈的革命精神，以国家主人翁的态度，大胆地破旧创新。凡是符合人民利益和时代要求的新思想、新创造、新经验，我们就要坚决吸收；凡是不符合新的历史时期和革命实践要求的老框框、老套套、老作风，我们就勇敢地抛弃。

六十年前，京汉铁路工人响应党的号召，站在反帝反封建斗争的前列，为把黑暗的旧中国改变为光明的新中国，不惜流血牺牲，英勇斗争。今天，我们新一代的铁路工人，也一定能按照党中央的要求，肩负起历史赋予我们的改革重任，站在改革前列，为开创铁路工作的新局面，加速四化建设步伐，做出新的贡献。

原载《人民铁道》报，1983年2月4日

正气存人间（散文）

（新华社福建分社党组成员　林群英）

乘坐去闽南的汽车，记不清有多少回经过“二七”烈士祥谦陵园的门前，穿行在烈士故乡的田野上，每一回，雄踞山岗而为青松翠柏所簇拥的陵园纪念堂，那庄严肃穆的气氛，总像一股凛然英气扑面而来。当年顶天立地站在江汉平原上，面对军阀血腥屠刀，大义凛然地高喊“头可断，工是不能复”的英俊威武的林祥谦，就是生长在这片肥沃的土地上，他的铮铮忠骨也埋葬在这高高的枕峰山上。

伫立在烈士墓前，啊！眼底是一幅多么

尚干镇的“雁塔”，又称“庵塔”“晏塔”，有1 400多年历史，是福建省现存最古老的石塔。

壮丽的景色：遥遥相对的是巍巍的五虎山，山下是乌龙江的秀丽平原，弯弯的河道，波光影绰，村庄、果园、麦田笼罩在一层薄而透明的霭气之中，我不觉脱口而出："好一派气吞山河的雄伟气象啊！"

"这是大自然的气概，烈士的英烈浩气充满人间呢。"一位看园老人笑着对我说。在他的指点下，我步下枕峰山，跨过祥谦大桥，来到烈士故乡祥谦公社所在地尚干镇。这是一个古老而热闹的集镇，千年"晏塔"就是见证人，满街摆着大米、禽蛋、鱼蟹、福桔和花花绿绿的衣衫，剧场在上演着闽剧，巷里有评话说书，足见这是一个渔米之乡、文化集镇。但是，我无暇顾及这些。今天，我要寻找的是烈士的遗迹和他留下来的精神。

人们告诉我，祥谦壮烈就义的时候，烈士的妻子陈桂贞，才二十四岁（应为才二十七岁），在地下党组织帮助下，她忍受人间最大的悲愤，携带两个儿女，护送父亲、小叔和丈夫三副棺材回到故乡。解放后不久，她被故乡群众选为人民代表，出席第三届全国人代会。她和群众心连心，为大家办了很多好事情，经常教育下一代要把革命传统好好继承下来。现在，群众谈起她时，都用夫人尊称她；国家为烈士家属修建的"祥庐"，大家称它为"夫人楼"，一九七二年三月七日，她离开了人间，尚干的很多人都哭了，祥谦夫人临终时一再叮嘱媳妇谢赛玉要教育好子女，让他们成为无愧于烈士的后代。谢赛玉对四个儿女要求十分严格，三位在福州铁路分局车辆段工作的子女，年年被评上优秀团干和先进生产者，现在，经常有一队队青少年到"祥庐"，请谢赛玉讲述烈士的家世。革命传统像接力棒一样，正在一代一代传下去。

林祥谦生前培植的龙眼树

在烈士的家乡，我还感受到干部、群众对祥谦烈士的无比深沉的感情，在尚干镇郊外的闽侯二中，校园里有一棵龙眼树，是林祥谦幼年时亲手种的，三十多年来，尽管校园多次变迁，师生们总是保护着这棵龙眼树。直到去年，这棵树才因已过八十树龄而"寿终正寝"，祥谦童年读过书的私塾，一九八一年九月被正式命名为祥谦小学，这个学校的教师们，心中无比自豪。现在，这个学校已经成为县的重点小学。祥谦公社党委书记在介绍放宽政策、落实生产责任制取得的成就时说，去年一年，全公社供福州市四十万担蔬菜，二十万只鸡鸭，七十五万斤蛋品，六千担牛奶，还有数千担的福桔和鲜鱼……

当我将要离开祥谦故乡时，再次步入烈士陵园，正巧遇上湖北省赴林祥谦烈士家乡慰问团在陵园敬献花圈，赠送字画，其中一幅写着“正气常存”四个苍劲大字，这是湖北省著名书法家、七十老人周华琴写的，我深受感动，这不也是我所要寻找的吗？相隔千里的长江儿女和东海之滨的八闽子弟，他们的心是相连的，彼此的感情是相通的，愿“二七”烈士的革命精神，和祖国大地相伴，永存人间。

《福建日报》，1983 年 2 月 5 日

南昌铁路局、福州铁路分局在榕举行“二七”纪念大会

本报讯 昨（四）日，南昌铁路局、福州铁路分局在福州隆重集会，纪念“二七”大罢工六十周年。“二七”老人任玉泉、洪周铿和路局党政工团领导人、劳动模范、知识分子及职工、家属代表等一千五百多人参加了大会。

会上，南昌铁路局和福州分局领导同志讲了话，“二七”烈士林祥谦的长孙林耀武和职工代表发了言。大会还向祥谦烈士陵园赠送了由景德镇艺术瓷厂制作的“林祥谦就义”“二七风暴”两块大型彩色瓷板画匾。

为了搞好这次纪念活动，南昌铁路局和福州铁路分局先后成立了纪念活动筹备委员会，并要求路内各地区、站、段和文化宫、俱乐部，把纪念活动作为向职工群众普遍进行的一次工人阶级伟大历史使命、革命传统和固有本色的教育，路局和分局还拨出专款，派出工程施工人员，对“二七”烈士林祥谦陵园和纪念馆、祥庐等进行修缮，有关部门还向陵园和烈士后代赠送了纪念品或日常生活用品。

三日，南昌铁路局和福州分局，在祥谦陵园联合召开了“继承‘二七’先烈遗志，全面开创铁路工作新局面”的座谈会，并慰问、看望了烈士后代和“二七”老工人。

《福建日报》，1983 年 2 月 5 日

福建省委书记项南、常委张渝民等领导瞻仰祥谦陵园 看望慰问烈士后代

项南

本报讯 昨天（五日）下午，省委第一书记项南、省委常委张渝民，在省总工会负责同志的陪同下，专程到闽侯县尚干镇，瞻仰在“二七”大罢工中英勇牺牲的林祥谦烈

士陵园，并到祥谦公社看望、慰问了烈士后代。

在祥谦陵园，项南同志仔细、认真地观看了“二七”大罢工事迹陈列馆，当他看到一张三十九个烈士名单中有九位是福建人时，他说，福建人在革命斗争中是好样的，我们的青年应该继承光荣的革命传统。尔后，步上几十级台阶，来到陵园高处，这时天上虽然下着小雨，但来到陵园的同志还是脱下帽子，肃立在林祥谦烈士墓前致哀。

在林家住宅，项南同志同在家的烈士儿媳谢赛玉、长孙林耀武、次孙女林丽英以及孙媳徐飞等人（烈士长孙女林丽钦、最小的孙子林耀强被邀到武汉出席“二七”六十周年纪念活动）围坐在桌旁，亲切交谈。项南同志在仔细询问了烈士后代的工作、生活等情况后，热情勉励他们说，林祥谦烈士是中国工人运动的先驱，是中国工人阶级的杰出的代表，你们是烈士的后代，革命后代应当成为有理想、有道德、有文化、守纪律的新一代。并说，烈士当时没有条件学习文化，现在你们有这个条件了，希望你们能自学成材，每一个人都成为有大专文化程度的新一代。还交待在场的公社领导，要关心、帮助他们。项南同志说，烈士们用鲜血推翻了一个旧世界，我们主张用智慧和忠诚建设一个新世界。搞四个现代化没有文化、没有知识怎么行。

《福建日报》（记者 林榕来），1983 年 2 月 6 日

林祥谦长孙女林丽钦在
林祥谦烈士塑像揭幕典礼上的发言

敬爱的领导和同志们：

今天，风和日丽，阳光暖人心。我怀着万分激动的心情，和各位领导和同志们一道，来参加我爷爷林祥谦烈士塑像的揭幕典礼。

这次，我们姐弟二人应邀来到武汉，受到了各级领导和同志们的热情款待和无微不至的关怀，我们深受感动。我们还亲自看到了我爷爷生前战斗过的地方的巨大变化，同时，还亲身感受到了湖北武汉人民对“二七”先烈无限崇敬的无产阶级感情，这一切，对于我们烈士后代来说，是给我们上了一堂最生动的“二七”革命传统教育课。

看见昂首挺立在江岸车站上的爷爷的塑像，仿佛爷爷回到了我们身边，也同时使我回忆起奶奶陈桂贞经常对我们讲述的爷爷当年英勇斗争的光辉事迹。

六十年前，我爷爷和“二七”先烈们一道，在党的领导下，举行了震惊中外的“二七”大罢工，沉重地打击了帝国主义和封建军阀，充分显示了党领导下的铁路工人团结战斗的巨大威力。万恶的军阀狗急跳墙，图穷匕首见，残酷地镇压罢工，我爷爷在敌人的屠刀下，大义凛然，宁死不屈，光荣地献出了自己的生命。

六十年后的今天，我们伟大的祖国春意盎然，万象更新，我们烈士后代，在党的怀抱里健康而又幸福的成长，我妈妈现在公社供销社，我们兄妹四人，有三个已经成为了

光荣的铁路职工。我们深深地感到，没有共产党就没有祖国的今天，没有共产党，也没有我们全家的今天。

“二七”罢工中使用的信号灯和汽笛

爷爷塑像的落成揭幕，使我们深刻的感受到了“二七”先烈的革命精神将与世长存，万古常青，他们那为共产主义事业勇于献身的精神将鼓舞着我们一代又一代新人为祖国的繁荣富强作出贡献。

我们烈士后代，在这个庄严的时刻，决心向具有优良革命传统的武汉工人阶级学习，更好地继承和发扬“二七”革命传统。要像你们一样，为四化建设多作贡献。

最后，请让我代表我们全家，向湖北武汉各级领导和同志们致以崇高的敬意，致以衷心的感谢！

《湖北省暨武汉市各界人民纪念“二七”大罢工六十周年活动专辑》，1983 年 2 月 6 日

湖北省市总工会和武汉路局领导看望拉响“二七”大罢工汽笛的黄正兴老人

2月5日是今年立春后的一个晴好天气，当年拉响“二七”大罢工汽笛的黄正兴老人，在他宽敞明亮的住所里高兴地接待了前来慰问他的省、市总工会和武汉铁路局的负责同志。省总工会副主席赵仕文握着他的手说：没有你们老一辈工人阶级的流血牺牲，就没有今天的新中国。我们今天来看望你，希望你保重身体，健康长寿！

黄正兴今年八十九岁，精神很好。他对大家说，希望工人阶级的新一代，积极参加改革，做改革的“火车头”。

《湖北日报》，1983 年 2 月 6 日

武汉市委书记、市长黎智在林祥谦烈士塑像揭幕典礼上的讲话（摘录）

震惊中外的“二七”大罢工，已经过去六十周年。我们伟大的祖国已经发生翻天覆地的变化，革命先烈当时提出的“争人权”“争自由”“争取组织自己的工会”等口号，早已实现，我们的国家已经发展到社会主义革命和建设的新的历史时期，全国人民正在党

的十二大精神鼓舞下，为开创社会主义现代化建设的新局面而英勇奋斗。为了实现本世纪末工农业总产值翻两番的宏伟目标，我们国家正在经济、政治、社会等各个方面，进行一系列的改革。这次改革，是关系到我们事业成败的重大战略方针问题，具有革命斗争光荣传统的京汉铁路工人和全市工人阶级，要发扬革命先烈大无畏的彻底革命精神，积极地参加改革，热情地支持改革，勇敢地领导改革，作改革的促进派。

同志们，今天，我们站在革命先烈英勇就义的地方，面对林祥谦烈士的塑像，纪念“二七”大罢工六十周年，心情十分激动。我们一定要继承“二七”的革命传统，振奋精神，努力生产，搞好各项改革，开创社会主义现代化建设新局面，沿着十二大指引的方向，奋勇前进！

《湖北省暨武汉市各界人民纪念“二七”大罢工六十周年活动专辑》，1983 年 2 月 6 日

福建省委第一书记项南、书记程序参加隆重集会纪念“二七”大罢工六十周年大会（摘录）

省市纪念“二七”大罢工六十周年大会，于昨（六）日，在福州隆重举行，省市机关干部、企事业单位职工、劳动模范等代表一千三百多人参加了大会。出席大会的有：省委第一书记项南、书记程序、省委常委张渝民、省人大常委会副主任贾久民、副省长黄长溪、省政协副主席左丰美、福州部队副政委王直、省军区政委刘挺柱等，福州市委书记处书记张继中、市长游德馨。

工、青、妇和宣传、民政、福州铁路分局、铁路两线指挥部、闽侯县委、县人民政府、祥谦公社等负责同志也出席了大会。参加过“二七”大罢工的老工人洪周铿、任玉泉老人，也应邀在主席台上就座。

大会由福州市委副书记苏里主持。省总工会主席郝兆文首先宣读了中央领导同志为纪念“二七”六十周年的题词。省委书记程序在会上讲了话。

程序同志说，今年二月七日，是京汉铁路工人大罢工六十周年纪念，我省是“二七”烈士林祥谦的故乡。今天，我们在这里隆重举行纪念大会，回顾革命历史，缅怀烈士业绩，就是要高举起无数先烈用鲜血染红的共产主义旗帜，发扬“二七”革命传统，站在改革的前列，为全面开创社会主义现代化建设的新局面而努力奋斗。

程序同志强调，林祥谦烈士是“二七”大罢工的组织者之一，他的崇高形象，将永远教育和激励着我国工人阶级和全体人民为共产主义的理想而奋斗。程序同志在大会上，代表省委郑重宣布：为了纪念林祥谦烈士，我们将在福州建造林祥谦烈士塑像，让烈士的光辉形象和革命精神，在全省人民心中代代相传。

程序同志说，在纪念“二七”大罢工六十周年的时候，我们一定要继承和发扬“二七”的革命精神，永远不能忘记过去，正确对待现在，努力创造未来。他要求全

省各条战线的职工坚决贯彻党中央提出的“从实际出发全面而有系统地、坚决而有秩序地进行一系列的改革”的方针。在经济体制的改革上，我们要大力推行以承包为中心的，国家、集体、个人三者利益相结合的，职工福利和劳动成果相联系的经营责任制。广大职工要以主人翁的姿态，站在改革的前列，支持改革，参加改革，领导改革，在改革中起大公无私的模范先锋作用。要勇于破除那些旧的、妨碍我们前进的老框框、老套套、老作风，和一切束缚我们手脚的陈规陋习，推进四化建设。

“二七”烈士林祥谦的长孙林耀武也在会上发了言。

《福建日报》头版，省总工会办公室，1983年2月7日

湖北省委第一书记沈因洛在湖北省暨武汉市各界人民隆重纪念“二七”大罢工六十周年大会上的讲话（摘录）

同志们：

今天是京汉铁路工人大罢工六十周年纪念日。首先，我代表中共湖北省委、省人民政府和全省人民，向在“二七”大罢工斗争中壮烈牺牲的林祥谦烈士、施洋烈士，以及在斗争中所有遇难的烈士，表示深切的悼念；

福建日報

FUJIAN RIBAO

1983年2月7日 星期一

工人阶级要自觉地站在改革的前列

缅怀烈士业绩 努力创造未来

省市隆重集会纪念“二七”……

程序同志在大会上讲话，要求各条战线的职工站在……

发扬……

叶剑英、邓小平、李先念、陈云同志

为纪念“二七”大罢工六十周年题词

《福建日报》，1983年“二七”纪念专版。

向“二七”老工人和烈士的家属、后代，表示亲切的慰问！

在“二七”大罢工六十年后的今天，我们的国家已进入了建设四化、振兴中华的新的伟大历史时期。当前我们面临的任务是要全面开创社会主义现代化建设的新局面，把一个落后的中国改变成为一个富强的中国。我们纪念“二七”大罢工，就要继承“二七”光荣传统，发扬“二七”革命精神，肩负起历史赋予当代工人阶级的光荣使命，干出一番前人从来没有做过的伟大事业来！

发扬“二七”革命精神，开创社会主义现代化建设的新局面，就要立志改革，勇于创新。党中央已经确定，搞四化建设必须进行一系列的改革。这就要求我们继承和发扬“二七”大罢工的那种彻底革命的精神，即要有奋斗精神，在困难面前百折不挠，坚毅不拔；要有创新精神，在探索中敢于提出创见，开拓前进；要有求实精神，努力掌握各项工作的规律，按照客观规律办事；要有牺牲精神，个人利益服从人民的利益，必要时要牺牲个人利益，献身于人民，献身于四化事业。

发扬“二七”革命精神，开创社会主义现代化建设新局面，就要努力提高经济效益，为四化多作贡献。一九八三年，我们应该根据中共中央书记处关于湖北工作的指示，不但要保证完成国家计划，而且要力争经济发展的综合水平高于去年，使全省工农业总产值增长百分之七以上，而且是个扎扎实实的、没有水分的、经济效益好的增长速度。我省工人阶级决不辜负党中央对我们的期望。

发扬“二七”革命精神，开创社会主义现代化建设新局面，就要努力做有理想、有道德，有文化、守纪律的劳动者。我们工人阶级既是社会主义物质文明的创造者，又是社会主义精神文明的建设者。我们要树立共产主义必胜信念和共产主义道德观，树立同社会主义公有制相适应的主人翁思想和集体主义思想，同社会主义制度相适应的权利义务观念和组织纪律观念，树立为人民服务的献身精神和共产主义劳动态度。振兴经济必须依靠科学技术，我们要努力学习文化知识，努力学科学，用科学，不断提高整个工人阶级的文化科学技术水平。

“二七”大罢工斗争的一个重要目标是组织工会。这个目标早已实现，工会在国家政治生活中正在日益发挥重要作用。希望工会组织要进一步发扬“二七”革命精神，真正成为联结党和群众的强大纽带，成为工人群众的共产主义学校。

同志们，让我们在十二大精神指引下，继承和发扬“二七”革命光荣传统，加强工人阶级队伍的团结，同心同德干四化，为全面开创新局面做出新成就、新贡献，给我们伟大事业增添新的光彩！

发表于 1983 年 2 月 7 日

林祥谦烈士长孙女林丽钦在纪念“二七”大罢工六十周年大会上的发言

敬爱的领导和同志们：

在隆重纪念“二七”大罢工六十周年的

时候，我和弟弟怀着无比激动的心情，随同湖北省慰问团来到了武汉，来到了我爷爷曾经工作和战斗过的江岸车辆厂。近几天来，工厂的领导同志陪同我参观了工厂，听了工厂几十年来发生的巨大变化的情况介绍，我们还参观了江岸“二七”纪念馆，来到了当年我爷爷英勇就义的地方，瞻仰了我爷爷的塑像，这使我受到了深刻的“二七”革命传统教育，看到爷爷和“二七”先烈们生前留下的一件件遗物，我马上想到奶奶陈桂贞生前对我们的一次又一次的教育。

记得还在我们上学的时候，奶奶多次对我们兄妹讲，是伟大的党把爷爷从一个普通的穷工人培养成一个无产阶级革命战士，是党教育爷爷树立了为共产主义事业奋斗终身的伟大理想。在“二七”大罢工中，爷爷在党的领导下，带领江岸地区的铁路工人与帝国主义、封建军阀展开了英勇的斗争，万恶的敌人把刀架在爷爷的脖子上，要爷爷下令复工，爷爷在敌人的屠刀面前大义凛然、坚贞不屈，最后为了中国工人阶级的利益献出了自己宝贵的生命。奶奶经常给我们讲，今天我们能过着幸福的生活，是无数先烈用鲜血换来的，教育我们要学习爷爷和“二七”先烈们的革命精神，要继承和发扬“二七”革命传统，要保持革命本色，处处起带头作用，高标准、严（格）要求自己，把学习搞好，将来成为一个对党对国家有用的人。

解放后，我们全家受到党组织无微不至的关怀。我们深深地感受到没有伟大的中国共产党就没有祖国的今天，就没有我们烈士后代的今天。

中华人民共和国成立不久，我爸爸林冠康就被党组织安排到福州车辆段当了铁路工人，后来在组织的培养下，加入了中国共产党，还担任过福州车辆段的工会主席。

我母亲谢赛玉现在祥谦公社供销社工作，曾多次出席省市妇联会议，还当选上县政协委员。

陈桂贞携孙女与来访群众合影

奶奶对我们兄妹要求很严格，经常讲爷爷在旧社会想读书却没有条件，要求我们努力刻苦学习，在奶奶经常教育和督促下，我的学习成绩一直很好，从小学到高中，我都在班上担任班主席，初中时我还担任了学校团委副书记，团县委委员，还出席了省第五届、第六届团代会。一九七四年高中毕业后，我也到福州车辆段当了工人。在师傅们的帮助下，我很快掌握了生产技术，我身体瘦小，体质差，师傅和领导同志要我少干点，注意身体，但我总想到爷爷在敌人的屠刀下还敢于斗争、不怕牺牲的故事。我们青年人在党的关怀下，更应该为国家多作贡献，因此我干活总是尽自己（的）力量干，有时发烧我仍然坚持干，在我生病以前，曾多次被评为先进生产者，我感到自己能学会技术，干出一点成绩，完全是党培养教育的结果。

我哥哥林耀武一九七一年初中毕业后，就被组织安排到福州车辆段当了工人。在领导和师傅们培养教育下，他工作很努力。一九七三年他被组织推荐到长沙铁道学院学习三年，回来后不久就入了党，现在是车辆段团委副书记、福建省第五届人大代表、南昌铁路局总工会委员。

我妹妹林丽英，一九八〇年也被组织分配到福州车辆段当了工人。两年都被评上先进团员。

我弟弟林耀强现在闽侯二中读书。

我们兄妹四人的健康成长，充分显示了社会主义制度的优越，体现了党组织的温暖和关怀。

今天，在四化建设中，我们作为林祥谦烈士的后代，更应该努力工作，刻苦学习，多作贡献，当前要紧紧围绕党的十二大精神，站在改革最前列，我们更应该自觉地继承和发扬"二七"革命传统。要像爷爷和"二七"

祥谦人民公社春耕时节

先烈那样，树立远大的共产主义理想，增强革命的组织性和纪律性，紧紧地团结在党的周围，搞好本职工作，为祖国的四个现代化作出我们的贡献。

我们这次来武汉参加纪念“二七”大罢工六十周年的活动，是党组织又一次对我们的关怀和培养，我们一定要好好向具有光荣革命传统的武汉工人阶级学习，把好的作风、好的思想带回福建家乡去，把湖北武汉的广大人民对于福建人民、对于烈士后代的深情厚谊带回家乡去。让我们携起手来，共同继承和发扬“二七”革命传统，把我们的社会主义祖国建设得更加美好。

对于各级组织、领导和同志们对我们姐弟两人来武汉后给予的亲切关怀和热情接待，表示衷心的感谢。

发表于 1983 年 2 月 7 日

施洋烈士孙女施林波在隆重纪念“二七”大罢工六十周年座谈会上的发言（摘录）

敬爱的各位领导、

敬爱的“二七”老前辈及各位代表同志们：

今天是“二七”大罢工六十周年纪念日，举国上下都在隆重纪念，作为烈士后代我和我的妈妈施凤英荣幸地参加这一纪念活动，心中感到万分的激动。

六十年前的今天，京汉铁路工人在郑州召开总工会成立大会时，遭到反动军阀吴佩孚的破坏，为抗议这一野蛮暴行，举行了全路总同盟大罢工，在政治上和经济上给帝国主义和反动军阀的统治以迎头痛击。反动军阀在英、美帝国主义唆使下，对手无寸铁的铁路工人进行血醒的屠杀，造成了震惊中外的“二七”惨案，林祥谦、施洋等五十多人惨遭杀害。

京汉铁路工人大罢工，虽然造成了震惊中外惨案，但它在中国工人运动史上写下了光辉灿烂的一页，“二七”大罢工表现了中国工人阶级的彻底革命精神，极大地鼓舞了全国人民的革命热忱。为了悼念“二七”革命烈士，继承“二七”光荣传统，激发广大职工的革命热忱，做好工作，年年都举行纪念活动。

当前，全国人民正在认真学习，深刻领会十二大文件精神，各条战线正在自力更生，艰苦奋斗，坚韧不拔地开创社会主义建设新局面，我们在这里纪念“二七”大罢工六十周年，更具有重要意义。

我是施洋烈士的后代，缅怀革命先烈，我决心继承和发扬“二七”光荣传统。坚持党的领导，坚决贯彻落实党的十二大提出的各项方针政策，在政治思想上和党中央保持一致，坚信共产主义事业是伟大的事业，是非常艰巨的事业，我们要在平凡的岗位上，继续发扬先烈的彻底革命精神，不怕苦，不怕累，不图名，不图利，有一分热发一分光，拒腐蚀，永不沾。学习先进人物的先进思想和高尚品德，遵守党的纪律，严格执行规章制度，积极做好本职工作，为完成党的十二大提出的各项工作任务，为搞好社会主义物质文明和精神文明建设贡献自己的力量，做个有理想、有道德、有文化、守纪律的劳动者。

《湖北省暨武汉市各界人民纪念“二七”大罢工六十周年活动专专辑》，发表于 1983 年 2 月 7 日

林祥谦烈士塑像在江岸车站举行隆重揭幕典礼

昨日上午，省、市领导和武汉市各界人民群众数百人，聚集在当年林祥谦烈士就义处——江岸车站，举行了隆重的林祥谦烈士塑像揭幕典礼。

二月六日，江岸车站一号站台前，两行冬青树沐浴着金灿灿的阳光，在林祥谦烈士塑像前舒枝展叶；三十面彩旗迎着和煦的春风，在塑像两旁招展；数十名少年儿童，手持鲜花站立在塑像两旁。上午十时许，总工会主席李梅芳宣布揭幕典礼开始，乐队奏起了军乐曲，人群中爆发出阵阵热烈掌声。黎智市长在林祥谦烈士塑像前剪彩后，用手轻轻地揭开覆盖在林祥谦烈士塑像上的巨幅鲜红丝绸，顿时，泛着红色的林祥谦烈士塑像巨人般地出现在人们的眼前。

高高的林祥谦烈士塑像成站立姿势，蓄平头，上身着老式对襟棉（衣）下穿棉裤，胸前挂着表链，两手交叉下垂，双目炯炯，表情严肃，微侧着身体遥望着前方，既像是当年对“二七”大罢工运筹决策；又仿佛盼望祖国大地曙光的到来。塑像基座的正面，“林祥谦烈士”五个字金光闪闪，名字的下方是烈士的生卒年代，背后碑文上，记载着烈士主要事迹。

揭幕后，市委第一书记王群和市长黎智代表武汉各界人民向烈士塑像敬献花篮；“二七”老工人黄正兴和林祥谦烈士的孙女林丽钦、孙儿林耀强分别代表“二七”老工人和烈士全家献了花篮。

黎智市长在典礼上高度赞扬了林祥谦烈士伟大的一生，他在讲话中要求武汉市广大职工群众学习“二七”革命精神，积极加入到当前改革中来，站在改革的前列，以实际行动纪念“二七”。

接着，林丽钦以万分激动的心情发了言，她说，这次来武汉参加纪念“二七”大罢工六十周年活动，瞻仰了爷爷生前工作、战斗和英勇就义的地方，现在又亲眼见到爷爷的

1983 年，纪念“二七”革命斗争六十周年，武汉市委市政府在武汉江岸车站树立了林祥谦塑像。

塑像，我代表全家感谢党感谢武汉各界人民，我们一定要继承祖辈的光荣传统，学习工人阶级的优秀品质，搞好四化建设。武汉铁路局江岸车站的工人代表也在会上表示了决心。

《长江日报》，1983 年 2 月 7 日

河南省委书记张树德、省长丁一川 参加郑州二七纪念堂 隆重集纪念“二七”大罢工六十周年

二月五日，郑州一千五百多名职工，在当年京汉铁路总工会旧址——郑州二七纪念堂集会，隆重纪念“二七”大罢工六十周年，中共河南省委书记张树德、省长丁一川等领导同志出席了大会，丁一川在大会上讲话，号召全省职工要继承和发扬“二七”革命传统，振奋革命精神，坚定地站在改革的前列，做改革的促进派。

《福建日报》头版转发，1983 年 2 月 7 日

党和国家领导人全国总工会团中央全国妇联 铁道部参加长辛店隆重举行 “二七”大罢工六十周年纪念大会

今年二月七日是京汉铁路工人“二七”大罢工的六十周年，今天（六日）下午，在当年大罢工策源地之一的长辛店“二七”机车车辆厂举行了隆重的纪念大会，王震、韦国清、邓力群、胡启立、焦若愚，全国总工会、团中央、全国妇联、铁道部等部门的负责人和工人代表，共一千六百多人出席了大会。

“二七”大罢工是中国共产党成立以后，京汉铁路工人在党领导下，反对帝国主义和北洋军阀的压迫，于一九二三年二月七日举行的一次震惊中外的政治大罢工。今天的纪念大会由纪念“二七”大罢工六十周年筹备委员会副主任、铁道部部长陈璞如主持，筹备委员会主任、中华全国总工会主席倪志福在会上讲话，当年英勇参加罢工的长辛店老工人刘在祥也在会上讲了话。

陈璞如首先向大家宣读了叶剑英、邓小平、李先念、陈云为纪念“二七”大罢工六十周年的题词。到会的工人代表们热烈鼓掌，表示决不辜负老一辈无产阶级革命家的殷切希望，一定要继承和发扬“二七”革命传统，勇敢地肩负起工人阶级的伟大历史使命，为实现党的十二大提出的光荣任务而努力奋斗。

倪志福在讲话中说，我国工人阶级要继承和发扬“二七”革命精神，努力开创现代中国工人运动的新局面，为最终实现“二七”革命烈士追求的目的——共产主义社会和解放全人类，而坚持奋斗。

倪志福说，过去中国工人阶级站在民主革命的最前列，现在要站在社会主义建设的最前列。当前我国工人阶级特别要支持改革，参加改革，领导改革，使改革工作按照党中央确定的步骤，坚决而有秩序地胜利进行。倪志福还说，纪念“二七”，要继承中国工人阶级团结战斗的优良传统，不断加强和扩大工人阶级和全国各族人民的团结，尤其重

要的是搞好工人和知识分子的团结。知识分子也是劳动者，是我国工人阶级的一部分，是革命和建设的依靠力量。在工人运动史上，曾经有许多革命知识分子为工人阶级的事业英勇献身。参加“二七”大罢工斗争的施洋大律师，就是中国革命知识分子的光荣代表之一。在社会主义现代化建设中，也涌现出许多优秀知识分子，他们是广大职工的学习榜样。加强工人和知识分子的团结，不仅是四化建设的需要，也是提高工人阶级素质的需要。

当年在长辛店参加“二七”罢工、现在还健在的四十八位老工人中，今天有十人高兴地参加了纪念大会。年过八旬的刘在祥激动地说，当年的“二七”大罢工，是工人阶级争取解放的一场伟大的革命斗争。现在，我们正在进行的改革，从某种意义上说，也是新的历史条件下的一场革命斗争。我们工人阶级应当以主人翁的姿态站在改革的最前头，发扬“二七”斗争的革命精神，当改革的促进派，为四化建设作出新的贡献。

在今天纪念大会开会前，王震等同志参加了长辛店“二七”纪念馆奠基典礼，这个纪念馆是为了永远纪念“二七”先驱者的光辉业绩，宣传“二七”斗争的光荣传统而建立的。

《福建日报》头版转发，1983 年 2 月 7 日

工人阶级要坚决地领导改革

——纪念“二七”大罢工六十周年（摘录）

六十年前，发生在旧中国的“二七”大罢工，显示出我国工人阶级登上政治舞台之后，就以大无畏的英雄气概和牺牲精神，发挥着革命领导阶级的伟大的先锋作用。

我们工人阶级一定要在自己的先锋队共产党的率领之下，坚决按照党中央的要求和部署，积极参加改革，全力支持改革，担当起领导改革的重任。

一句话，通过改革，走我们自己的路，建设有中国特色的社会主义，这就是我们现阶段改造中国的总的目的，也是我们现阶段在实践上发展共产主义运动的基本内容。唯有改革才能打开新局面，唯有改革才能振兴中华，唯有改革才能开拓未来。对于这样一件关系祖国前途和命运的大事，关系我国共产主义事业兴衰的大事，我们工人阶级当然责无旁贷。

建设一套既能够坚持社会主义性质，又能够适合中国情况，足以充分调动全国各方面积极性的政治、经济体制，应当是最主要的特色。很明显，因循守旧，沿袭旧制，不坚持改革、创立新制，要建设有中国特色的社会主义就是一句空话。我们工人阶级既然是我国当代先进的生产力和先进的生产关系的代表，就一定要确立社会主义社会还要在各方面进行改革的思想，发扬勇于破旧创新的革命精神，经过典型试验，不断总结经验，逐步创造出具有中国特色的社会主义新体制。

毫无疑义，通过改革，建设有中国特色的社会主义，这是一场深刻的革命。这个革命，当然不是那种“一个阶级推翻一个阶级”的革命，不是要在国家和社会政治生活中制

造什么激烈的震荡，而是要适应生产力发展的要求，建立起科学的经济组织、经济管理、经济调节、经济监督等体系以及与此相适应的政治体制，以便把生产力提高到新的更高的水平，创造出更多的新的财富，使国家和人民都能较快地富裕起来。

一句话，改革要深入到国家政治、经济、文化和社会生活的各个领域，势必影响到人们的活动方式、生活方式和思想方式。这样广泛深刻的改革，不可能不遇到各种阻力。这就说明，如果没有工人阶级的坚决支持，积极参加和坚强领导，要取得改革的彻底胜利是不可能的。我们工人阶级一定要用革命的坚定性和工作的科学性相结合的精神，勇于破除阻碍改革的旧事物，细心扶持有利改革的新事物，为改革工作的顺利进行开拓道路。

我们工人阶级要坚决支持各级领导机关，大胆起用新秀，切实精简机构，为全面进行政治、经济体制改革打下良好的基础，支持农业的经济结构改革、体制改革和技术改革，关心它的发展，满足它提出的要求，这是我们工人阶级应尽的责任和义务。

总之，改革要有利于建设有中国特色的社会主义，有利于国家的兴旺发达，有利于人民的富裕幸福。这是我们各项改革做得对或不对的标志。

为了在改革中更好地发挥我们工人阶级的领导作用，广大职工群众充分认识自己的主人翁地位，提高工人主人翁责任感，是十分必要的。我们不应当坐在改革这个舞台下面当观众，而应当站到舞台的前列，这才是有主人翁觉悟的表现。我们全体共产党员，作为工人阶级先锋队的战士，应当在这方面发挥模范带头作用。我们的各级工会、共青团、妇联等群众组织，都应当发挥各自的团结和教育群众的作用，协助党组织通过思想政治工作，把广大职工的这种主人翁（意识）积极性充分调动起来。

改革是为了解放生产力，而最大的一

福州市螺洲大桥及远处的五虎山

种生产力就是工人阶级本身。广大职工的共产主义思想的获得和文化科学技术水平的提高，正是对生产力的一种直接解放。改革又是为了在制度上进一步确立劳动人民的主人翁地位，为广大职工参加对国家和企业的管理开辟广阔途径，而要在事实上做到这一点，我们工人阶级的每个成员就必须毫不懈怠地抓紧学习，努力把自己培养成为有理想、有道德、有文化、守纪律的劳动者。

只要作为工人阶级中的两个方面军的工人和知识分子真正融为一体，互相学习，团结合作，共同提高，我们工人阶级就一定能够肩负起领导改革完成现代化建设的重任。我们已经把一个黑暗的中国改造成了一个光明的中国，我们也一定能够把一个经济落后的中国改造成为一个繁荣富强的中国。

原载于《红旗》杂志，1983 年第 3 期

让“二七”革命传统在新时期发扬光大（摘录）

今天是“二七”大罢工六十周年纪念日。

“二七”大罢工发生在 1923 年，是京汉铁路工人在中国共产党领导下，为争人权、争自由、争工会权利，反对帝国主义、反对封建主义的一次政治大罢工。这次大罢工有力地显示了中国工人阶级的政治觉悟和伟大力量，在中国革命史、中国工人运动史上，留下了光荣的一页。

马克思在论述巴黎公社时曾经指出，即使公社被搞垮了，斗争也只是延期而已，公社原则是永存的。同巴黎公社一样，“二七”大罢工也失败了，但是，“二七”英雄们为实现工人阶级的伟大历史使命，英勇斗争、不怕牺牲的共产主义精神，是永放光芒的。共产党员林祥谦、施洋等革命烈士面对敌人屠刀，大义凛然，视死如归的革命气节和崇高品德，将为世代人民所敬仰。

“二七”革命斗争的实践证明，中国共产党是中国工人阶级和全国各族人民利益的忠实代表。党在中国革命的各个历史时期，正是由于充分发挥了作为工人阶级先锋队的伟大作用，才能领导全国人民取得一个又一个伟大胜利。

继承和发扬“二七”革命传统，工人阶级要学习“二七”工人为人民事业献身的主人翁责任感，树立共产主义的劳动态度，为人民创造更好更多的财富。现在，我国工人阶级队伍，已从 1923 年的 300 万发展到一亿以上，其中青年工人占职工总数的 60% 左右。到本世纪末，我国能否实现工农业年总产值翻两番的宏伟目标，在很大程度上取决于这代跨世纪的青年工人。我国这一代的工人是大有作为的，他们已经为国家的兴旺发达做出贡献，也一定会做出更大贡献。我们要热情地支持青年，关怀青年，使他们的社会主义积极性得到更大发挥。同时，又要有针对性地进行生动具体的思想政治工作，从根本上提高他们的觉悟，使他们认识工人阶级在新的历史时期的使命。

继承和发扬“二七”革命传统，还要充分发挥工会组织的作用。工会是党的助手。

“二七”大罢工时，工会在工人群众中享有很高威信。今天，工会仍然是党联系工人群众的纽带和桥梁。工会应围绕党的中心工作开展自己的活动，要组织工人学科学、学文化、学技术。要敢于替工人讲话，关心工人切身利益，带领工人同官僚主义和不正之风作斗争。要积极推行经营责任制，不断改进企业民主管理工作，以提高职工的主人翁责任感。要组织社会主义劳动竞赛，把物质鼓励和精神鼓励结合起来。要在有关部门的协助下，努力改善工人的劳动条件、居住条件、饮食卫生条件，积极开展各种互助活动。当前特别要在动员和组织工人阶级进行改革方面做出新的贡献。各级党委要支持工会工作，努力把工会工作提高到一个新的水平。

“虽败荣犹著，英光永世红。”董必武同志赞颂“二七”革命斗争的诗句，充分肯定了“二七”大罢工的历史功绩，鼓舞着我们继承和发扬“二七”革命传统，把工人阶级的伟大事业不断推向前进。

《人民日报》，1983 年 2 月 7 日

继承光荣传统 谱写新的篇章
纪念“二七”大罢工六十周年（摘录）

轰轰烈烈、震撼中外的我国京汉铁路工人“二七”大罢工，已经过去整整六十年了。

六十年来，中国工人阶级在党的领导下，前仆后继，流血牺牲，英勇奋斗，为中国民族解放和人民幸福作出了卓越的贡献。

今天，中国这块土地上已经实现了翻天覆地的变化，中华民族的历史已经揭开了崭新的一页。

工人阶级的历史使命是不但要破坏一个旧世界，而且要建设一个新世界，在我们的国家，社会主义现代化建设的伟大历史任务才刚刚开始。我们国家所处的特殊历史条件，决定了我们在前进的道路上不可避免地要遇到一系列由于经济文化落后而产生的困难，决定了我们要经历更加艰苦和更加长久的奋斗。因此，历史要求我国工人阶级要继承和发扬“二七”大罢工所表现出来的那种革命精神，更好地发挥领导阶级的作用，为中国工人运动历史谱写更光辉的新篇章。

从“二七”先烈林祥谦、施洋，到今天的赵春娥、罗健夫、蒋筑英，他们为什么能够为革命事业义无反顾、英勇献身？最根本的一点，就是他们具有崇高的共产主义理想和高尚的道德情操。我们学习英雄人物，就要从这个根本上学起。今后，我们每个职工同志都要根据企业的统一计划和安排，接受系统的共产主义教育，学好马克思主义的基础理论、中国近代史、工人阶级的历史使命等必修课；还要密切结合党的重大部署，学习有关方针政策，学习时事政治，学习文化、科学和技术，使自己的思想境界和聪明才智来一个大提高。

工会是工人阶级的群众组织，在当前这场伟大的改革中，工会自身也必须进行改革。我们要打破历史上外国模式的某些影响，从中国的实际出发，开创有中国特色的工会道路，特别要进一步清除工会工作中“左”的

错误影响，坚决贯彻群众组织群众化，密切联系群众，为工人群众服务，为基层服务的方向，才能发挥工会作为党联系群众的纽带的作用，发挥工会在思想教育、企业管理和改善工人生活方面的重要作用。今天的工会和"二七"大罢工那时的工会，它的任务虽然因时代的不同和工人阶级所处地位的不同而不同了，但是，工会必须在党的领导下最密切地联系群众，则是我国工会的优良传统，这一条不但不应当变，而且要继承和发扬光大起来，只有这样，工会才能承担起实现四化和搞好当前改革的新的历史任务。

"二七"革命传统的重要内容之一，是工人阶级要取得革命的胜利，不但自身要团结一致，要有高度的组织纪律性，而且要讲革命的大团结大联合。工人阶级只有解放全人类才能最后解放自己，这是马克思主义一条根本原理。工人阶级应当最大公无私，最胸怀广阔，把国家的、人民的、社会的利益放在自己一个阶级利益之上，团结更多的人来一起奋斗。知识分子是工人阶级的一部分，是社会主义现代化建设的一支基本依靠力量，工人和知识分子应当紧密团结起来，珠联璧合，从而使整个工人阶级发挥更大的威力和作用，工人阶级要努力增强同农民的团结，增强同一切爱国民主人士的团结，中国工人阶级还应当坚持国际主义，增强同世界各国无产阶级、人民群众的团结。

让"二七"斗争的光荣传统，永远激励和鼓舞我们前进。

《工人日报》，1983 年 2 月 7 日

肩负起工人阶级的历史使命

——纪念"二七"革命斗争六十周年（摘录）

今天，我们怀着崇敬的心情，在开创社会主义现代化建设新局面的历史时期来纪念"二七"革命斗争六十周年。

中国工人阶级流血牺牲斗争的历史是不应该淡忘的。列宁说：忘记过去，这就意味着背叛。毛泽东同志和老一辈无产阶级革命家总是谆谆教导我们：发扬革命传统，争取更大光荣。"二七"革命传统从根本上说，就是心怀崇高的共产主义理想和对革命事业

位于闽侯县青口镇东台村的福建省榕树王

乌龙江畔

的坚定信念，以及由此而产生的奋不顾身的战斗精神。当年“二七”先辈靠了这种精神去破坏一个旧世界，今天，我们也要靠这种精神去建设一个新世界。党的十二大和五届人大五次会议为我们国家规划了灿烂的发展前途。我国将以一个现代化的高度民主和高度文明的社会主义国家屹立于世界民族之林。这是全国人民共同的伟大历史任务，工人阶级更要勇敢地站在斗争的前列，为实践这个伟大的历史使命奋不顾身地战斗，把四化建设、振兴中华的历史重任勇敢地担当起来。

工人阶级以改造世界为己任。过去，我们英勇奋斗，把一个黑暗的中国改造成为一个光明的中国；今天，我们努力改革，是要把一个落后的中国转变为一个富强的中国。一部社会发展史就是不断除旧创新的历史。改革是一场深刻的革命。勇于改革是工人阶级最可宝贵的品格。继承和发扬“二七”革命斗争的光荣传统，就是要在新的历史条件下，满腔热情地投身到改革的潮流中去，站在改革的前列。

改革要坚决，经济工作要抓紧。继承和发扬“二七”革命斗争的光荣传统，我们工人阶级就要以强烈的历史责任感把两副重担一肩挑起来，当改革的促进派，做生产建设的实干家，以改革促进四化建设，以优异生产建设新成绩支持改革。工人阶级在改造客观世界的同时改造自己的主观世界，工人阶级的新一代要努力保持和发扬老一辈工人阶级的本色，使我们工人阶级队伍成为思想先进、技术熟练、纪律严明、团结协作的队伍。这样，我们就一定能够肩负起工人阶级的历史使命，推动社会前进！

《湖北日报》，1983 年 2 月 7 日

发扬“二七”革命传统争当改革先锋

——纪念“二七”大罢工六十周年（摘录）

今年“二七”是京汉铁路大罢工六十周年。

继承与发扬“二七”革命传统，必须坚定共产主义信念，努力为四化献身。为什么“二七”工人在荷枪实弹的强大敌人面前敢于斗争？就是为了砸烂万恶的旧世界，建立人民群众当家作主的新世界。

六十年来，我们的革命和建设虽然取得了伟大的胜利，但是当前的问题和困难还不少。因此，我们应该进一步学习马列主义、毛泽东思想的基本原理，高举共产主义旗帜，用共产主义思想武装自己。当前要通过纪念"二七"大罢工，让广大职工特别是青年接受工人阶级的历史使命、革命传统和固有本色的教育，坚定共产主义必胜的信念，自觉地为之奋斗。

发扬"二七"革命传统，要爱国家、当主人，做社会主义精神文明的楷模。几十年来，老一辈的工人阶级艰苦奋斗，前仆后继，不怕牺牲，打倒了反动派，建立了新中国。今天，在社会主义制度下，建设高度物质文明与高度的社会主义精神文明的重任历史地落到了我们的肩上。我们要认清工人阶级的历史使命，用共产主义思想和道德规范自己的言行。当前，在工人阶级队伍中，青年工人的比重逐年增多，他们既是未来的希望，也是今天建设四化的生力军。

总之，我们要继承与发扬革命传统，陶冶革命情操，做有理想、有道德、有文化、守纪律的劳动者。

《长江日报》，1983 年 2 月 7 日

发扬"二七"精神　站在改革前列
（摘录）

继承和发扬"二七"革命精神，首先要坚信和维护党的领导。"二七"大罢工，是在党的领导下进行的。正因为有党的领导，罢工才有了正确的方向，推动了我国人民反帝反封建的革命斗争。同样道理，正因为有党的领导，我国的革命和建设事业才能从胜利走向胜利。

继承和发扬"二七"革命精神，要树立共产主义一定实现的坚强信念。当年，"二七"先烈们在敌人的屠刀下，视死如归，坚信共产主义事业一定能够胜利。现在，我们更要树立共产主义一定实现的坚强信念，坚信共产主义事业不管经历多少艰难曲折，终究是要胜利的。

继承和发扬"二七"革命精神，要自觉地维护革命纪律。当年的京汉铁路，南北一千二百多公里，职工近三万人。总工会一声令下，工人们齐起罢工，就在于有高度的组织纪律性。

继承和发扬"二七"革命精神，要加强工人阶级的团结。"二七"大罢工之所以沉重地打击了敌人，就在于党领导下的铁路工人，发挥了工人阶级大团结的力量。

在纪念"二七"大罢工六十周年的时刻，我们要缅怀革命先烈，继承和发扬"二七"光荣传统，认真贯彻、落实党的十二大提出的各项任务，振奋革命精神，积极站在改革的前列，做改革的促进派，努力把我局运输生产提高到一个新的水平，开创我局各项工作的新局面。

《武铁工人》，1983 年 2 月 7 日

湖北省暨武汉市各界隆重集会纪念“二七”大罢工六十周年

曹山旭

昨天是“二七”大罢工六十周年纪念日。湖北省暨武汉市各界人民在江岸铁路工人文化宫隆重集会，纪念这个充分表现了中国工人阶级反帝反封建的彻底革命精神的光辉日子。

纪念大会由省总工会副主席江长源同志主持。大会在雄壮的国歌声中开始后，沈因洛、王淳、林木森、王利滨、谢威、李蔚华、辛甫、孟筱澎、黎智、刘惠农，以及省市各人民团体和武汉铁路局、江岸车辆厂等单位的负责同志及各界代表共一千五百多人，向“二七”烈士默哀一分钟。随后，江长源同志向大家宣读了叶剑英、邓小平、李先念、陈云为纪念“二七”大罢工六十周年的题词。

中共湖北省委书记沈因洛、省总工会主席张天林和林祥谦烈士长孙女、“二七”老工人黄正兴、湖北省特等劳动模范陆际光都在会上讲了话。党政军领导机关、各人民团体及各界代表向“二七”纪念碑和施洋烈士墓敬献了花圈。

《湖北日报》，1983 年 2 月 8 日

福建省总工会纪念“二七”六十周年号召全省职工把改革的历史重任担当起来

福建省总工会在改革的潮流以不可阻挡之势向前发展的时候，福建省广大职工开展纪念“二七”大罢工六十周年活动，最重要的是要继承和发扬工人阶级勇于改革的革命品格，做改革的促进派，把无数革命先烈为之抛洒热血的社会主义事业向前推进一步。

纵观人类历史，一切社会进步都是通过符合社会发展规律的变革来实现的。工人

“二七”老工人为青年工人讲述“二七”斗争历史

阶级作为当代先进生产力和先进生产关系的代表，始终站在社会变革的最前列。发生在六十年前的京汉铁路工人“二七”大罢工，正是中国工人阶级在自己的先锋队——中国共产党的领导下，为把一个黑暗的旧中国变成一个光明的新中国而进行的一场震撼中外的伟大斗争。在这场斗争中，林祥谦等烈士面对敌人屠刀，大义凛然，宁死不屈，充分显示了工人阶级先进战士的忠贞气节，“二七”烈士的革命精神，永远鼓舞着一代又一代的后来人，为实现共产主义理想而奋斗不息。

我们现在所要进行的改革，绝对不是“文化大革命”中提出的所谓“无产阶级专政下的继续革命”，而是调整生产关系中不适应生产力发展的某些方面和环节，调整上层建筑不适应经济基础的某些方面和环节，使生产关系和生产力，上层建筑和经济基础，协调地向前发展，目的是为了建设有中国特色的社会主义。对于这样的改革，我省广大职工应当要有强烈的紧迫感和高度的责任感。当前，我们经济方面的主要弊端是缺乏活力，主要问题是在于落后的经营管理方式与端“铁饭碗”、吃“大锅饭”，我们工人阶级要坚决响应党中央的号召，支持改革，参加改革，领导改革，努力使我们的工商企业也像农业那样，迸发出极大的活力来。为使我省四化建设走在全国的前面做出新的贡献！

《福建日报》，1983年2月9日

1985年

具有光荣革命传统的福建工人应当为四化建设作出更大贡献

——福建省委项南书记在省工会七大开幕式上的讲话（摘要）

今天，我看到会场上的代表们，队伍很整齐，很有生气。这使我想到，在我们中国近代史上，在中国的民主革命阶段，曾经发生过的两次震撼中外的重大事件，一件是发生在广州黄花岗的七十二烈士的起义，一件是发生在武汉江岸车站的“二七”大罢工。这两件事情都跟我们福建人有很密切的关系。

黄花岗七十二烈士里面，除了广东人，最多的是哪一省的人呢？是福建。我们福州的林觉民烈士，是当时黄花岗七十二烈士里面最突出的代表人物之一。

发生在江岸的“二七”大罢工的死难烈士，除了湖北人之外，最多的是哪个省的人？是福建，“二七”大罢工领袖之一林祥谦烈士，也是福州人。

在这两个重大事件中，福建人都起了很重要的作用。这是一种偶然的历史现象吗？不是的。它说明我们福建的工人阶级，福建的人民，是革命的，是英勇的，是敢于斗争的。当然，这是在民主革命阶段发生的事情。现在，在社会主义建设时期，我们福建的工人阶级，怎么样呢？我相信我们福建工人兄弟一定能够发扬先烈的革命精神，为我们福建走在全国四化建设前头，做出更大的贡献。

现在，摆在我们面前最重要的任务，就是搞四化，搞翻番。我想，我们福建的工人同志，也一定能够响应党中央的号召，在改革开放，搞活经济，技术进步这几个方面做出自己的成绩。

在新形势下面，怎么来搞生产、搞教育、搞工会工作，这是我们面临的一个新问题。我想很重要一点，就是我们在关心工人生活，改善工人生活的同时，必须加强思想政治工作，不能去迁就一部分落后工人的意识，去向这部分落后的工人讨好。我们要把国家的利益，人民的利益，放在第一位，把部门的利益，企业的利益，放在第二位，然后才是个人的利益，不能个人利益至上，不能金钱至上。这几年，我们全国的经济情况有很大的好转，生产也有很大的发展。但是，我们仍然不应该忘记艰苦奋斗、勤俭建国的传统。这是我们建设四化，闯翻番的最宝贵的财富。我们希望大家很好地议一议，怎样来争取党风的根本好转，争取财政经济状况的根本好转，争取社会风气的根本好转，好好议一议，怎样在广大工人阶级队伍里头，进行理想和纪律的教育，把我们局部的利益和个人的利益，跟整体利益，跟国家利益，很好地结合起来。因为强调整体的利益，强调国家的利益，而不照顾个人的利益、局部的利益是不对的，但是只强调个人的利益，只强调局部

祥谦公社丰收的田野

的利益，而忘记了国家的利益，忘记了整体的利益，那是更不对的。

我们福建现在正在进行改革，对外开放。搞活经济，还要搞技术进步，摆在我们工人阶级面前的任务是很重的。福建要走在全国四化建设的前头，没有别的道路，因为我们大部分条件跟别的省都是一样的。我们怎样才能走在全国四化建设的前头呢？那就要用很大的力量来抓教育，抓科学，抓技术进步，也就是我们强调的“以智取胜”。这样，我们很多的技术和设施，就可以争取一开头就有个比较高的起点，包括我们的乡镇企业，全国都搞乡镇企业，我们福建能不能利用我们沿海的优越条件，利用我们华侨多的特点，多引进一些新的技术，使得我们的乡镇企业一开头就处在一个高起点的水平上。这对我们走在四化建设的前头会起很大的作用。

我们全省的工人同志应当十分重视自身的学习，积极参加技术改造，技术改革。如果我们每一个工厂，每一个车间，每一个班组，每一个工人，都能重视技术改造，在那里考虑怎么样技术进步，那么，我们福建的经济面貌就会得到根本的改变。世界上不少的国家，他们没有什么资源，也没有多少资金，他们的条件不比我们好，但他们却能够在世界上遥遥领先，靠的什么？就是靠智力开发，靠技本进步。这个问题，我也希望大家好好议一议。

《福建日报》，1985 年 5 月 30 日

福建省第二批省级文物单位——林祥谦陵园

福建省人民政府一九八五年十月十一日公布第二批省级文物保护单位共58处，其中，革命遗址及革命纪念建筑物 16 处，1963 年在闽侯县尚干镇罗汉岭建设竣工的林祥谦陵园榜上有名。

《福建日报》，1985 年 12 月 8 日

先贤英灵壮军魂

——解放军英模汇报团在福建抒怀

一踏进福建这块美丽的土地，英模们顿感天高海阔，深感福建是英雄辈出的地方。在这块土地上，养育了立志卫国、挥戈驱寇的戚继光，不畏列强虎门焚烟的林则徐，戎疆厉马扬帆复台的郑成功，为民族死而后已的林祥谦，先贤之灵，是国魂，是民族之魂的象征。

在翠榕环抱的福州城，在巍峨的闽东白露山巅，在碧波环抱的厦门鼓浪屿，英模们以无比崇敬的心情，瞻仰了先贤们气壮山河的高大的塑像，参观了肃穆的纪念堂。他们低头沉思，默默抄录先贤们“苟利国家生死以，岂因祸福避趋之”“封侯非我意，但愿海波平”等铿锵誓言。此言此景，又把英模们带到今日南疆战火纷飞的战场。被人们誉为“活着的王成”——老山前线某部一等功臣韦昌进，看到鼓浪屿之滨巍巍屹立的郑成功花岗岩塑像，他高兴地请记者为他在塑像前拍一张照片。他说，这很有意义，我在读

书时，这位民族英雄就在我心中树起了丰碑。在对越自卫反击战中，我心中的念想，就是不惜生命代价，坚决击败来犯之敌。想到英雄用鲜血和生命保卫祖国，打出国威军威，多少人眼中噙着泪水，激动万分。

《福建日报》，1985 年 12 月 15 日

1987 年

湖北省总工会赠送林祥谦烈士铜像昨揭幕

本报讯 “二七”革命烈士林祥谦铜像揭幕典礼，昨日上午在林祥谦陵园隆重举行。

林祥谦铜像是湖北省总工会为纪念“二七”大罢工而特意赠送我省的。铜像为全身站立造型，身高 1.2 米，重 230 公斤。铜像用写实手法表现了烈士的英雄气质，再现了当时工人向军阀斗争的愤慨形象。铜像现已安放在二七纪念堂大厅内 1.2 米高的黑色大理石基座上，四周环置鲜花和松柏。

以湖北省人大常委、原省工会主席张天林同志为团长的湖北省工会代表团一行八人，参加了揭幕仪式。

林祥谦陵园内由湖北省总工会赠送的林祥谦铜像

出席揭幕仪式的有省、市、县、乡有关领导和劳动模范，先进生产者，学生，祥谦烈士家属等方面的代表，共300多人。

《福建日报》(省总报道组 朱宗源)，1987年4月6日

1989 年

国务院批准林祥谦烈士陵园为全国重点保护单位

本报讯 据新华社北京电，民政部日前公布了国务院一九八九年批准的第二批全国重点烈士纪念建筑物保护单位，共有三十六个。其中我省的龙岩闽西革命烈士陵园和闽侯林祥谦烈士陵园名列其中。

《福建日报》，1989 年 9 月 18 日

1993 年

省委常委林兆枢出席

福建省福州市“二七”大罢工林祥谦就义七十周年纪念活动

本报讯 6日，经扩建的闽侯林祥谦陵园修葺一新，增设的7米高花岗岩烈士塑像屹立在陵园中间。6日上午，在庄严肃穆的气氛中，省、福州市、闽侯县各界人士300多人来到这里，纪念林祥谦英勇就义七十周年。

省、福州市、闽侯县领导以及有关部门领导和烈士家属先后发言。省委常委林兆枢代表省委、省政府讲了话，他说，在新的形势下，我们要弘扬“二七”革命传统和爱国主义精神，要进一步解放思想，抓住当前的有利时机，加快改革开放步伐，把经济建设搞上去。在新的形势下和新的任务面前，工人阶级要肩负起历史赋予的重任，坚持党的基本路线不动摇，发扬优良传统，以主人翁的姿态，积极投身改革开放和现代化建设中，把老一辈无产阶级革命家开创的伟大事业进行到底，在改革开放和现代化建设中争取更大的光荣。

会后，省、市、县有关领导和省市有关部门领导还前往林祥谦烈士的家乡闽侯县祥谦镇、尚干镇，看望林祥谦烈士的家属。

《福建日报》(吴鹏飞　叶晓霞)，1993年2月9日

位于林祥谦陵园门口的林祥谦成长之路雕像

福州市教委录制《祥谦陵园》德育录像

本报讯 福州市教委电教馆录制了《祥谦陵园》德育基地系列教材录像，日前在市中小学德育干部会议上举行了首映式，这段录像反映了革命烈士林祥谦的生平事迹，是德育教育的好教材。

《福建日报》（吴乃新），1993 年 2 月 23 日

走向新的辉煌

——福建芳华越剧团寻觅成功的轨迹

建国 40 多年来，芳华越剧团在党的“二为”方向和“双百”方针指引下，出人出戏，取得了显著的成绩。在五十年代和六十年代中，先后成功演出了《沙漠王子》《西厢记》《林祥谦》《团圆之后》《屈原》《信陵君》《何文秀》《江姐》《红楼梦》等数百出优秀剧目，给广大观众留下了极其深刻的印象，为我国艺术宝库增添了许多闪光璀璨的珍珠……

《福建日报》，1993 年 6 月 12 日

1994 年

福建团省委将林祥谦烈士陵园开辟为首批青少年革命传统教育基地

本报讯 昨日，团省委在闽侯林祥谦烈士陵园，举行福建省青少年革命传统教育基地命名仪式暨祭扫烈士墓、新团员入团宣誓仪式。

据悉，团省委为了在青少年中坚持不懈地进行爱国主义、集体主义、社会主义教育，团省委决定将上杭县古田会议会址、闽西革命纪念馆、漳州芝山红楼、武夷山闽北革命纪念馆、寿宁张高谦烈士陵园、闽侯革命烈士林祥谦陵园、厦门“英雄小八路”浮雕、建宁毛泽东故居、晋江金井革命烈士陵园、莆田大洋闽中司令部旧址等 10 个革命纪念地开辟为首批福建省青少年革命传统教育基地。

《福建日报》（闽团宣），1994 年 4 月 5 日

1995 年

福建省委常委、宣传部长赵学敏等领导出席《林祥谦》电视剧本研讨会

本报讯 昨天是“二七”大罢工七十二周年纪念日，8 集电视连续剧《林祥谦》剧本研讨会在榕召开。该剧由著名作家郑万隆和我省青年剧作家夏蒙编剧，被有关专家和领导评价为是一部融思想性、艺术性于一体，人物形象生动、性格鲜明的好作品。省委常委、宣传部长赵学敏等领导同志出席了研讨会。

《福建日报》（林娟），1995 年 2 月 8 日

林祥谦夫人陈桂贞与祥谦小学师生合影

为了重现先烈的辉煌
——来自八集电视剧《林祥谦》摄制组的报告

一个多月前，在8集电视连续剧《林祥谦》的开机仪式上，我心里还在暗暗担心，不知这部电视剧能否被拍好。因为作为该剧的执笔编剧，我深知这是一部拍摄难度很大的作品，由于表现的是一段发生在70多年前的重大历史事件，剧作又涉及了十分广阔的社会背景，在资金不足、各方面条件都不够齐备的情况下，要想达到感人至深的艺术效果无疑是很困难的。

《林祥谦》的制片人是几度捧回“五个一工程奖”和“飞天奖”奖杯的福建电视台电视剧制作中心主任李瑞兴，在这部电视剧开拍以来，为了筹集资金，解决摄制组遇到的许多难题，他把身患糖尿病的检查报告和医生的忠告都丢在一边，每天都在不停地奔波，执导这部影片的上海电影制片厂青年导演包福明也曾两度获得“五个一工程奖”，对于拍摄这样一部各方面期望值很高，拍摄难度较大的革命历史题材电视剧，他深感自己肩上的责任重大，也因此从不肯轻易放过任何一场戏。所幸的是，《林祥谦》摄制组拥有一批优秀的主创人员，摄影、美工、灯光、化妆、服装等部门都对导演的高标准严要求给予了很好的支持与合作。

担纲主演林祥谦一角的是北京军区战友话剧团的著名演员冯国庆，今年是他的丰收年，他先后以《吴福的故事》和《沟里人》获“飞天奖”和四川国际电视节“最佳男演员奖”。这是一位非常本色的演员，身上军人的性格和艺术家的气质使他很快进入了角色，他所塑造的林祥谦形象无疑将成为他演艺生涯中又一个里程碑。在这部电视剧中饰演施洋大律师的林达信、饰演杨德甫的陈国典、饰演于大落的崔勇等，都是当今影视圈里十分活跃的著名演员，不论戏份是轻是重，他们演得都非常投入、认真。

当初在写这部电视剧的时候，考虑到拍摄条件的限制，我有意识地多写了一些夜戏，没想到这却苦了摄制组的同志们，开机以来，他们已经不知度过了多少个不眠之夜……

这一个多月来，为了重塑先烈的辉煌，为了再现不屈的工魂，摄制组付出了常人难以想象的艰辛劳动，现在，摄制工作已接近尾声，一部无愧于福建人民的作品即将展现在观众面前。

《福建日报》(夏蒙)，1995 年 12 月 8 日

福建省委省政府命名
首批省级爱国主义教育基地

本报讯 为了贯彻落实中共中央的《爱国主义教育实施纲要》和我省的《总体规划》，近日，经省委、省政府同意，14 个单位被命名为首批省级爱国主义教育基地。这 14 个爱国主义教育基地是：古田会议纪念馆、马江海战纪念馆、林则徐纪念馆、郑成功纪念馆（厦门）、陈嘉庚生平事迹陈列馆、福建省博物馆、华侨博物院（厦门）、闽西革命历史博物馆、泉州海外交通史博物馆、三明市精神文明建设展览馆、瞿秋白烈士纪念碑、林祥谦烈士陵园、东山保卫战烈士陵园、张高谦烈士陵园。

省委办公厅、省政府办公厅为此发出通知：要求这些被命名的爱国主义教育基地，必须做到有场地、有教员、有教材、有计划、有制度，切实担负起对群众，特别是对青少年进行爱国主义教育的光荣职责。各行各业都要积极利用基地开展教育活动，充分发挥其教育功能和作用，推动全省爱国主义教育广泛、扎实、深入地开展。

《福建日报》(游振伟)，1995 年 8 月 22 日

1997 年

福建省委省政府、全国少工委、
中国少年报社领导、著名电影表演艺术家出席
《中华英杰少年的故事》“福建篇”开机仪式

本报讯 昨日上午，秀丽的福州西湖公园里鼓号嘹亮，展示八闽历代杰出人物少年时期成长道路的系列电视剧《中华英杰少年的故事》“福建篇”在这里隆重开机。

由中国少年报社、中国儿童电影制片厂联合摄制的系列电视剧《中华英杰少年的故事》，取材于我国历代杰出人物少年时代的故事，全剧将拍摄 100 个人物故事短剧，是一部面向少年儿童，寓故事性、知识性和教育性于一体的电视作品。该剧“福建篇”将拍摄林则徐、郑成功、严复、林觉民、陈嘉庚、

林祥谦、侯德榜、谢冰心、林巧稚、陈景润等 10 位闽籍杰出人物少年时代的故事。

昨天开机投拍的《林则徐》《郑成功》两集，由杨成武同志题写剧名，将在月内拍摄完成后尽快在福建电视台和中央电视台播出，其他 8 集也将在年内拍摄完成。

省委副书记何少川，副省长潘心城，全国少工委副主任、中国少年报社社长温愉新，著名电影表演艺术家于兰，省直有关部门和福州市负责人及少先队员代表约 200 人出席了开机仪式。

《福建日报》（记者 罗庆春），1997 年 8 月 11 日

2000 年

福建省革命历史纪念馆举办革命英烈事迹巡回展

本报讯 从 2000 年 10 月 20 日起，由省革命历史纪念馆举办的“红土地之魂——革命英烈事迹巡回展”在福州西湖公园展出一个半月。该展览从我省 10 万名革命先烈中精选出有典型代表意义的 38 名烈士（如瞿秋白、林祥谦、李林、王荷波、罗扬才等）的英雄事迹，对广大群众特别是青少年进行爱国主义和革命英雄主义教育。据悉，该展览今年 4 月起在福州大学等 10 多所大中专学校巡回展出，已累计接待四万多人次，深受观众好评。

《福建日报》（解惠美 何玮），2000 年 10 月 27 日

尚干淘江龙舟赛——少年林祥谦曾在此水域勇救落水女孩

福建省直机关党工委 确定15个思想政治教育基地

本报讯 近日，省直机关党工委确定了15个单位作为省直机关思想政治教育基地。

这15个单位是：马江海战纪念馆（福州）、林则徐纪念馆（福州）、林祥谦烈士陵园（福州）、省革命历史纪念馆（福州）、省博物馆（福州）、湄洲岛统一祖国展览馆（莆田）、泉州海外交通史博物馆（泉州）、郑成功纪念馆（厦门）、陈嘉庚生平事迹展览馆（厦门）、漳州“110”事迹展览馆（漳州）、谷文昌事迹展览馆（漳州）、古田会议纪念馆（龙岩）、三明市精神文明建设展览馆（三明）、闽北革命历史纪念馆（南平）、闽东革命纪念馆（宁德）。

省直机关党工委要求，省直机关各单位要主动密切与这些基地的联系，定时组织广大党员和干部职工参观学习，广泛深入开展爱国主义、社会主义、集体主义和革命传统教育，努力开创机关思想政治工作新局面。

《福建日报》（本报记者），2000年12月23日

2001年

全国第二批爱国主义教育示范基地公布 “二七”烈士林祥谦陵园等榜上有名

本报讯 据新华社北京消息：中共中央宣传部6月11日公布了以反映党的光辉历史为主要内容的第二批百个爱国主义教育示范基地。这些基地是进行爱党、爱祖国、爱社会主义教育的宝贵资源。在建党八十周年前夕公布这批示范基地，是为了让人们更好地了解中国共产党所走过的不平凡历程，缅怀革命前辈和革命先烈前赴后继、英勇奋斗的崇高精神，引导广大党员和干部群众牢固树立建设有中国特色社会主义的共同理想，进一步认识到没有共产党就没有新中国、没有共产党的领导就没有中国的现代化，从而坚定跟党走的信心和决心。

在第二批爱国主义教育示范基地中，我省有五个，它们是：福建省革命历史纪念馆、毛泽东才溪乡调查纪念馆、长汀县瞿秋白烈士纪念碑、闽侯县“二七”烈士林祥谦陵园、华侨博物院。

《福建日报》，2001年6月12日

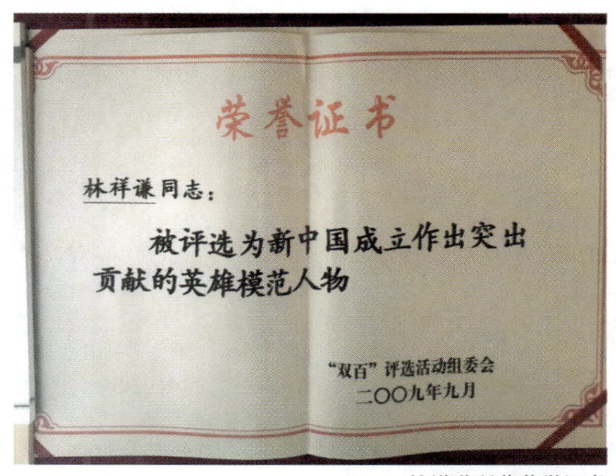
荣誉证书

林祥谦同志：

被评选为新中国成立作出突出贡献的英雄模范人物

“双百”评选活动组委会
二○○九年九月

林祥谦所获荣誉证书

2005年

福建省委组织部、宣传部、党史研究室联合推出《八闽丰碑》大型主题宣传活动

开栏的话

无论在硝烟弥漫的战争年代，还是在轰轰烈烈的社会主义建设和改革时期，八闽大地上，曾经有无数共产党人为了民族的独立和解放，为了国家的富强和人民的幸福，抛头颅，洒热血，艰苦奋斗，无私奉献，为人民的解放事业和祖国的现代化建设谱写了壮丽的诗篇。鲜红的党旗上凝结着革命英烈的鲜血，共和国的旗帜上飞扬着先进模范的风采，他们永远是八闽儿女学习的榜样，是八闽儿女心中永恒的丰碑。

为了深入开展保持共产党员先进性教育活动，回顾建党的历史，宣传福建党史上优秀代表人物、革命先烈和劳动模范的先进事迹，再现中国共产党人发挥先锋模范作用、永葆先进性的历史，开展革命传统教育，中共福建省委组织部中共福建省委宣传部、中共福建省党史研究室联合推出《八闽丰碑》大型主题宣传活动，在《福建日报》要闻版面上连续刊登，以教育人们缅怀先贤，牢记历史，在全面建设小康社会、推进海峡西岸经济区建设的伟大征程中，永远记取他们的英名和丰功伟绩，继承和发扬他们永不磨灭的精神。

（略）

《福建日报》(记者 李向娟)，2005年2月28日

2009年

林祥谦评上100位为新中国成立作出突出贡献的英雄模范人物

——全国“双百”人物评选产生

新华社北京9月10日电 为推动群众性爱国主义教育活动深入开展，迎接新中国成立六十周年，经中央批准，中央宣传部、中央组织部、中央统战部、中央文献研究室、中央党史研究室、民政部、人力资源社会保障部、全国总工会、共青团中央、全国妇联、解放军总政治部等11个部门联合组织开展评选“100位为新中国成立作出突出贡献的英雄模范人物”和“100位新中国成立以来感动中国人物”活动。活动自5月中旬启动以来，广大干部群众积极响应、广泛参与，纷纷通过各种形式提名推荐候选人。7月20日至8月10日，根据提名情况确定的150位为新中国成立作出突出贡献的英雄模范人物候选人和150位新中国成立以来感动中国人物候选人，向社会公布并接受群众投票。20天时间内群众参与投票总数近一亿。在投票评选的

基础上，通过有关部门审核、组委会评审组专家投票等程序，最终评出100位为新中国成立作出突出贡献的英雄模范人物和100位新中国成立以来感动中国人物。现予公布。

（略）

《福建日报》，2009年9月11日

不朽的精神 永恒的力量
——写在迎接新中国成立六十周年“双百”评选活动揭晓之际（要领）

新华社北京9月10日电 “双百”人物传承着中华民族特有的优秀品质

“双百”人物评选经得起人民群众的历史检验

榜样的力量必将激发华夏儿女的爱国热情

《福建日报》，2009年9月11日

我省认真开展评选学习全国“双百”人物活动

本报讯（本报记者） 新华社10日公布了在全国亿万群众投票评选的基础上，经有关部门审核、组委会评审组专家投票等程序，最终评选出了全国“双百”人物。我省何叔衡、李林、邹韬奋、陈嘉庚、林祥谦、瞿秋白当选“100位为新中国成立作出突出贡献的英雄模范人物”，郑美珠、侯玉珠、陈亚琼所在的中国女排五连冠群体、谷文昌、陈景润、林巧稚、钟南山当选“100位新中国成立以来感动中国人物”。他们当中有的是闽籍，有的在我省出生或长期在我省工作。

我省高度重视全国“双百”人物评选工作，自今年5月这项工作启动以来，省委常委、宣传部长唐国忠对开展“双百”人物评选工作多次作出指示。《福建日报》、省广播电台、省电视台东南新闻网连续发布评选消息、评选要求和评选办法，及时下发评选相关文件。省有关部门大力配合，全省人民踊跃参与，纷纷通过各种渠道推荐自己仰慕的英雄。在提名阶段，全省共推荐出350多名候选人。经省评选组委会领导小组研究，上报全国“双评”办300名。我省上报人选中有90%以上人物当选。7月20日全国“双百”候选人名单公布后，我省及时召开群众投票工作动员会，层层发动，全省人民群众广泛参与，仅不到20天，全省群众投票共750多万份，占全国群众投票数近十三分之一，居全国前列。通过开展全国“双百”人物评选活动，使全省人民受到了一次深刻的爱国主义和革命英雄主义教育，进一步激发了投身海峡西岸经济区建设的热情。

《福建日报》，2009年9月12日

福建省委常委宣传部长唐国忠会见我省参加全国“双百”座谈会代表林祥谦后人林耀武、谷文昌后人谷豫东和侯玉珠

本报讯（记者 周琳） 9月13日，省委常宣传部长唐国忠在福州会见了即将进京参加全国“双百”（“100位为新中国成立作出

突出贡献的英雄模范人物”“100位新中国成立以来感动中国人物”）座谈会的代表，为他们送行。

唐国忠代表省委、省政府向大家表示祝贺。他说，全国“双百”评选活动启动以来，在有关部门的精心组织下，我省广大干部群众积极参与，通过各种渠道和方式推荐候选人，并通过英雄模范人物的奋斗精神，进一步理解了爱国主义的丰富内涵，增强了爱国情感，陶冶了道德情操，提升了精神境界。

唐国忠指出，福建人杰地灵，自古以来人才辈出。在这次全国“双百”评选中，福建有10位个人和一个集体当选。其中，有中国工人阶级的杰出代表、中国工人运动的先驱者林祥谦，有人民的好公仆、县委书记的榜样谷文昌，还有中国女排五连冠群体的代表等。榜样是一面旗帜，更是一种力量。这些英雄模范人物为了国家和人民利益执着追求、不畏艰险、不怕牺牲、顽强拼搏、无私奉献，铸就了以爱国主义为核心的民族精神和以改革创新为核心的时代精神。我们要大力宣传“双百”人物的光辉事迹和崇高精神，深入开展群众性爱国主义教育，在全社会唱响共产党好、社会主义好、改革开放好、伟大祖国好、各族人民好、海西发展好的时代主旋律，激励全省人民以英雄模范人物为榜样进一步解放思想、四求作为，深化改革、扩大开放，为在新的起点上加快建设海西而努力奋斗。

参加全国“双百”座谈会的我省代表表示，要通过这次会议虚心向其他先进人物学习，继承发扬前辈精神，并把会议的精神带回来学习传达好、贯彻落实好，在各自的岗

在赴京参加全国“双百”座谈会前夕，林耀武（左一）与侯玉珠（左二）等人合影。

位上为加快建设海峡西岸经济区贡献自己的力量。林祥谦后人林耀武、谷文昌后人谷豫东和侯玉珠作为我省代表参加全国“双百”座谈会。

《福建日报》，2009 年 9 月 14 日

2011 年

高举林祥谦革命先烈“二七”火炬永远前进（摘录）

京汉铁路纵贯河北、河南和湖北三省，是连接华北和华中的交通命脉，有重要的经济、政治和军事意义，京汉铁路的运营收入是军阀吴佩孚军饷的主要来源之一。而“二七”大罢工运动使京汉铁路瘫痪，给他们造成了很大的损失，使反动军阀惊惶失措，也是对军阀发动的一次沉重的打击。

京汉铁路工人大罢工是中国共产党领导的第一次工人运动高潮的顶点。它进一步显示了中国工人阶级的力量，扩大了党在全国人民中的影响。罢工虽然失败了，但是工人的生命和鲜血进一步唤醒了中国人民，使他们更加清楚地认识到帝国主义和封建军阀是中国人民的敌人，必须与之斗争到底，才能获得真正的自由和解放。

为纪念这位工人运动的先驱者，新中国成立后，党和政府在福州修建了林祥谦烈士陵园。林祥谦烈士陵园不仅是福建省文物保护单位，也是全国爱国主义教育示范基地。朱德、邓小平、陈云、江泽民等党和国家领导人先后题词，林祥谦烈士墓碑文由郭沫若手书。新中国的成立是无数革命先烈用鲜血和生命换来的，他们给中华民族留下了最宝贵的精神财富。面对屠刀发出的吼声：“上工要总工会的命令，头可断，血可流，工不可复！”这惊天动地的豪言壮语充分表现了无产阶级先锋战士的高尚品质和节操，“二七”烈士林祥谦不屈不挠的精神永不磨灭。

历史从来不曾离去，后人也永远不会忘记。每年的 2 月 7 日前后，在福建、武汉和郑州的铁路局等地都会组织铁路职工以集体长跑、座谈会、演讲等各种形式到烈士纪念碑面前祭扫和瞻仰，纪念“二七”大罢工，怀念“二七”大罢工中“头可断，血可流，工不可复”的革命先烈林祥谦。2009 年 9 月 14 日，林祥谦被评为“100 位为新中国作出突出贡献的英模人物”之一。林祥谦那种立场坚定，敢于坚持真理，不怕牺牲，舍身成仁的革命精神永远鼓舞着我们向前进，林祥谦永远是中国铁路前进的先锋，也永远活在人们的心中。

四川在线（作者特约网络评论员 周运华），2011 年 3 月21日

东方网庆祝中华人民共和国成立六十二华诞专题报道林祥谦烈士革命事迹（摘录）

为纪念这位工人运动的先驱者，新中国成立后，党和政府在福州修建了林祥谦烈士陵园，包括"二七"烈士纪念堂、陵墓、千人广场和6米高的烈士花岗石雕像等建筑。纪念堂以丰富的图片和资料，详细介绍了林祥谦的生平事迹。陵墓后面是郭沫若题写的"二七烈士林祥谦之墓"的青石墓碑。陵园内苍松繁茂，芳草如茵，守护着烈士不灭的英灵。

2009年9月10日，在中央宣传部、中央组织部、中央统战部、中央文献研究室、中央党史研究室、民政部、人力资源社会保障部、全国总工会、共青团中央、全国妇联、解放军总政治部等11个部门联合组织的"100位为新中国成立作出突出贡献的英雄模范人物"和"100位新中国成立以来感动中国人物"评选活动中，林祥谦被评为"100位为新中国成立作出突出贡献的英雄模范人物"。

新华网（赵菊玲），2011年5月23日

2012年

数字电影《少年林祥谦》闽侯开拍

福建省拥有丰富的红色文化资源。在中国共产党领导下，福建的革命斗争建立了不朽的功勋，在历史发展的各个时期，涌现出了许多英雄人物和生动感人的事迹。为崇尚英雄，缅怀先烈，进一步发挥公共图书馆青少年红色文化教育的作用，福建省少年儿童图书馆在2018年制作并推出《福建文化记忆·红色革命历史杰出人物系列动画故事》。

该项目以革命年代感人至深、催人奋进的真实革命故事和主要人物、历史资料等主要内容为创作背景，以中国共产党在革命、建设、改革过程中的重要事件、主要人物、历史资料等为主要内容，从青少年的视角出发，通过动画技术的多种表现形式来表现红色历史、红色精神、红色思想等红色文化内涵的主题，用生动的人物形象和故事充分展示了中国共产党带领人民走过的光辉历程和取得的辉煌成就，蕴含着丰富的革命精神和厚重的历史文化内涵。

其中《铁路英雄——林祥谦》的动漫故事通过两集的篇幅表现其革命精神，动漫制作团队整理收集了林祥谦相关的文献资料以及相关素材，实地走访林祥谦烈士陵园，并走访学者专家，确定动漫剧本，再经过专业的动漫制作，最终为广大少年儿童呈现出《艰苦的童年》和《学徒生活》的精彩动漫，分别讲述了革命烈士林祥谦从小勤劳勇敢、乐于助人，与地主恶少展开顽强斗争的故事，以及林祥谦热心帮助工友，团结互助，为工友伸张正义的事迹。带领广大少年儿童品读红色故事，重温红色历史，传承红色基因，

数字电影《少年林祥谦》海报

激发对党和革命先烈的崇敬之情和对祖国的热爱之情。

林祥谦是一名中国工人阶级的杰出代表和中国工人运动的先驱者，他用自己的鲜血谱写了为中华民族的解放事业而献身的悲壮诗篇。他勇敢坚定，宁死不屈的大无畏精神，以及全心全意为劳苦大众求解放的崇高品质，为中国人民建立了光辉的榜样，被评为100位为新中国成立作出突出贡献的英雄模范之一。他是福建的好儿女，更是中华民族的好儿女；他的英勇事迹，是福建人民的光荣和骄傲，也是中国工人阶级的光荣和骄傲。

本报讯（记者 段金柱，通讯员 陈宗兴 蔡传）

7月23日，数字电影《少年林祥谦》在闽侯县林祥谦烈士陵园举行开机仪式。该片将讲述中国工人阶级的杰出代表和工人运动的先驱者林祥谦少年时期在闽侯生活、成长的故事。《少年林祥谦》由闽侯县与北京海晏和清文化影视公司合作拍摄，双方将着力把该片拍摄成弘扬名人文化和爱国主义精神的经典之作，作为明年“二七”大罢工九十周年纪念影片，力争参加华表奖、百花奖、“五个一工程奖”评选。开机前，剧组人员已完成场景选取等前期工作，并在闽侯荆溪龙台山生态园、上街大本厝等地开展了一个多月的拍摄活动，预计拍摄将持续至本月底结束。

《福建日报》，2012年7月24日

中共福建省委党史研究室
纪念林祥谦同志诞辰一百二十周年
发表《一个共产党人的英雄本色》

“我头可断，血可流，工不可复！”1923年2月7日晚，武汉江岸车站站台传出一个凛然的声音。

这是一种独特得不会被复制和替代的声音。这是一种高尚对抗卑鄙，悲壮连着忠诚的声音。这声音，在那一晚呼啸而出，透过反动军阀的层层枪阵，浮在了江汉平原的上空、时代与历史的长河；这声音，穿越时空，触动着一代又一代人的听觉、情怀，呼唤着人性的回归，激励着新时代人们继续对真善美的忠实追求。发出这声巨响的，是林祥谦。

一、追求光明，不屈成长

林祥谦，“二七”大罢工领导人，中国工人阶级的杰出代表和工人运动先驱，全国100位为新中国成立做出突出贡献的英雄模范之一，89年前那个雪花纷飞的夜晚，林祥谦——这名来自福建闽侯的汉子，决绝地表达出一个时代的良心，以保卫真理的执着，书写了中国共产党人作为中国工人阶级先锋模范带有英雄本色的悲情史诗。

1892年10月19日，林祥谦出生于闽

福州马尾造船厂船坞

侯县尚干镇一户贫农家庭，六岁起就开始随家人下地干活。由于家徒四壁，他只获得一年多读书的机会。童年的林祥谦耳濡目染了清王朝的没落腐败和帝国主义的欺凌，1906年，14岁的他进入设在马尾的福建船政局做童工，早早开始了工人生涯。福建船政是洋务运动的产物，曾创造了中国近代史诸多“第一”，但到（20）世纪初，已处于衰败状态。浓厚的封建性、买办性和层层腐败，使它形同夏衍笔下《包身工》中的工厂，工人的劳动条件极差，林祥谦和工友们每天早上5点多进厂，下午6点下班，一天劳动12个小时，住的是阴冷肮脏的“考工所”，干的是与年龄不相称的强劳动，由洋人、官僚和军队组成的工厂管理层，像对待囚犯一样监视他们，艰苦的环境和种种不公，更加锻造了林祥谦坚忍顽强、正直公道的品质。

1911年，伟大的辛亥革命向着满目疮痍的中华大地进发了，壮阔严峻的新里程最终衍生出一个新的小时代——民国。承载了革命发源使命的武汉也随处呈现出某些新气象。1912年初，林祥谦受到新气象的召唤，来到了这里，进入京汉铁路的汉口江岸工厂做工，他对未来抱以憧憬，决心掌握技术，努力工作。后来，他的父亲、弟弟也相继来到京汉铁路工作。

辛亥革命只是象征性地埋葬了绵延2 000多年中国历史的封建王朝，并没有从根本上动摇盘根错节于中国大地的半封建半殖民地制度，杀人于无形的帝国主义、混战不休的地方军阀，敲骨吸髓的官僚衙役，连同根植于人们心中的落后文化，依然把贫苦百姓逼迫在生死线上。直系军阀吴佩孚控制下的京汉铁路也不例外。

哪里有压迫，哪里就有反抗。有着典型闽人性格的林祥谦，对随处可见的剥削，肆无忌惮的虐待充满着强烈的反感，他自发结集了工人们向厂方进行多次斗争。偶尔的小规模罢工，经常性的“怠工”，是通常的斗争方式，斗争使林祥谦在工人中树立了威信。斗争也使林祥谦认识到，人多力量大，只要工人团结起来，就有办法对付资本家和工头的压迫。林祥谦开始注意结交并团结工友。

二、掌握理论，自觉实践

黑暗笼罩着大地，但地火同样在活跃运行，新生力量在酝酿，1917年苏俄的十月革命，给中国工人阶级送来了普罗米修斯的火种，共产主义，这个被发掘出的新兴事物直接与罪恶的中国旧势力对峙起来。1921年，中国共产党的诞生正如一把拉绳，牵引出革命前行的未来，贯穿着中国大地的创变。

中共一大将工人运动确立为党的中心任务。武汉是中国近现代产业工人最集中的城市之一，党非常重现这里的工人运动，陈潭秋、黄负生、林育南、项德隆（项英）先后加入工人群众中开展工作，传播马克思主义。他们很快就发现了在工人中威信很高、有斗争精神的林祥谦，陈潭秋特别着重培养和引导林祥谦，向他讲解马克思主义基本原理，赠送《共产党宣言》《工人周刊》等马克思主义书刊给他阅读。一直在晦暗中摸索的林祥谦，如同进入“柳暗花明又一村”般欣喜，他对这些书籍爱不释手，深学深悟，感到自己终于找到了奋斗的方向和目标。

批判的武器代替不了武器的批判。马克思主义一旦与工人阶级相结合，就将爆发出淋漓尽致的物质批判力量，林祥谦接受了马克思主义，提高了阶级觉悟，认识到自己的阶级利益和历史使命，以往的自发斗争开始转向自觉斗争。

在党的领导下，林祥谦做的第一件事是团结工人，消除“帮口”，当时京汉铁路的两万多工人，均是来自各省破产的农民小手工业者以及失业工人，他们结成带有浓厚封建色彩和狭隘地域观念的“帮口”，如湖北帮、福建帮，三江（江苏、浙江、江西）帮等，这种“帮口”，常常被军阀官僚以小恩小惠挑拨利用，破坏相互之间的团结，林祥谦广泛团结工友，帮助解决各种困难，积极宣传“天下工人是一家”“全世界无产者联合起来”的思想，以马克思主义阶级观念取代地域观念。在他和一批先进分子的努力下，各“帮口”之间的隔阂与矛盾逐渐消除，促进了各省籍工人联合，在此基础上，林祥谦等人在党的领导下着手筹建工会，陈潭秋、项德隆、施洋等一批党员干部经常给他们做指导，一起讨论相关事宜，林祥谦等人奔走呼号，反复向工人兄弟宣讲成立工人俱乐部，大家团结起来与资本家军阀斗争的道理。1922年1月22日，江岸工人俱乐部举行成立大会，选举项德隆、林祥谦等五人为俱乐部干事，施洋为法律顾问。俱乐部的成立标志着江岸工人斗争进入新阶段，此后，林祥谦等人团结广大工人取得了一系列斗争胜利。斗争也把林祥谦练得更加成熟，1922年夏，他光荣加入了中国共产党。10月，江岸工人俱乐部改名为江岸京汉铁路工会，林祥谦当选江岸分工会第一委员会会计干事和第二届委员会会计委员。随后又当选江岸分工会委员长。

在血火相融的年代，腐朽势力与进步势力的斗争就像长江大河之水汹涌澎湃，1922年中共二大制定了在反帝反封建的民主革命纲领，党领导下的工人运动更加勃兴，在此前后，先后爆发了香港海员大罢工和长辛店铁路、粤汉铁路工人罢工，以及安源路矿、开滦五大煤矿工人大罢工，与此相呼应，武汉地区产业工人先后举行了一系列罢工。

三、视死如归，坚决斗争

此起彼伏的工人罢工推动着革命形势发展，也更加激励了林祥谦的斗志。为了更大范围团结工人，1922年8月，京汉铁路工人成立了总工会筹委机构，此后数次开会，决定次年2月1日成立京汉铁路总工会，统一领导全路工人斗争。1923年1月30日，林祥谦以江岸分工会负责人身份，赴郑州参加京汉铁路总工会成立大会，全路工人热烈拥护支持总工会成立。

视京汉铁路为私利的吴佩孚，对工人们的行动十分恐慌，先后命令京汉铁路管理局局长赵继贤、郑州警察署署长黄殿辰，直系军队十四师师长靳云鹗等以各种手段阻止总工会成立。1月31日，吴佩孚电邀总工会派人到洛阳谈判，妄图欺骗瓦解。2月1日，郑州警察全城戒严，黄殿辰带领反动军警对总工会进行武装扰乱，面对军阀的威胁，总工会决定2月4日实施全路总罢工，坚决与反动势力作斗争。

已经掌握了马克思主义真理，深刻认识到自己历史责任的林祥谦，在党的领导下始终站在斗争第一线。2月2日林祥谦和胞弟等返回江岸，向工人控诉敌人的行径，传达总罢工决定，号召工友："用最大的力量，反抗军阀暴行，争取自由，争取人权！"3日，林祥谦等组织江岸工人成立宣传队、调查队、纠察队等，紧张沉着做好罢工准备，4日，京汉铁路全线两万多工人举行大罢工，林祥谦受命指挥江岸工人罢工，5日，吴佩孚指令湖北督军肖耀南及其下属张厚生诱捕林祥谦等人，阴谋遭到挫败，6日，江岸召开工人大会，林祥谦在会上疾呼工人要团结，罢工要坚持！不要怕军阀，不要怕帝国主义！

罢工的持续深入，使反动势力恐慌与仇恨之余，手段更加凶残。在江岸，当地军警绑架了两名司机和三名纠察团员：在长辛店，当局逮捕并严刑拷打史文彬等工会干部；在郑州，靳云鹗悍然逮捕并残杀了郑州分工会

祥谦陵园内林祥谦烈士牺牲场景蜡像

委员长高斌，在帝国主义的支持下，吴佩孚决定以武力血洗镇压京汉铁路工人大罢工。

林祥谦意识到危险即将来临。2月7日中午，林祥谦妻子陈桂贞问他："听说总局要下毒手，真的吗？"林祥谦坚定地说："我们工人结团体，立工会，争自由，争人权，是光明正大的事。军阀不会甘心，肯定会下毒手，我们要有思想准备。"

祥谦的判断很快得到了印证。当日下午5时，张厚生带领两营军力包围江岸分工会会所，悍然对守卫会所的数百名工人纠察团员野蛮射击，致江岸37名工人当场牺牲，30多人受伤，酿成了骇人听闻的"二七"大屠杀。林祥谦不幸被捕，其胞弟林元成在大屠杀中牺牲。

7日晚，北风呼啸，雪花纷飞。林祥谦等几十名工人被敌人绑在江岸车站站台，作为江岸分工会委员长，林祥谦没有被流血吓倒，他很清楚，死亡随时会降临，但他要用生命兑现自己的诺言，履行一名共产党员的忠诚与责任。刽子手的屠刀一刀一刀向林祥谦砍去，雪花一瓣一瓣飘落在林祥谦的周围。在"我头可断，血可流，工不可复"的怒号与呐喊声中，林祥谦用生命为"二七"运动作了神圣注脚。

四、英雄本色，彪炳史册

林祥谦牺牲了，但英雄所追求的事业仍在继续。很快，一个声讨帝国主义反动军阀的恶行，为死难烈士报仇的浪潮很快席卷全国，2月7日当晚，湖北省工团联合会下令以总罢工抗议军阀暴行，次日，道清、正太、津浦、粤汉等铁路工人也纷纷罢工，9日，北京学生联合会召开4 000多人群众大会，控诉军阀罪行，誓为自由而战死！27日，中国共产党发表《为吴佩孚惨杀京汉铁路工告工人阶级与国民》，号召全国人民团结起来，打倒一切压迫工人的军阀！"二七"运动所掀起的国民觉醒和工人斗争潮流，远远超过了它本身，正如周恩来在1933年《中华报》所指出的，"二七"运动是中国工人运动史上大流血一幕！他开创了中国工人阶级反对外国帝国主义同时反对中国资本家的流血斗争，他成为1925年到1927年止一次中国大革命前的启明运动。中国工人阶级经过了那一次大流血的洗礼，产生了以后五卅运动、省港大罢工、上海暴动、广州暴动无数次的英勇战斗，灿烂了大革命中的光荣历史。

考察中国工人运动史和中国共产党历史，林祥谦是为革命事业最早牺牲的中国共产党人之一，"二七"运动是在中国共产党领导下最早的具有重大影响的工人运动之一。从这个角度来说，林祥谦的牺牲具有特殊的历史意义。

每个民族都需要英雄，每个时代都离不开英雄，英雄是时代的衍生品，也是时代的响应者。

林祥谦从一个普通的学徒工人，成长为一名坚定的工人运动领袖和优秀的中国共产党党员，除了历史的因缘际会，还因为他在成长中不断锤炼形成的英雄本色，林祥谦的英雄本色，突出体现了追求光明、不断进步的精神，敢于斗争不怕辆牲的精神，敢于奉献、团结向上的精神，勇当先进、忠诚自觉的精神，我们学习林祥谦，就是要学习这些英雄本色。

站在时代的角度看，林祥谦的英雄本色是与党的先进性、纯洁性，与"福建精神"紧密相关的。历史和现实，党性与福建地域文化性在林祥谦身上得到了很好的统一，这是福建的骄傲。今天，在林祥谦诞辰一百二十周年之际，广大福建干部群众应重温英雄的崇高品格，为建设"更加和谐，更加美好，更加幸福"的福建尽责履职，这是对英雄最好的纪念。

《福建日报》（执笔：钟兆云 易向农），

2012 年 10 月 17 日

2013 年

郑州"二七"纪念馆联合相关单位举办纪念京汉铁路工人大罢工九十周年活动（摘录）

为纪念"京汉铁路'二七'工人运动"九十周年，郑州二七纪念馆将于 2013 年 2 月 4 日至 7 日在二七广场举办"'二七'颂楹联长卷展"及纪念"京汉铁路工人运动"九十周年邮资封节目活动。

2013 年是"京汉铁路'二七'工人运动"九十周年，为了能够更好的履行我馆"十二五"规划中的各项目标，提高公民爱国意识，发扬我党光荣传统，从而进一步的促进我市红色相关产业和文物文化事业的发展，特举办"京汉铁路工人运动九十周年"纪念活动。

作为系列纪念活动，由郑州二七纪念馆、郑州市楹联学会、郑州铁路局老年诗词研究会、郑州铁路局机关书法研究会、二七区京广路小学联合共同举办的纪念京汉铁路"二七"工运九十周年"'二七'颂楹联长卷展"，于 2013 年 2 月 4 日至 7 日在二七广场展出。

内容主要为歌颂"京汉铁路'二七'工人运动"的楹联、诗词、绘画作品，以及革命领袖关于工人运动的名言。本次活动得到了全国各地楹联家、诗人、书法家、画家和广大文学爱好者的支持。中国楹联学会副会长蒋有泉在百忙之中特意抽出时间创作一副楹联参加。河南省文史馆馆员、著名音乐人 80 多岁的赵抱衡得知此消息后，特意写两幅书法作品参加。著名画家禹化兴，也专门为这次展览活动画了一幅松树，还书写了一副书法作品。河南省楹联学会常务副会长兼秘书长李文郑也抽出时间为这次展览特意创作两副楹联。二七区京广路小学的部分小学生在紧张的复习考试时间内抽出时间创作了一些楹联参加。还有来自北京、湖南、福建、江苏、山东等地楹联书法爱好者的踊跃参加。本次展出的 90 米书法、绘画长卷寓意代表九十周年，以此来纪念"京汉铁路'二七'工人运动"。

郑州二七纪念塔作为城市的地理标志性建筑，早在一九八三年，"二七"大罢工六十周年，就被中国人民邮政印刷成邮票在全国推广并发行，并得到了集邮爱好者的推崇和收藏。在“京汉铁路工人运动九十周年”来临之际，郑州二七纪念馆联合河南省老干部集邮协会、郑州市邮政局共同制作的纪念“京汉铁路工人运动九十周年”邮资封。定于2013年2月7日（星期四）上午10点整在郑州二七广场举办“京汉铁路工人运动九十周年邮资封”首发揭幕，以表达对‘二七’革命历程这段历史的纪念和对革命先烈的缅怀。

大河网，2013年2月23日

纪念“双百人物”林祥谦英勇就义九十周年
中共福建党史研究会和林祥谦研究会
在榕召开学术研讨会

《本报讯》（记者 谢贤伟） 今年是林祥谦烈士英勇就义九十周年。18日，由省中共党史人物研究会和闽侯县林祥谦研究会共同举办的“双百人物林祥谦学术研讨会”在榕召开。

省内外专家学者围绕林祥谦精神的形成与影响、林祥谦的崇高革命精神、林祥谦烈士革命精神与当代核心价值观等主题，进行了深入探讨。大家一致认为，全面深化改革、实现“两个百年”任务，要大力弘扬林祥谦精神，更好融入发展大局。

林祥谦烈士是中国共产党的优秀党员、中国工人阶级的杰出代表和中国工人运动的先驱，是目前可考的第一位壮烈牺牲的中共党员。

《福建日报》，2013年11月19日

2017年

福建省人大常委会副主任张广敏
参加省市总工会公祭工运先驱林祥谦

本报讯 7日，省总工会和福州市总工会在林祥谦烈士陵园举行公祭工运先驱林祥谦活动。省人大常委会副主任、省总工会主席张广敏出席公祭活动。

参加活动的工会干部表示，在建设新福建的历史时期，福建工会人更应切实担负起时代赋予的使命，解放思想、开拓创新，艰苦奋斗、攻坚克难。为“再上新台阶、建设新福建”而努力奋斗，以优异的成绩迎接党的十九大胜利召开。

当日，在林祥谦烈士陵园二七烈士纪念

林祥谦陵园内由福建省总工会赠送的林祥谦半身铜像

堂前，由劳动模范、基层工会、铁路工人和林祥谦家属代表共同为省总工会赠送给林祥谦烈士陵园的林祥谦半身铜像揭幕。

《福建日报》(记者 何祖谋)，2017 年 2 月 8 日

郑州、武汉两地纪念馆共话"二七"

2017 年 11 月 14 日，武汉二七纪念馆副馆长白贵江一行来到郑州二七纪念馆开展工作调研。白贵江副馆长一行参观了郑州二七纪念馆基本陈列展览，对京汉铁路工人运动及展出的藏品文物等诸多细节进行了详细了解和研讨性交流。着重记录了展览中涉及郑州本土的历史人物与事件，以及郑州二七罢工纪念塔与城市间的历史渊源。并与郑州二七纪念馆长张江山、副馆长邓学青进行工作座谈，双方达成共识，要将"二七"英烈身上体现的伟大革命精神、中华民族的光荣传统与新时期中国特色社会主义建设发展相结合，联合相关纪念场馆和科研机构，充分利用红色资源，开展党的优良传统教育和理想信念教育，培养爱国主义情操和民族精神。

郑州二七纪念馆，2017 年 11 月 17 日

2018 年

为了民族复兴·英雄烈士谱

——光明日报采访林祥谦烈士长孙林耀武(摘录)

林祥谦烈士陵园管理所主任林信智介绍："林祥谦是公认的中国共产党党员中英勇就义的第一位烈士。"他说，中共建党以后第一次有党员捐躯的流血事件就是 1923 年的"二七"惨案，其中殉难的共产党员林祥谦、施洋当属中国共产党的首批烈士。从这个角度来说，林祥谦的牺牲具有特殊的历史意义。

林信智说，林祥谦从一个普通的学徒，成长为一名工人运动领袖和优秀的中国共产党党员，除了历史的因缘际会，还因为他在成长中不断锤炼形成的英雄本色。"林祥谦的英雄本色，突出体现为追求光明、不断进步的精神，敢于斗争、不怕牺牲的精神，敢于奉献、团结向上的精神，勇当先进、忠诚自觉的精神。"

如今，林祥谦的后人默默地生活在烈士的故乡。每年"二七"纪念日和清明等节日，他们都会到烈士陵园来扫墓祭奠。林祥谦长孙林耀武是福州铁路办事处的退休干部，他说："我们一家四代都是铁路工人，一代接一代在钢铁大动脉上追梦前行。祖父当年为了使劳苦大众过上好日子而壮烈牺牲；父亲也在福州铁路工作，满腔热情投入社会主义建设伟业；我的女儿现在也是铁路人。"林耀武说，这些年来，他们亲身感受到了中国铁路的跨越式发展，经历了从蒸汽机车、电汽机车再到高铁的飞跃。

林耀武说，如今，烈士的后人把无限哀

思追忆，凝成了“三有”家训：有信仰，扬正气；有纪律，克随性；有爱心，乐助人。“作为烈士后代，我们将牢固树立共产主义信念，不断增强主人翁的责任感和组织纪律性，乐于助人，一代接一代把祖父的精神传承下去！”

《光明日报》（记者 高建进，见习记者 刘成志），2018年4月16日

工人运动先驱林祥谦革命事迹
——央视新闻播出《为了民族复兴 英雄烈士谱》系列报道

95年前，中国共产党第一次领导的工人运动最高潮京汉铁路工人大罢工中，工人运动先驱林祥谦血洒大地，英勇就义……

央视新闻频道，2018年5月8日

2019年

福建省总工会党组书记、副主席丁文清表示打造好工会人的精神家园（摘录）

旧址上的工运历史课

修缮后的厦门总工会旧址纪念馆共三层，一层为厦门工人运动历史展，二层为改革开放四十年厦门工会成果展，三层还原了罗扬才和杨世宁两位烈士当年在此工作时的场景。

福建省总工会劳动部干部周茗在这里参加了主题党日活动，很受触动，“走进小红楼，就仿佛走进了那段工人运动的历史，近距离感受工运烈士当年的斗争情景。”

宁夏工会挂职干部邹岩第一次走进厦门总工会旧址，听完讲解后感慨道：“了解工人运动和工会的历史，让我们这些年轻工会干部更加牢记使命。”

长汀是福建省苏维埃政府奠基与开端之地，也是福建工人运动发轫与萌生之地。位于长汀的福建省职工联合会旧址，其建设方案提出课程围绕“五个一”的思路开展，即上好一堂课、送上一套书籍、送上一套光盘、送上一本笔记本、接受一次系列红色教育，使职工学员在历史现场中多角度体验革命历史，感受革命精神。

像这样的历史课堂，还出现在福州市闽侯县林祥谦烈士陵园。林祥谦烈士纪念馆详细地介绍了林祥谦烈士英勇就义的事迹，再现“二七”大罢工的整个过程。

让旧址活起来、用起来

为了传承红色基因，《方案》列出了细致的培育标准，致力于让旧址活起来、用起来。

福建省总工会党组书记、副主席丁文清

“和谐号”动车驶过烈士家乡的乌龙江大桥

表示：“要切实提高福建工人运动红色教育基地的培育、建设、管理和使用水平，使其真正成为对广大职工群众进行爱国主义教育、推动社会主义核心价值体系建设的重要场所，充分发挥基地在引导职工群众听党话、跟党走的积极作用，打造好工会人的精神家园。”

《工人日报》（记者 于灵歌），2019 年 1 月 15 日

福建省总工会主题教育到林祥谦烈士陵园实地教学（摘录）

中工网讯 6 月 26 日上午，福建省总工会“不忘初心 牢记使命”主题教育集中学习实地教学第二站来到祥谦烈士陵园。省总机关和在榕直属单位处级以上干部参加学习。

林祥谦烈士陵园是早期工人运动的领袖，京汉铁路总工会副委员长、江岸分工会委员长林祥谦的安息之地，这里是展现烈士不畏生死英勇事迹，再现震撼中外“二七”大罢工的纪念之所。

参加福建省总工会“不忘初心 牢记使命”主题教育集中学习实地教学第二站的全体成员，一起回顾了林祥谦等工人领袖领导京汉铁路大罢工的壮烈光辉历程，缅怀他们为中国革命和工运事业所作出的重大贡献。他们表示，纪念先烈，缅怀先贤，敬畏历史，是为了更好的前行，只要甘当责任，节爱节行，我们将看得更远，行得更稳。（郑紫薇、沈小蓉）

厦门总工会旧址纪念馆

中工网 （编辑 朱晶晶），2019 年 6 月 27 日

2020 年

黑夜里的那颗“星”

——纪念林祥谦烈士

张广敏

在那风雨如晦的年代，在那长夜难明的赤县，有一颗“启明星”，穿越漫长的黑夜，绽放黎明的曙光，闪耀着永恒的光芒。

在福州闽侯县祥谦镇，有一处烈士陵园，背倚青山、面朝碧水，苍松翠柏，庄严肃穆。每至清明，人们纷至沓来，为烈士献上一份深切的祭奠，为自己寄托几缕浓郁的哀思。

这都是为了纪念一个人，一个我国早期工人运动的领袖，一个在中国最黑暗的年代发出最悲壮呐喊的英雄，一个以血肉之躯点亮燎原星火的先驱。他，就是林祥谦，就是那颗暗夜中最闪亮的“星”。

“世界以痛吻我，我却报之以歌。”林祥谦自幼命途多舛，但他始终不曾放弃抗争，用生命推动了我党领导的第一次工人运动的最高潮，年仅 31 岁就壮烈牺牲。

如今，一个世纪的时光倏忽而过。“萧瑟秋风今又是，换了人间。”但我们不应也不能忘记，是一代代革命先烈抛头颅、洒热血，英勇不屈、坚决斗争，才换来了今天的幸福和安宁。在中华民族面临灭国亡种危机的至暗时刻，林祥谦烈士的英雄事迹如星如火，照亮了前行的路，给我们以昭示、以力量。

提起林祥谦，我们都还记得那耳熟能详、流传甚广的三句话，那三句斩钉截铁、义正辞严、铿锵有力的“豪言壮语”，那三句足以载入史册的劳工宣言。

那是 1923 年的 2 月 7 日，“京汉铁路大罢工”进入生死相搏的紧要关头。林祥谦深知形势的严峻和斗争的残酷。出发前，他很理性地对妻子说，“死了一个工人，会有千百万工人站起来，革命最终一定会胜利。”

这是第一句话，隐含着他舍生取义、视死如归，并对革命前途充满了乐观与自信。苦难的生活压不垮他的脊梁，残暴的统治磨不灭他的意志，个人的安危早已让步于民族大义。

傍晚，罢工斗争遭到血腥镇压，50 多名工友壮烈牺牲，他也不幸被捕。被捕后，反动军警在寒冬雪夜里将他绑在江岸车站一根电线杆上，逼迫他下令复工。刽子手的屠刀不能使他屈服，反动派的利诱不能使他动摇。他大义凛然，断然拒绝。在左右肩被砍、身受重伤时，他依然斩钉截铁地说：“上工要总工会的命令，我头可断，血可流，工不可复！”

这是第二句话，反映了林祥谦严明的组织性和纪律性。他从内心深处认同，工会是工人的组织，不是个人的财产。复工的命令需要由总工会集体决定，任何个人都不能代替组织。“家天下”的那一套在共产党内行不通。

敌人听闻恼羞成怒，连续挥刀向他身上砍去。一时间血如泉涌，浸透了衣襟。面对敌人的一再威逼，他依然威武不屈，痛骂敌人，“可叹一个好好的中国，就断送在你们这帮军阀手里……”

这是第三句话，从中，我们强烈体会到他对祖国爱得深沉。在生命垂危的时刻，内心最担忧、最牵挂的，不是自身的性命，而是国家民族与人民的命运。

最后，林祥谦被敌人连砍数刀，慷慨就义。

这三句如雷贯耳之语，久久回荡在历史的星空，震撼并激励着一代又一代革命者擦干血迹，前赴后继，奋勇向前。

到底是什么的缘由，让一个出生在农村的普通工人有如此的境界、胸怀、胆识与气魄？从林祥谦的人生轨迹中我们似乎找到了答案——

他的政治信仰无比坚定。

林祥谦生长的年代，正是积贫积弱的中国遭受帝国主义侵略愈发深重的年代。出身贫苦农民家庭的林祥谦及其家人，更是在清王朝的残酷统治和外国侵略者的铁蹄蹂躏下艰难度日。

小小年纪的林祥谦，在不公正、不自由的日子里，定然一遍又一遍地问过自己，"为什么？难道我们天生就一定要受欺辱吗？"这是质朴的孩子对命运的第一次拷问。13 岁时，他与小伙伴在地主家墙壁上写下"打倒财主仔"五个大字，这是年幼的他对命运的第一次抗争。

正是因为有着这样比别的孩子更成熟的思考，当党组织在江岸铁路工厂开展工作时，林祥谦很快就脱颖而出。通过学习，他的阶级觉悟提高很快，认识到工人受苦受难的根源和工人阶级的历史使命。在党的领导下，他更积极地从事工人运动，迅速成长为工人阶级的先锋战士。

1922 年夏天，林祥谦加入中国共产党。从这一刻开始，他自觉地在党的领导下，全身心投入到反帝反封建的伟大斗争中，一心救国救民，"誓为自由而战死"。

他的阶级情感无比浓烈。

林祥谦之所以能成为工人运动的领袖，和他的出身密不可分。他出生于穷苦家庭，全家人年复一年地辛苦劳作，但总是吃不饱穿不暖。他深知受苦的人艰辛与不易。到武汉成为铁路工人后，他虽缺衣少食，仍生性豪爽，扶危济困，对工友的困境感同身受，急他人之所急，忧他人之所忧。

这位来自闽江的血性男儿，破除地域之别、门户之见，不论是何省籍，只要工友有困难，他都倾囊相助。有工友家里粮缸见底，几天没米下锅，他就把自己家的十几斤米送给这位工人；有工友的孩子患了绞肠痧急病、生命垂危，他就把自家棉被当了，换成孩子的救命钱。正是这一桩桩、一件件小事，构筑成了林祥谦"救穷苦人为己任"的阶级情怀。他认为，"不要分什么福建人、湖北人，天下工人是一家！"

人心都是肉长的，诚心相待，必有回报。林祥谦就是以这种坦荡无私的襟怀，帮助工人、服务工人、维护工人，于是才能消弭各地域、各帮口之间的隔阂，将工人真正组织起来，形成强大合力。

1922 年底，京汉铁路总工会江岸分工会成立。此后不久，林祥谦便被推为委员长。在抱团倾向严重的民国时期，身为"外乡人"的林祥谦，却能在距家千里之外的重镇武汉成为铁路工人的代表和领袖，这是林祥谦家国情怀完美融合之必然。

人生自古谁无死，唯有精神印人心。"有信仰，扬正气；有纪律，克随性；有爱心，乐助人。"林祥谦舍家为国、舍身成仁的高远追求，宁死不屈、向死而生的英雄气概，大义凛然、大爱无言的圣洁人格，已被其后人浓缩成这样一则家训，代代相传。

我坚信，革命英烈们并未远去，他们的高节大义永驻人间，他们的英灵已化作天空中的点点繁星，映照着如今的河清海晏、太平胜景。而黑夜里有一颗璀璨的"星"，定然就是林祥谦烈士。这颗"星"，划过天际，穿越百年风雨，照亮鲜血与生命浸透的大地，光耀千秋。

《福建党史月刊》（作者系福建省人大常委会党组书记、副主任），2021 年 1 期

抗击疫情捐助“二七”后代

2020年年初，新冠肺炎疫情突然爆发，疫情规模和传染力超乎想象，很多家庭乃至整个社会都遭受了生命和财产的巨大威胁和损失。林祥谦是组织京汉铁路大罢工的工人领袖，武汉是林祥谦洒尽热血的第二故乡，作为林祥谦故乡人和福建省林祥谦研究会筹委会，面对突发的新冠肺炎疫情灾难，备感心痛。筹委会成员叶家全同志首先倡议，我们要发扬林祥谦烈士扶贫济困的精神，组织募捐，捐助武汉“二七”烈士和工友的后人，聊表心意。通过筹委会的共同努力，许多爱心人士和企业家踊跃捐款捐资，共收到捐款25万元，口罩11 100多只。其中，企业家林桂通带领儿子林捷峰一起捐款2万元和1 000个口罩；福建建工集团总经理助理兼漳州建设发展公司董事长庄发玉同志，带领漳州公司全体员工捐款3万元；岩源公司董事长林成恩同志获得募捐信息后，当晚就带领另外3位企业家捐款共计5万元；东方传说公司董事长吴文辉，得知筹委会正在组织捐助武汉“二七”烈士后代后，立即调整支援10 000只口罩。以上事例都充分说明了林祥谦故乡人具有无私奉献的阶级感情，荣辱与共的革命情操，风雨同舟的侠肝义胆，值得发扬光大。

上述捐款在武汉二七纪念馆的帮助下，由研究会点对点捐助；口罩则发往武汉二七纪念馆，由其掌握分给受困对象。

福建林祥谦研究会

中华全国铁路总工会与福建省林祥谦研究会座谈

2020年7月24日，中华全国铁路总工会与福建省林祥谦研究会在北京京龙苑二七剧场召开铁路工运史座谈会。中华全国铁路总工会主席索河，副主席王秋荣、韩树荣以及福建省林祥谦研究会筹委会负责人林秋美一行参加会议。会议由索河主席主持。

会上，林秋美作了关于福建省林祥谦研究会筹备工作情况的汇报，并提出三点建议：一是为了更好地弘扬“二七”及林祥谦精神，请中华全国铁路总工会组织团队到福建和林祥谦故乡开展调研工作，多提宝贵意见；二是为了建立纪念“二七”联盟，我们要根据武汉、郑州、长辛店、林祥谦陵园的共同心声，请中华铁路总工会予以指导并全力共同推进；三是请中华全国铁路总工会帮助推进林祥谦红色文化街区综合性开发工作，发扬光大“二七”及林祥谦精神。

索河主席对福建省林祥谦研究会为挖掘“二七”工运史和传承林祥谦精神做的大量工作表示赞同，并对林祥谦烈士的英雄生平作了高度评价。她说，“二七”工运史和林祥谦精神，是当前深入开展“不忘初心、牢记使命”主题教育的生动教材，今天的座谈会选择在北京二七剧场召开，也是精心的安排，旨在缅怀“二七”革命先烈，共同牢记其丰功伟绩。她表示，中华全国铁路总工会今后要在“二七”工运史料方面给予福建省林祥谦研究会强力支持，并对全国铁路职工进行常态化“二七”及林祥谦精神教育，为建立全国铁路职工林祥谦培训教育基地创造条件。

（通讯员 夏沁莹）

纪念中国工人运动先驱者林祥谦书画笔会在京举办

中央广电总台国际在线福建频道消息 2020年9月30日是第七个国家烈士纪念日。在烈士纪念日即将到来之际，由国家文旅部老干部书画学会、中国红色文化研究会党史委员会主办，福建省林祥谦研究会承办的"纪念为新中国成立作出突出贡献的英雄模范人物——林祥谦革命事迹"书画笔会活动于9月27日在北京举办。

革命先驱林祥谦和施洋后人、老一辈革命后代子女、老部长、老将军、书画艺术家，中华全国铁路总工会、长辛店二七纪念馆、武汉二七纪念馆，福建籍乡贤、社会各界人士共100余人参加。

"林祥谦烈士是中央提出的'不忘初心、牢记使命'主题教育活动的生动教材，是继承革命优良传统的宝贵精神财富，是激励中华儿女去实现中华民族伟大复兴的中国梦的闪亮坐标，是在百年未有之大变局中激励我们奋勇前行的先锋楷模。"福建省林祥谦研究会筹委会召集人林秋美在致辞中表示，将加倍努力挖掘研究宣传"二七"和林祥谦、施洋的事迹，保护好红色文化遗产，并赋予其新时代的内涵，建立林祥谦烈士的红色文化品牌和红色旅游精品线路，让更多的后人接受革命传统教育，贡献研究会的力量。

林祥谦作为京汉铁路江岸分工会的委员长、京汉铁路大罢工江岸地区的总负责人，是中国共产党的优秀代表，是中国工人运动的先驱，是目前可考的第一位壮烈牺牲的中共党员。福建省林祥谦研究会会长、林祥谦烈士长孙林耀武叙说了林祥谦的革命斗争历程，并代表福建省林祥谦研究会对不辞辛劳到现场豪情泼墨的老部长、老将军、老领导，

"纪念为新中国成立作出突出贡献的英雄模范人物——林祥谦革命事迹"书画笔会活动

表示敬意和感谢。

本次纪念活动在中国共产党建党100周年和国家“十四五”规划开局之年前举办，具有特殊意义，旨在启迪和教育后人“牢记使命艰苦奋斗，不忘初心继续前行，珍惜前辈革命成果，建设祖国壮丽河山”。艺术家们联合创作了巨幅书画作品《江山如画，永葆青春》缅怀革命先烈打下的大好河山。

郭沫若在20世纪60年代为林祥谦烈士陵园书写了“二七烈士纪念堂”“二七烈士林祥谦之墓”等题字，并发表了纪念文章。此次笔会，郭沫若之女郭庶英围绕“继承先烈遗志、弘扬革命精神”创作了数幅书法作品，缅怀革命先烈。

郭庶英表示，革命烈士为了国家和民族、为了今天的美好生活，义无反顾、视死如归的献身精神，是很值得学习的。她希望年轻一辈不忘初心、继续前进，缅怀烈士为祖国为人民献身的精神，不断继承和学习革命先烈遗志，宣传弘扬中国工人运动先驱者林祥谦的献身精神。

笔会现场墨香浓郁，各位书画家挥毫泼墨，情寄笔端，共创作50余幅作品。据悉，这些书画作品将由福建省林祥谦研究会收藏并展出。

（文/图 郑育红）

纪念中国工人运动先驱林祥谦诞辰一百二十八周年活动在榕举行

中央广电总台国际在线福建频道消息 为纪念第七个烈士纪念日，近日，福建省总工会组织林祥谦研究会，会同闽侯县委县政府领导及相关部门、闽侯县七里三镇的干部、学校学生等近两百人到林祥谦陵园举办了纪念缅怀烈士活动，向林祥谦烈士敬献花篮，缅怀其丰功伟绩，寄托哀思和敬仰。

9月30日晚，纪念中国工人运动先驱林祥谦诞辰一百二十八周年书画创作和诗词吟

受邀参加纪念中国工人运动先驱林祥谦诞辰一百二十八周年活动的嘉宾合影

诵会在福州三坊七巷福建省海峡民间艺术馆举行，活动由福建省总工会主办，福建省林祥谦研究会承办。

中国投资协会生态产业投资专业委员会会长林嘉騋，福建省政协原副主席兼秘书长叶家松，福建省政协农业和农村委主任刘宏伟，福建省通讯管理局原党组书记、局长张丽娟，福建建工集团党委书记、董事长林增忠，福建建工集团党委副书记、总经理刘晓群，福建省政协常委、福建省画院专业画师、教授杨东平，福建省总工会宣教部主任江发林，闽侯县委常委、统战部长陈祥波等领导，林祥谦后人林耀武、林丽钦、林耀强，企业家及群众代表近两百人参加活动。福建省林祥谦研究会筹委会召集人林秋美主持活动。

林祥谦烈士是中国工人阶级的杰出代表和中国工人运动的先驱者，他用自己的鲜血谱写了为中华民族解放事业而献身的悲壮诗篇。福建省总工会宣教部主任江发林在致辞中说，新时代赋予新的任务和使命，林祥谦精神是人们继续奋斗前行的精神财富和不竭动力。

"对烈士最好的纪念是传承精神。"福建省政协农业和农村委员会主任刘宏伟在致辞中说，传承烈士精神是时代的需要，是国家走向富强、民族走向振兴的需要，也是实现人民更加幸福美好生活的需要。

每个民族都需要英雄，每个时代都离不开英雄；英雄是时代的衍生品，也是时代的响应者。林祥谦从一个普通的学徒工人，成长为一名坚定的工人运动领袖和优秀中国共产党党员，除了历史的因缘际会，还因为他在成长中不断锤炼形成的英雄本色。林祥谦的英雄本色，突出体现了追求光明、不断进步的精神，敢于斗争、不怕牺牲的精神，敢于奉献、团结向上的精神，勇当先进、忠诚自觉的精神。福建省林祥谦研究会会长、林祥谦烈士长孙林耀武在致辞中说，学习林祥谦，就是要学习这些英雄本色。

活动现场，来自福建祥谦画院、福州市政协书画院、福建祥谦诗联社、福州市楹联学会、福州三山诗社、闽侯百六峰诗社的五十多位名家在现场或创作书画，或吟诵诗词作品，以寄托对林祥谦烈士的敬意和追思。

此外，活动现场还设置了京汉铁路及林祥谦烈士革命事迹抢答环节，并邀请闽剧和京剧名家现场助演。

（文/图 郑育红）

缅怀工人运动先驱林祥谦诞辰一百二十八周年活动举行

福州新闻网10月1日讯 昨晚，由福建省总工会主办，福建省林祥谦研究会承办的纪念中国工人运动先驱林祥谦诞辰一百二十八周年书画创作和诗词吟诵会，在福建省海峡民间艺术馆举行，林祥谦亲属和各界代表出席。

林祥谦作为京汉铁路江岸分工会的委员长、中国共产党的优秀党员、中国工人运动的先驱者，是"100位为新中国成立作出突出贡献的英雄模范人物"之一。昨日活动现场设置了京汉铁路及林祥谦烈士革命事迹抢答环节，并邀请闽剧和京剧名家现场助演。

《福州晚报》（记者 顾伟）

郑州上演红色话剧《二七风暴》

2020 年 10 月 16 日，红色话剧《二七风暴》在郑州市二七纪念堂精彩上演。感人肺腑的故事情节、细致饱满的演绎博得了现场观众的热烈掌声。

红色话剧《二七风暴》以“京汉铁路工人大罢工”为背景，讲述了中共党员林祥谦和施洋带领工人同志，在郑州举行京汉铁路总工会成立大会，遭到军阀吴佩孚武力阻挠。为了党的事业和革命斗争的需要，发动“二七”大罢工与反动统治阶级进行坚决抵抗的革命故事。

“头可断，血可流，工不可复……”舞台上，“林祥谦”一番铿锵有力的革命誓言赢得了观众热烈的掌声。现场气氛随着故事情节跌宕起伏，演员们以饱满的热情投入演绎，使剧情丰富而又生动、细节写实而精彩，共产党人高尚的革命情怀和人格魅力被演绎得淋漓尽致。

“能够近距离观看这样精彩的话剧演出，重温这个故事，仍然备受感动。我们要用好这样的红色资源，讲好红色故事，搞好红色教育，让红色基因代代相传。”在场观众纷纷表示。

“本场经典红色话剧《二七风暴》由郑州人民广播电台和二七区文化馆共同编创排演，作品以“声音剧场”的形式带领大家重读“二七精神”，品味时代经典，下一步，该剧计划演出 100 场，为明年的中国共产党建党一百周年献礼。”二七区相关负责人表示。

《河南日报》（记者 张丽娜 通讯员 王玉平）

弘扬“二七”精神，致敬时代英雄
——武汉二七纪念馆英雄故事分享会成功举办

2020 年 12 月 12 日下午，一场致敬英雄的故事分享会在英雄之地——武汉二七纪念馆举行。

分享会以时光列车停靠的历史站台为主

红色话剧《二七风暴》

线，通过情景剧、朗诵、故事分享、歌曲、舞蹈等丰富的形式串联起昨天、今天和明天，观众们仿佛乘坐在行驶的时光列车上。

分享会最后，全场激情高歌《没有共产党就没有新中国》，继承烈士遗志、传承“二七精神”的雄心澎湃在每个人的心中。

“二七”烈士林祥谦长孙林耀武和“二七”烈士施洋曾外孙女施红参加了此次英雄故事分享会。林耀武一直在铁路工作，他见证了共和国铁路事业翻天覆地的变化，特地从福建赶来武汉，追溯了爷爷林祥谦的故事，并对中小学生提出了殷切希望：“我怀着激动的心情参加了此次活动，在新时代我们没有忘记历史，在弘扬和传承先烈们的革命精神，在二七纪念馆举行的一系列丰富多彩的活动，让中小学生们了解了今天的幸福生活是怎样来的，让红色精神薪火相传，很有意义。”

施红讲述了受烈士精神影响，自己的外祖母、舅舅等人如何帮助湖北贫困山区发展的故事。她说：“作为烈士的后代，我对自己有很严格的要求，在一些行为方面，包括在工作当中，都希望自己能够尽心尽力地去做好工作，尽自己所能去帮助一下别人，抗疫期间我们也会做志愿者去参与一些活动，在和平时期能够尽可能地发挥自己的力量吧。”

全国抗击新冠肺炎疫情先进个人、中国铁路武汉局集团有限公司武汉车站客运领班贾青青以诵读的形式，分享了她和同事们的战“疫”故事，她说：“我所在的头雁党团员突击队，在抗击疫情的 76 天里接了 500 多趟列车，运送了一万多名医护人员，三万余箱防疫物资，零误差，零损坏。京汉铁路工人大罢工，它那种集体奋斗的团队精神其实一直鼓舞着我们。疫情期间我们接到了上级的命令，短短的时间内100多名队员不畏生死，递交了请战书。”

本次活动还对2020年湖北省中小学生致敬英雄诵读活动中脱颖而出的十位中小学生进行了表彰。

图/文 武汉二七纪念馆

武汉二七纪念馆红色故事进校园

为进一步让中小学生了解“二七”革命斗争历史、汲取红色营养、传承红色基因，深入推进中小学生研学实践教育活动，11月份以来，武汉二七纪念馆在武汉市部分中小学开展了“二七革命斗争图片展”巡展活动。

一幅幅精心制作的展板，一句句生动详实的讲解，林祥谦、施洋、高斌等革命先烈敢于斗争、不怕牺牲的英雄故事震撼着武汉市一批批中小学生的心灵。

11月27日，武汉二七纪念馆“二七革命斗争图片展”巡展在京汉学校拉开了序幕。

京汉学校地处“二七”革命斗争发生地江岸，与“二七”革命斗争有着不解的渊源。多年来，学校推行“弘扬二七精神，厚载京汉文化，秉持自强教育”为办学理念，让“二七”精神滋养着一代代京汉人。志愿者小小讲解员的讲解吸引着同学们驻足参观。

在汉铁小学，校长尤娜深有感触地说：“新时代‘二七’精神有新的内涵，汉铁小学作为一所有着铁路背景的学校，将深入挖掘其精神内涵和价值，教育引导学生以坚定的理想信念担当起中华民族伟大复兴的光荣使命。”

在一所所学校，讲解员针对不同年龄段的学生，用通俗易懂的讲解、现场互动的形式，让同学们全方位、多角度地学习、了解“二七”革命斗争史，激发了学生们走进红色岁月、崇敬英雄人物的热情，增强了学生们珍惜幸福生活、努力学习时刻准备肩负光荣使命的责任感。

“二七”精神进校园

“送展进校”活动受到师生一致欢迎。同学们不仅足不出校就能看到内容丰富的展览，了解“二七”历史，还能结合书本中学到的历史，巩固知识，切身感受到今天美好生活的来之不易。

学好红色经典、传递红色能量、展现红色风采。《二七革命斗争史图片展》陆续送展到全市20余所中小学校，参观师生21 000余人。巡展活动，让更多的青少年感受到“继承

'二七'传统，弘扬'二七'精神"的现实意义，坚定了听党话、跟党走，勤奋学习、艰苦奋斗的理想信念。

（通讯员 章 兰 陈 卓）

两份宣传刊物正式印刷出刊

2020年底，人物传记《传承红色基因 讲好英雄故事——记林祥谦烈士夫人陈桂贞》在刊物《故事林》上专期出刊，此外，福建省林祥谦研究会首刊号《先驱》也印刷出刊。前者讲述了陈桂贞与林祥谦在汉口并肩作战，在林祥谦牺牲后继承先烈遗志，弘扬先烈精神的感人事迹；后者为福建省林祥谦研究会内部刊物，旨在缅怀林祥谦烈士，挖掘林祥谦事迹，弘扬林祥谦精神。

《故事林》与《先驱》两本刊物的封面图

（通讯员 夏沁莹）

2021年

福建省总工会在林祥谦烈士陵园举办党史学习教育主题活动

本报讯 22日，福建省总工会在林祥谦烈士陵园举办党史学习教育主题活动，瞻仰"二七"烈士纪念堂，向林祥谦烈士墓敬献花篮并植树。福建省人大常委会副主任、福建省总工会主席梁建勇，福建省、市、县总工会干部参加主题活动。

梁建勇强调，各级工会要把学习党史作为一门必修课，扎实抓好党史学习教育，从中汲取前行力量，旗帜鲜明讲政治，切实提高政治判断力、政治领悟力、政治执行力，增强"四个意识"、坚定"四个自信"、做到"两个维护"，始终在思想上政治上行动上同以习近平同志为核心的党中央保持高度一致。要用好林祥谦烈士陵园、王荷波纪念馆、省职工联合会旧址、厦门总工会旧址等红色资源，创新形式、丰富载体，深学党史、工运史，讲好革命故事、工运故事、工人故事，深刻感悟共产党人的初心使命，深刻认识中国工会和工人阶级从哪里来、到哪里去，真正做到学史明理、学史增信、学史崇德、学史力行，引导广大职工群众坚定不移听党话、矢志不渝跟党走。

省总工会还举办林祥谦英勇牺牲九十八周年纪念活动、党史学习讲座、党史学习分享会、党史档案文献参观、专题专栏宣传等活动，推动党史学习教育走深走实。

《福建日报》（记者 郑 昭），2021年3月23日

福建省政协书画院联合福建祥谦画院举办纪念“二七”烈士专场书画笔会

2021 年 3 月 21 日，福建省政协书画院联合福建祥谦画院，在位于福州市闽侯县的祥谦陵园举办纪念“二七”烈士专场书画笔会。来自两个画院的二十余名书画名家挥毫泼墨，巧使丹青，创作了近四十幅作品，以此纪念为新中国成立作出突出贡献的英雄模范人物——林祥谦烈士。

笔会上，杨东平、陈初良、温心坦等画家集体创作了画作《万象昭苏》，画面呈现春暖花开、万物复苏美景，寓意祖国大地繁荣昌盛，百姓幸福安康。一幅幅酣畅、凝练的书画作品，赞颂着革命烈士的英勇事迹，表达了对林祥谦烈士的景仰，寄托着中华民族伟大复兴的中国梦。

福建省林祥谦研究会表示，今年是中国共产党百年华诞，也是林祥谦烈士英勇就义九十八周年。红色基因永远是激励我们砥砺前行的强大正能量，在新时代大力弘扬林祥谦等“二七”诸烈士精神，更好地传承好红色基因，为我们进一步汇聚起进行伟大斗争、建设伟大工程、推进伟大事业、实现伟大梦想的磅礴伟力，具有重要意义。

据悉，此次笔会是该研究会缅怀林祥谦烈士及庆祝中国共产党建党百年华诞系列活动之一，后续还将举办林祥谦学术研讨会、成立林祥谦红色文化中心等。

（人民日报海外网 文 林 影 图 杨翔燕）

武汉二七纪念馆成党史学习教育热门地

2021 年 4 月 1 日，武汉市委宣传部等六个部门组织公安干警、大中小学生、团员青年代表在武汉二七纪念馆开展了“追寻百年伟迹 学思践悟立信”主题教育活动，掀起党史学习教育热潮。

为纪念林祥谦、施洋等 52 位京汉铁路工人大罢工烈士修建的武汉二七纪念馆，是

书画笔会参加者与画作《万象昭苏》合影

武汉铁路工作人员向"二七"烈士献花

首批全国爱国主义教育示范基地，已经成为全国和世界各国友好人士学习了解"二七"革命历史的重要场所。该纪念馆在中国铁路武汉局集团有限公司管理下，去年底增加了"铁路抗击疫情"展厅，获得参观研学人员好评。

今年党史学习教育开展以来，许多党政机关、企事业单位、学校和社会各界群众把武汉二七纪念馆作为党史学习教育参观学习的重要基地之一。据了解，已有省内外 261 批团队和 30 余家铁路基层单位近两万余人参观研学，引发热烈反响。"我是一名红军后代，我深知党的建立是艰辛的，是革命先烈用鲜血和生命换来的。从小我爷爷就跟我说，我爷爷的爷爷当年是如何投身革命、最后壮烈牺牲的故事。作为一名火车司机，一名青年党员，通过对党史的学习，我觉得我更应该珍惜来之不易的幸福生活，一定要把党史学好，把火车开好，让旅客平安出行。"中国铁路武汉局集团有限公司青年党员、武昌南机务段电力机车司机王崇帝深有感触地说道。

中国铁路武汉局集团有限公司武汉客运段武汉南线动车组车间党总支书记郭玉琴表示："今天参加这次主题教育活动，接受党史学习教育，让我受益匪浅，更加了解党的光辉历程。去年经历了抗击疫情斗争，我深深感受到，没有共产党就没有我们现在的幸福生活。更激励着我在今后的工作岗位上，努力工作，勇于奉献，做一个优秀的党总支书记"。

（图/文 宋英辉　赵　军）

林祥谦夫人陈桂贞

在党的领导下，林祥谦烈士夫人陈桂贞追随林祥谦、支持林祥谦，和林祥谦及京汉铁路工人并肩战斗在京汉铁路线上，在罢工斗争中表现出的英雄事迹可歌可泣，令世人感动！她坚信烈士的血不会白流。中华人民共和国成立后，在党的培育下，陈桂贞坚决继承林祥谦烈士遗志，踊跃参加社会主义革命和建设工作，深入工厂、企业、学校、社区作了一百多场的报告，于 1960 年光荣加入了中国共产党。党给林祥谦烈士夫人陈桂贞很高的政治荣誉，留下了珍贵的史料，现以飨读者。

陈桂贞：此情绵绵无绝期

CHEN GUI ZHEN：CI QING MIAN MIAN WU JUE QI

1951 年

建党三十周年
访林祥谦烈士夫人陈桂贞（摘录）

我的丈夫死得非常有骨气，不愧是一个优秀的共产党。祥谦死后，反动军阀还继续迫害我们。我们的工人区遭受了搜劫，福建街一个晚上接连被抢劫三次，我家里什么东西都被抢光了。没有过多久，我的公公林瑞和（大名“林其庄”）有一天去上班，被工贼（工头）徐应发和几个打手找到，他们指着我公公说：“你的儿子是共产党。”我的公公气愤的答道：“共产党又怎么样？共产党是我们的好领导！”狼心狗肺的工贼徐应发朝我公公身上狠狠的踢了几脚，我的公公被活活踢死了。这时我一个妇道人家困难重重，生活没办法。这时铁路工人兄弟暗中送钱送米来，接济我们。工人阶级的友爱使我觉得温暖，它使我有勇气活下去。后来在他们的帮助下，我母孩三人带着三口棺材就回到闽侯尚干镇来，祥谦、我公公和祥谦胞弟林元成（小名“尚谦”）的尸体就掩埋在枕峰山下的为头地方。

陈桂贞缅怀林祥谦

这二十多年来，在国民党反动统治下，平常我连林祥谦的名字都不敢在人跟前提起来，怕叫反动派知道了，母孩都要受到迫害。我除了自己耕种五分四厘山地，还要常给别人做针线活。我要把儿子冠康抚养大，好给他父亲、爷爷和叔叔报仇。福州解放了，来了我日夜盼望的共产党，这时我一家才出了头，土地改革分到一亩五分多地。今年端午节，福州市总工会、中国共产党福州市委员会还派了代表来慰问我，并送来了礼物和钱米，看到他们，好比看到了亲爸亲娘，禁不住高兴的流眼泪了，使我感到非常的光荣。

二十八年过去了，我丈夫的血没有白流，今天，在共产党领导下，革命已得到了伟大胜利，国民党反动派已经被打垮了，工人阶级已成为新社会的主人。但我知道的很清楚："二七"惨案被难的革命烈士们，他们是给当时军阀吴佩孚勾结美、英帝国主义杀死的。今天庆祝共产党的三十年生日，我坚决要继承我丈夫的遗志，在党的伟大领袖毛主席领导下，用爱国增产的实际行动，反对美国帝国主义这个"死对头"，来报答党对我们一家比山重、比海深的恩情！

（记者　吉景峰　徐诗涛）

1952 年

林祥谦夫人陈桂贞给中央铁道部全国铁路工会的信

发扬"二七"革命精神
积极参加"三反"运动

中央铁道部 全国铁路工会：

我的丈夫林祥谦烈士，在三十年前的今天，被万恶的帝国主义分子及其走狗军阀所杀害，这个不共戴天的仇恨，去年七月间，共产党、人民政府已经替我报了。那时，我在汉口亲眼看到了杀害我丈夫的仇人赵继贤在我面前伏法了，我不知怎样感谢共产党、人民政府才好。

去年十月间，我前后接到你们寄来的两封信，我真感激铁道部及铁路工会全体同志对我的关怀。承蒙你们的好意——要替我的儿子介绍职业，他现在已经由福建省总工会介绍到省总工会所办的训练班学习去了。林烈士的弟弟林尚麟也同时由省总工会介绍了工作。目前，我的身体很健康，生活也很好，当地的政府、工会、群众团体都非常关心我，经常送慰劳品及优抚金来。附近的群众更尊敬我们，自动替我挑水、打杂等。

尚干区民兵干部和教员在林祥谦烈士墓前合影

明天，我们县及县的机关、工会、学校还要联合举行盛大的纪念会及给林祥谦烈士扫墓。

最后，我希望你们能把我这儿的情况告诉全国各地的铁路工人，使他们也高兴。另外我还希望全体铁路工人们更要发扬“二七”革命精神，努力生产，积极参加“三反”运动，用实际行动来纪念祥谦烈士！

祝全体工人兄弟身体健康！

《福建日报》（“二七”烈士林祥谦家属 陈桂贞），1952年2月7日

陈桂贞与来访的林祥谦公社社教工作队合影

林祥谦夫人陈桂贞写信声援日本“日本松川事件”无辜被告者声援他们反对美日反动派的正义斗争

本报讯 住在闽侯县的“二七”烈士林祥谦的夫人陈桂贞，在“二七”二十九周年前夕写信给日本“松川事件”二十位无辜被告者，声援他们反对美日反动派迫害的正义斗争，并汇款人民币五万元慰问他们。

我的丈夫林祥谦是个铁路工人，也是个优秀的中国共产党党员。他在二十九年前为了工人阶级的利益，向万恶的帝国主义和中国军阀作斗争而从容就义。烈士的精神永远活在中国人民的心里，每年“二七”全国各地人民都开会纪念他们。今年的“二七”快到了，我每当望着祥谦的遗像时，心里就惦记起正在为正义而斗争的你们。我恨透了丧尽天良无耻迫害你们的美日反动派，我们要努力支援你们的正义斗争，我们决不同美帝国主义重新武装日本军阀把日本人民当炮灰再来侵略中国。我们全国已有三亿三千九百多万人举行了投票，坚决反对美国重新武装日本。

陈桂贞在信上最后写到：

现在还是严冬，谨用上我耕种所得的一部分——人民币五万元，请买些煤炭来温暖监禁你们阴冷的牢房吧！亲爱的弟兄们：英勇斗争吧，胜利一定属于你们！遥祝身体健康！

《福建日报》，1952年2月8日

注：日本松川事件发生于1949年8月17日凌晨3时许，日本福岛县境内东北干线松川至金谷川路段的上行旅客列车脱轨翻车。司机等3名乘务人员死亡，旅客30人受伤。次日，吉田茂内阁官房长官增田甲子七未经调查就诬指为工会所为。检查当局遂以列车颠覆致死罪起诉国铁工会会员10人和东芝松川工厂工会会员10人。日本政府趁机迫害工会和日本共产党。

1950年，福岛地方法院初审，判处被告全部有罪，其中10人死刑。1953年仙台高等法院复审，判处17人有罪，3人无罪，判决20名日本共产党员与爱国工人各种重罪（其中，铃木信等5人判处死刑；武田久等

5人判处无期徒刑；斋藤千判处15年徒刑；滨崎二男等3人判处12年徒刑；佐藤代治等2人判处10年徒刑；大内昭三等3人判处7年徒刑；二阶堂园子判处3年半徒刑）。但社会上普遍认为罪名并不成立。

1959年，最高法院否决原判决，将该案退回仙台高等法院。

1961年，仙台高等法院判处全体被告无罪，1963年，最高法院予以确认。

1970年，日本政府只得向原被告支付7 625万日元的赔偿金。

1954年

我丈夫的血没有白流

——我对宪法草案的感想和体会

陈桂贞

六月十五日，街上传来我们国家第一个宪法草案公布的消息，邻近农民都跑去看报、听电台广播了。我因为身体不舒服，不能去，心里真是又高兴又着急。区长很关心我，十七日那天亲自带了报纸到我家来，给我讲解宪法草案的精神，还把宪法草案逐条逐句念给我听。虽然讲的时间很长，但我一点也不感到累，当时只有说不出的欢喜和感动。

宪法草案第一、第二条就说我们的国家是工人阶级领导的全国人民当家作主的国家。这是多么令人兴奋的事情！听到这些，我就想起“二七”事件和祥谦牺牲的情景。那时，反动军阀拿工人当牛马，工人一天要干十几个钟头的活，拼死拼活还吃不饱穿不暖。腊月天气，饥寒交迫，没有办法，在火炉边烤一下火，监工就要罚他，扣他一天或几天的工钱。工人们没法活下去，提出要民主，要自由，要人权，要改善自己的生活。当年祥谦就是为了求解放，向反动统治阶级坚决斗争。祥谦为了工人阶级的利益，在斗争中遭了反动统治者的毒手。国民党反动派骂我是“土匪婆”，他们想斩草除根，要抓我和我的儿子，我被逼着回到尚干镇，咬牙切齿捱过了二十多年。解放四年多来，我们的国家已起了根本的变化，祥谦三十一年前的希望，在共产党的领导下，今天已经实现了，工人阶级不再是奴隶和被屠杀的对象。一九五一年，国家逮捕了一手制造“二七”惨案的伪京汉铁路管理局长赵继贤，我亲眼看到这一个满手沾满人民鲜血的刽子手在人民面前受到了正义的审判，心里真痛快。今

解放前铁路工人居住的窝棚

1951 年，京汉铁路工人参加控诉“二七”惨案祸首赵继贤罪行大会。

天我们国家大法把工人阶级的领导权给固定下来，劳动人民的利益将永远受到保护。

宪法草案上规定我们国家要逐步过渡到社会主义社会，这是全国人民的共同要求，也是革命先烈们的愿望。我记得祥谦活着的时候，就常常对我说：“将来我们要建立一个社会，在那个社会里，没有剥削，没有欺侮，完全平等，完全自由。它不是天上掉下来的，也不是地上生出来，而是要人流血流汗去争取来的。”祥谦就是为了要建立这样一个社会，和千千万万革命先烈一样，献出了自己的生命。今天全国人民正在为建设社会主义社会而努力，我们尚干镇也和全国各地一样组织了农业社、互助组，还有供销社和信用社，给我们生产、生活带来了很大的好处。我们农民就是要从这样合作化的道路一步一步走向祥谦所理想的社会主义社会去。我愿意和全国人民一道，在共产党领导下，为建设社会主义而贡献出我的一切；同时我要很好地教育我的儿子，要他学习他父亲英勇不屈的斗争精神，遵照毛主席“发扬革命传统，争取更大光荣”的指示，为建设繁荣幸福的社会主义社会而努力奋斗。

《福建日报》，1954 年 7 月 29 日

林祥谦夫人陈桂贞抵厦 报告林祥谦烈士生平斗争事迹

著名的“二七”烈士林祥谦的夫人陈桂贞，于6月4日到达厦门。她是应省工会联合会的邀请，向各地职工报告林祥谦烈士生平斗争事迹的。她在到厦门之前，已向福州、南平、邵武、沙县、永安、莱州等地职工作了许多场报告。

《福建日报》，1957年6月7日

保卫社会主义 保卫人民幸福

陈桂贞

我现在正到福建各地向工人同志报告林祥谦烈士生平斗争事迹。最近，竟有人说出反对社会主义的话，又勾起我对反动派的仇恨，我要出来说话，反对这种胡说。

北洋军阀时代，我和祥谦烈士一起受着反动派的压迫，1907年，烈士和父亲、弟弟在江岸铁路工厂做工，当时三个人工资加起来一天才一元一角。到了1923年，祥谦在工厂做了十几年，工资由四角增加到七角五，和现在的学徒工资差不多，钱这么少，帝国主义资本家还拖欠工资，碰上生病放假，一文工钱也不给，我们全家七口人连吃稀饭都不够。那时候，工人一天要干十二个钟头的活，经常受工头拳打脚踢，连说话的自由也没有，谁谈论国事，就扣谁的工钱，叫谁“滚蛋”。祥谦烈士就是为了反对这种剥削压迫，和工人一起发动了“二七”大罢工，和他的弟弟在斗争中牺牲了生命。过了不久，烈士的父亲又被工头几脚踢死，反动派还想斩草除根，我忍痛怀恨，带着女儿汉玉、儿子冠康回到闽侯，改名换姓，靠补衣服、织布，吃糠咽菜养活孩子。我盼着祥谦用牺牲生命争取的一天会到来。

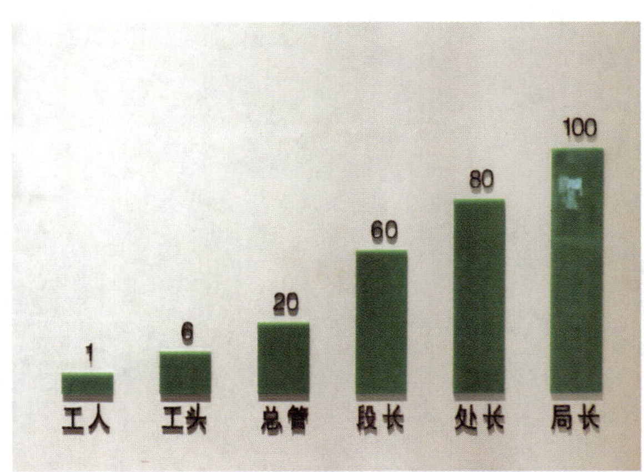

京汉铁路工资比较表

我熬到了解放，光明来了，感谢党和毛主席给了祥谦无上光荣。我家的冠康还进了福州汽车修配厂做工，每月五十元工资，吃饱穿暖，生病有劳保，好日子开头了。这个孩子1952年才结婚，如今我已有了两个小孙子。人民说话的自由和政治地位也有了，我担任了省政协委员、县人民委员会委员，替人民说话办事。回想过去，我更知道要爱什么，要恨什么。

这一天是共产党领导全国人民几十年奋斗流血，是千万个和祥谦一样的烈士用生命换来的。可是，今天有人居然胡说社会主义不好，共产党不能领导，人民生活没有改善，还猖狂地说“杀共产党”。祥谦烈士就是

1922年的共产党。就是为了今天才被反动派杀害，我要告诉他们，今天已是人民的天下，不是过去军阀国民党统治的天下。我要问他们和谁是一条心，不要党领导，要谁领导！不要社会主义，要什么主义！我还要告诉工人同志，祥谦和千万个烈士的血不能白流。我要和工人阶级一起坚决保卫千万个烈士用血换来的胜利果实。

《福建日报》，1957年6月17日

1958年

毛主席文献给福建省人民巨大鼓舞 革命力量旭日东升 帝国主义如夕阳西下

陈桂贞

本报讯 反动派一定要倒台，革命一定要胜利。本省人民在学习讨论毛主席“论帝国主义和一切反动派都是纸老虎”这个重要的政治文献中，纷纷以自己的切身体会和大量事实，印证了毛主席的英明论断。人们还以我国和本省工人运动历史，有力地论证了一条不可抗拒的法则：一切反动派都企图用

1966年“五一”，出席全国职工业余教育经验交流会的铁路代表合影于“二七”烈士林祥谦陵园。

1951 年，林祥谦夫人陈桂贞在江岸控诉赵继贤罪行。

屠杀的办法消灭革命，但反动派杀人越多，革命的力量就越大，反动派越接近于灭亡。

居住在闽侯尚干镇的“二七”烈士林祥谦夫人陈桂贞，用自己的切身感受证明毛主席的英明论断。她说：三十五年前帝国主义和它的走狗，猖狂镇压京汉铁路工人的罢工运动，把我的丈夫林祥谦（当时是江岸铁路工会委员长）抓起来，绑在车站附近的电线杆上，要他下复工命令。敌人的钢刀没有吓倒林祥谦，他斩钉截铁地回答：“没有总工会的命令，我头可断，血可流，不能下复工令！”凶恶的敌人把他杀害了。敌人以为用屠杀办法可以把工人运动镇压下去，但事实与反动派的愿望相反，工人运动并没有被镇压下去，而反动派力量已被革命的力量打垮了。杀害“二七”烈士的刽子手赵继贤也在 1951 年在江岸被判处死刑。陈桂贞说：“毛主席的话句句都是真理，今天美帝国主义这只纸老虎到处行凶作恶，同和平人民做对头，它越猖狂死日就越近，最后一定要灭亡。”

《福建日报》，1958 年 11 月 12 日

福建省京剧团邀请
林祥谦夫人
陈桂贞观看京剧《红色风暴》

福建省京剧团于一九五八年七月一日演出了《红色风暴》（该团自己的改编本），向党献礼。这出戏的上座率打破了三四年来的记录。平日一向不看京剧的青年学生们也来买票看戏。这出戏中的主人公林祥谦烈士是闽侯尚干镇人。他的弟弟林祥麟现在福建省总工会工作。林祥谦烈士的夫人陈桂贞受剧团的邀请赶到福州来看这出戏。在场的观众都起立鼓掌欢迎她，她流着热泪向观众打招呼。到休息时，观众们围住了这位烈士的夫人争相问候，请她讲述许多当年的历史情况。到剧终时，扮演林祥谦、陈桂贞的演员下台来搀着这位烈士夫人与全体演员一同向观众谢幕。

第二天早晨，陈桂贞去福建省京剧团参加座谈会。

《戏剧报》，1958 年 16 期

1959年

坚决反帝 保卫孩子

——福建省各界妇女代表举行座谈会支持古巴、刚果人民的斗争

陈桂贞

本报讯 美帝国主义对古巴内政横暴无理的干涉，比利时殖民主义者对刚果人民的血腥镇压，激怒了母亲们的心。27日福建省各界妇女代表举行了座谈会，出席的有教育界、医务界、宗教界、工商界、华侨等的代表20余人，代表们在会上一致谴责殖民主义者的罪恶行为。他们说，我们中国妇女看透了帝国主义的无耻嘴脸，它们是最惯于“挂羊头卖狗肉”的。

美帝国主义在古巴反动政府统治时期，支持独裁者为所欲为，无恶不作。可是当古巴人民伸出正义的手要惩办刽子手的时候，他们却虚伪地打着人道主义的旗帜阻挠古巴人民的正义行动，企图保存那些祸根，使古巴人民重新陷入苦难的深渊。

世界上那一个母亲不热爱自己的孩子，生活在幸福的社会主义时代的中国妇女把孩子称为祖国的花朵；她们也希望其他国家的孩子也像花朵一样成长起来。当她们知道刚果在比利时殖民主义者的统治下，婴儿的死亡率竟达50%之多，感到无比的气愤。她们说：帝国主义者在刚果抢走的是橡胶、棉花、咖啡、粮食和无数的有色金属，留下的却是饥饿、贫困、苦役、疾病、死亡。现在殖民

陈桂贞为少先队员讲述“二七”历史

主义者的迷梦已经破灭了。“安定的绿洲”已经变成火山。

曾在“二七”惨案中失去自己丈夫的林祥谦夫人陈桂贞说：“我们中国过去受过帝国主义的压迫，所以特别同情还在与殖民主义作斗争的拉丁美洲和非洲的人民。他们的痛苦就是我们的痛苦，他们的胜利就是我们的胜利。古巴是一个小国，离美国又那么近，他们能取得胜利，是毛主席英明论断的又一个新的例证。只要我们妇女团结起来，全世界人民团结起来，最后胜利必属于我们。”

《福建日报》，1959 年 1 月 29 日

福建省市工会铁路局和闽侯县各界慰问林祥谦烈士家属　陈桂贞同志发表感言

本报讯　为了继承和发扬“二七”运动的革命精神，悼念“二七”革命烈士林祥谦，并对烈士夫人陈桂贞同志进行慰问，福建省总工会、福州市工会、铁路局等单位，于“二七”前夕，组织代表团到以林祥谦烈士命名的祥谦人民公社，向烈士的家属进行了亲切慰问，并拜谒了烈士墓。

陈桂贞同志向代表们详细叙述了烈士当年与反动派英勇斗争的情况。最后，她高兴地说：“在党的领导下，我们的革命成功了，过去三天没有两顿饱的日子已一去不复返，人民在过着幸福的生活，祥谦的血没有白流。现在全乡已成立了人民公社，我也在公社的大家庭里过着幸福生活，祥谦的儿子也已长大成人了，他现在福州汽车保修厂当电焊工人，并且结了婚，有了三个天真活泼的孩子。在党和毛主席的关怀下，我们国家的建设事业今年会有更大的跃进，生活也将越过越好。”陈桂贞同志的叙述使全体代表受到深刻的教育和鼓舞。大家表示，一定要鼓足更大的干劲，以更大跃进的成就来纪念林祥谦烈士。

《福建日报》，1959 年 2 月 8 日

1969 年

紧跟毛主席就是胜利

陈桂贞

我们伟大、光荣、正确的中国共产党第九次全国代表大会胜利闭幕了！大会选出了以毛主席为首、林副主席为副的新的中央委员会，这是全国人民和全世界革命人民的一件特大喜事，是毛泽东思想的伟大胜利。我听了这个特大喜讯后，心情无比激动，许许多多往事涌上心头，在我们革命的伟大胜利中，一件件，一桩桩，都记载着伟大领袖毛主席的丰功伟绩。我有千言万语，集中一句话：祝愿我们伟大领袖毛主席万寿无疆！万寿无疆！万寿无疆！

“领导我们事业的核心力量是中国共产党。指导我们思想的理论基础是马克思列宁主义。”自从毛主席亲手缔造，由毛泽东思想武装起来的中国共产党成立以来，中国革命进入了一个崭新的时代。一九二三年，京汉铁路工人在中国共产党的领导下，开展了反帝反封建的英勇斗争。我的丈夫林祥谦在

著名的“二七”大罢工斗争中光荣牺牲了！当年四月一日晚上，毛主席对安源路矿的工人们说：林祥谦是个坚强的工人领袖，为了革命，牺牲了自己。当时，军阀对他讲，只要他下令复工，就可以给他官职。林祥谦同志非常坚强，他回答说：“头可断，血可流，工不可复！”毛主席又说：“我们不少群众领袖被残害了，不少的工会被封闭了，这只是暂时的挫折，吓不倒我们工人阶级，他们迫害得越厉害，我们反抗得越坚决。”伟大领袖毛主席对“二七”大罢工和祥谦的高度评价，给了我们多么大的鼓舞呵。当时我只有一个信念：有伟大领袖毛主席和共产党的领导，革命一定能够取得最后胜利。一九二八年，武汉一带形势更加险恶，反动派叫嚣要“斩草除根”。有一天，党派人冒着危险通知我离开武汉。当时我焦急地问，什么时候能找到你们。那位同志坚定地告诉我：“你放心，党永远和人民在一起，总有一天党会联系上你的。”我们母子三人就回到福建故乡。那时候，我是多么想念毛主席啊。日日盼，夜夜想，想着毛主席，想着共产党，盼望着哪一天拨开云雾看见太阳。

一九四九年，在毛主席的领导下，中国人民推翻了三座大山，解放了全中国，我又见到了党！今天，在全国人民欢庆中国共产党第九次全国代表大会胜利闭幕的大喜日子里，眼看今天，心想过去，我从心眼里感到，有了共产党，才有新中国；有了毛主席，才有我们劳动人民的今天。毛主席是我们的大救星。紧跟毛主席就是方向，就是胜利，就是幸福。现在虽然我年纪老了，但我忠于毛

董必武副主席和全国烈军属大会主席团成员会晤（左六为陈桂贞夫人）

陈桂贞悼念祥谦烈士

主席的红心永不变，一定要更好地活学活用毛泽东思想，紧跟毛主席的伟大战略部署，坚决完成大会提出的各项战斗任务，做出更大成绩，向毛主席献忠心。

《福建日报》，1969 年 4 月 27 日

党给林祥谦烈士夫人陈桂贞的荣誉

杨翔燕

党和国家给林祥谦烈士夫人陈桂贞很高的荣誉——三次受到伟大领袖毛泽东主席的接见，1960 年加入中国共产党；1959 年、1964 年分别当选为第二届、第三届全国人大代表；1955 年、1956 年、1959 年三次出席全国烈军属和社会主义积极分子大会并获得荣誉奖章；担任过福建省政协委员、福建省妇联执行委员、闽侯县人民委员会委员、祥谦公社名誉社长等职。

林祥谦夫人陈桂贞的荣誉奖章

2013 年

“二七”烈士林祥谦夫人陈桂贞

林依光

林祥谦既是京汉铁路工人大罢工时涌现出的一位中国工人阶级闽籍英烈，又是为了新中国诞生而英勇献身的“双百”人物之一。2013 年在他诞辰一百二十周年之际，我有幸参加福建省中共党史研究会举办的林祥谦烈

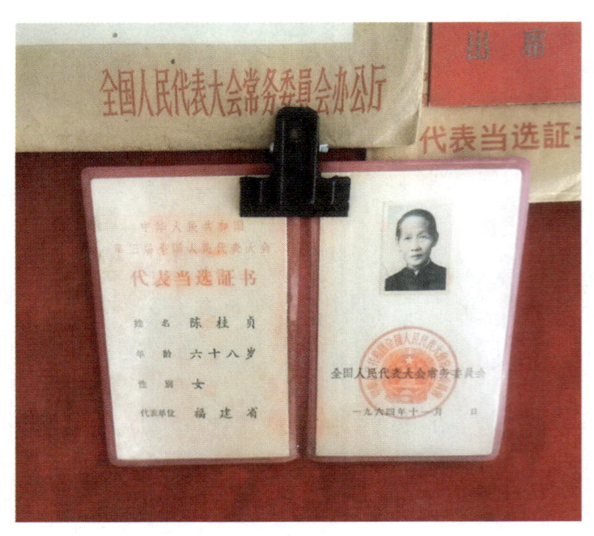

陈桂贞代表证

士学术研讨会。与会学者涉研林祥谦与陈桂贞时，让我领悟到林祥谦烈士英勇壮举的背后有一位贤慧为人妻的女性在真诚支持丈夫的革命事业。在陈桂贞身上充满为革命“甘当绿叶衬红花”的大度情怀，可歌可颂。

今年三八节前夕，笔者从林祥谦与陈桂贞（娘家）后裔专访话匣里，分别勾勒出陈桂贞革命老妈妈的传奇身世与高尚品德。

陈桂贞，1897 年出生于闽侯七里大义乡（今青口镇长楼村）一个贫苦农民家庭，她的童年就是在旧社会苦水里泡大的。父亲陈启蒙，育有两男两女，她为长女。封建社会农民生活在最底层，她父亲长年累月靠挑盐、砍柴火为生，全家人过着饥不择食、有上顿没有下顿的苦日子。1907 年 8 月，46 岁的父亲爬山越岭去砍柴，攀高岩不慎失足坠落山涧摔破头，因无钱医伤，头部伤口感染，三四天后就不幸离世。这一年，桂贞才 10 岁。此后，抚养全家人的重担就落在叔叔启约（终身未娶）肩上。后来，由邻居一位来自尚干的亲戚牵线做媒，15 岁的陈桂贞与林祥谦完婚，第二年随夫来到汉口，与林祥谦风雨同舟、生死患难、相依为命、血火相伴八年。她与丈夫一直住在汉口刘家庙福建街一所贫民窑屋，1917 年生有一女。

在这八年中，她全力支持丈夫工运工作，经常替来家开会的工友望风站哨，照顾接待来家的革命同志。她与祥谦志同道合，助人为乐，常常帮助有困难的工友。有一次，女儿汉玉正发高烧，而湖北籍某工友孩子病得严重，夫妻俩毫不犹豫抱着一床棉被跑当铺当了三元钱，帮助这位工人家庭治病救人渡过难关；一位工友有几天正为没米下锅发愁，桂贞与丈夫把家里仅有的粮食送往他……五湖四海的工友，祥谦都热心竭力帮他们排忧解难，桂贞也总是夫唱妇随，做了许多善事好事。祥谦有了这位贤内助的默默支持，就有更多精力为工运工作奔波操劳。

“二七”惨案发生后，桂贞的丈夫林祥谦、小叔林元成、公公林其尊先后惨死在敌人屠刀、枪口、拳脚之下。那年腊月廿三日，陈桂贞强忍悲痛，在同乡木水与长乐一位谊妹帮助下，拿起布袋针缝好丈夫的身首，将丈夫入殓。

从那时起，桂贞生活更加凄惨。不久，军阀帮凶便以“土匪头”的莫须有罪名押封了他们的住房。幸亏中共地方党组织帮助，将走投无路的母女秘密转移到湖北孝感，栖身山间草寮长达四年之久。在那里，她生下了遗腹子林冠康。1928 年，正是第一次大革命失败时局紧张之际，党组织又派专人以福建同乡会的名义，帮助桂贞携儿带女护送三口棺椁回到福建闽侯尚干老家，将三位亲人草葬于家乡枕峰山。1929 年，女儿林汉玉 12 岁，因病无钱医治而夭折。女儿没有了，桂贞又失去一位亲人。联想女儿五岁时，有一天军警窜到家中抄家，聪明机智的女儿事先没有任何人授意，急中生智地将一颗工会的公章顺手藏匿在灶台下的炭瓮里，机灵躲过一劫……祥谦在世时也特别喜欢乖巧的汉玉。“要照顾好女儿！”这是丈夫就义前对家事留下的唯一遗言，失女愧疚之痛更令桂贞久久难以释怀。面对生活与精神上的打击，她一度濒临失常状态。穷人家庭的孩子早做事，冠康 15 岁就跟大义娘家舅舅挑盐，跑往福清闽南从事“大路担”。桂贞替别人做针线活，挣微薄收入糊口，直至中华人民共和国成立。

1951 年，中央派人找到陈桂贞，请她到北京定居，她婉言谢绝。为了继承革命先烈的遗志，她致力传承弘扬林祥谦不朽的革命精神，教育激励后人。同年 7 月，她回到武汉参加公审刽子手赵继贤斗争大会。1955 年，全国铁路总工会、福建省工会组织开展爱国主义教育报告会，陈桂贞不辞劳苦，深入到全国铁路各大火车站段，向全国铁路工人报告近百场，宣传京汉铁路工人大罢工的历史意义，介绍林祥谦等一批革命烈士的英勇事迹，教育勉励广大工人阶级要以革命先烈为榜样，发愤图强，建设好人民铁路，建

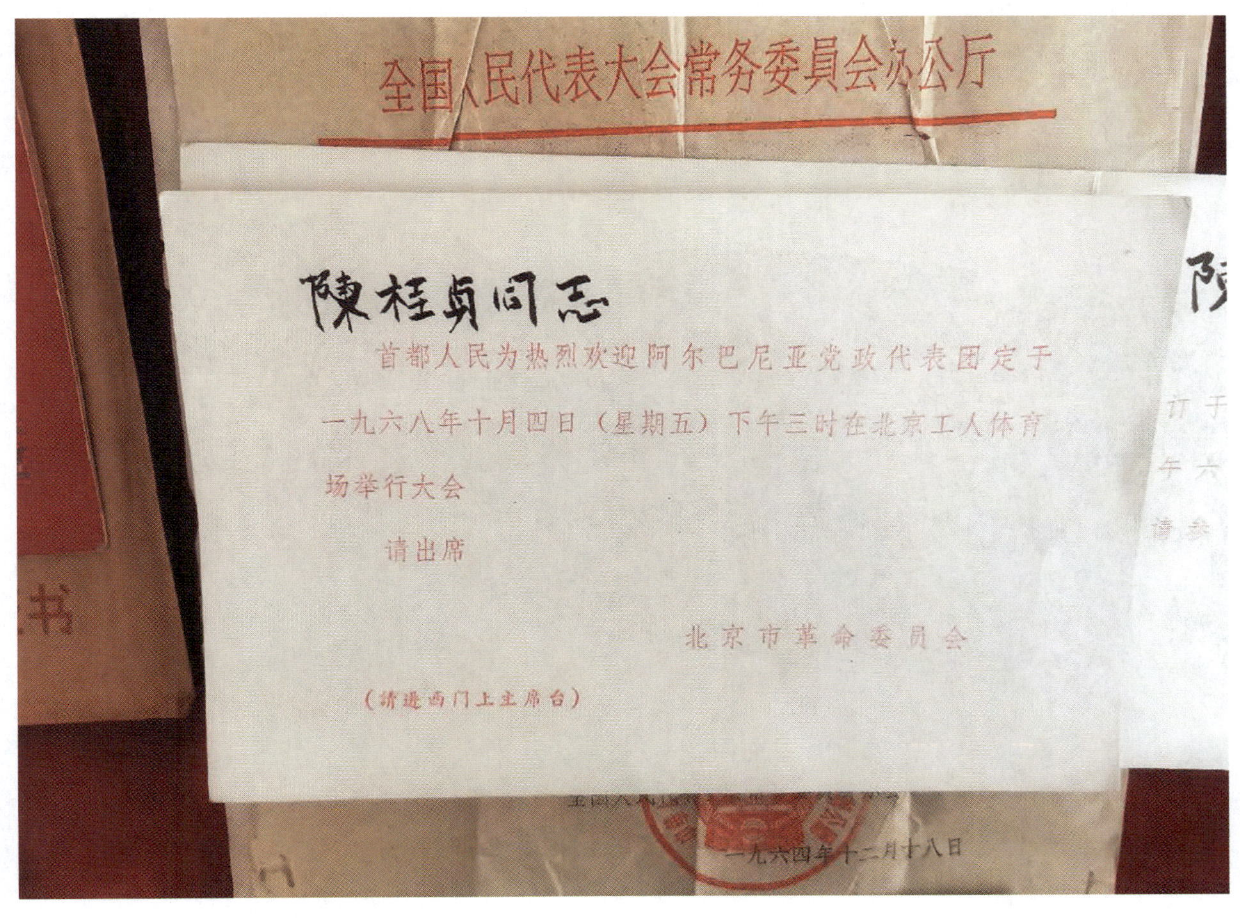
全国人民代表大会常务委员会办公厅

陳桂貞同志

首都人民为热烈欢迎阿尔巴尼亚党政代表团定于一九六八年十月四日（星期五）下午三时在北京工人体育场举行大会

请出席

北京市革命委员会

（请进西门上主席台）

一九六四年十二月十八日

设强大国家，在铁路战线引起积极反响。陈桂贞没有上过学，但她在革命氛围熏陶下，10多岁开始长期与北方许多工友语言交流锻炼，特别是解放后组织上特意派学校教师为她扫盲，渐渐会识许多简易的字，更会说一口流利的普通话。1957年，北京电影制片厂决定拍摄以林祥谦烈士为题材的电影《风暴》，摄制组导演及主要演员从与陈桂贞交流中获得不少生活体验与有价值的珍贵资料。陈桂贞对祥谦夫人扮演者田华在银幕上所塑造的人物形象十分满意，她这一生走来的那一幕幕，无不寄托着对林祥谦深情的哀思与怀念。

陈桂贞多次进京出席全国性重要会议。1959年，她出席全国军烈属积极分子代表大会，受到周恩来总理、董必武副主席、罗荣桓元帅、陈赓大将的亲切接见，并同党和国家领导人毛泽东、朱德、宋庆龄、刘少奇、邓小平等合影留念。当时陈桂贞就坐在第一排，紧挨着朱德、胡耀邦。她曾当选为第二、三届全国人大代表，1964年12月，中央新闻纪录电影制片厂拍摄《全国人民的心愿》，报道"两会"情况，留下敬爱的周恩来总理向身边其他人大代表介绍陈桂贞事迹的永恒历史镜头。1968年9月，周总理特签发请柬，邀请陈桂贞出席庆祝建国十九周年庆典观礼活动。同年10月，应北京市革委会邀请，陈桂贞还参加欢迎阿尔巴尼亚党政代表团等活动。

1972年3月7日，陈桂贞于儿子林冠康病逝第三天，因突发脑溢血，经紧急抢救无效，病逝于福州，享年75岁。国家有关部、委和省、市、经组织县领导人以及社会各界群众1 500人为她举行了隆重的

林祥谦夫人陈桂贞家乡青口大义观音桥

追悼大会。经组织批准，她的骨灰与丈夫合葬于祥谦陵园。

陈桂贞生前曾任省政协委员、省妇联执行委员，祥谦人民公社荣誉社长、副社长，祥谦中学荣誉校长等职务，1960 年 7 月加入中国共产党。她十分关心家乡的建设与发展，曾为修建大义观音桥、尚干淘江大桥，筹建祥谦中小学，奔走北京等地，找有关领导争取资金与项目建材的支持。她乐善好施，凡是别人有求的善事她总是有求必应。生前她经常向子孙家人讲林祥谦的事迹，亲自立下并带头践行“有信仰，扬正气；有纪律，克随性；有爱心，乐助人”这“三有”家训，谆谆教导后代要热爱国家与人民，热爱学习，热爱生活与劳动。她的光辉事迹被家乡人传为佳话。

英雄城 英雄人

武汉二七纪念馆“最年轻”展品见证英雄精神传承

突击队员红手印请战力保抗疫铁路线

武汉参与人数最多、斗争最坚决、牺牲最惨烈、影响最深远

二七大罢工，武汉有39位烈士牺牲

1922年武汉工团联合会成立，成为全国第一个地方性工会组织

52位烈士中武汉有39位，林祥谦是中共首位英勇就义的烈士

武汉成为领导二七大罢工的政治中心，各界1万多人声援工人运动

2020 年

我奶奶陈桂贞终于实现了日思夜想的入党心愿

从我懂事起，我祖母就经常对我讲爷爷走上革命道路的经历，在武汉党组织的教育培养下，成了一名信仰坚定、维护真理、舍己助人、敢于斗争、不怕牺牲、献身工运、宁死不屈的共产党员，她说：“她也受到深深的感染，也明确了很多革命道理，你爷爷、叔公、曾祖父的牺牲，激起我对反动军阀的血海深仇，决心要继承你爷爷的遗志，也成为一名共产党员，为我们一家报仇，为工运而前赴后继，为工人

七大罢工 52位烈士中武汉有39位

“二七惨案”中共首位英勇就义烈士

1922年成立的武汉工团联合会

成为全国第一个地方性工会组织

52位烈士中武汉有39位

林祥谦是大罢工中中共首位英勇就义的烈士

武汉成为领导二七大罢工的政治中心

武汉各界1万多人声援工人运动

阶级的解放奋斗到底。1928年白色恐怖严重，党组织派人护送我们回到家乡，1932年，我渴求加入共产党，献身共产党事业，把你父亲交给你舅公家管养，我只身返汉找到党组织，但当时斗争形势仍然残酷严峻，我又没有多少文化，还是半裹脚行动不便。组织更多考虑的是，培育好烈士后人——你父亲，是我最重要的工作，是对革命最重要的贡献。等革命胜利了，党组织一定会来找我们！在道理上我说不过他们，非常抱憾又回到了家乡，强烈的入党心愿只好藏在心里。中华人民共和国成立后，党组织找到了我们家，给我们家很高的荣誉，我们打心底感恩共产党。组织上也让我做一些力所能及的事，我对入党的信心更迫切了，多次向祥谦公社党组织递交了入党申请书。”我奶奶终于在1960年7月在入党介绍人祥谦公社社长林喜来的见证下，实现了日思夜想的入党心愿。在入党的当天晚上，我奶奶召集全家人，站在我爷爷相片前，告慰我爷爷她没有辜负他的期望，她会带领全家人继续为做好铁路各项工作和新中国社会主义建设贡献全部力量。尔后，我经常看到我奶奶，在油灯下学习那本翻了又翻看了又看的《党章》。她更加积极参加各种社会活动，致力传承弘扬“二七”革命斗争精神，教育激励后人，积极参加开展爱国主义教育活动，深入铁路、单位、社区、学校介绍我爷爷生平斗争事迹一百多场，宣扬京汉铁路工人“二七”革命斗争的历史意义和现实意义，教育勉励广大工人、青少年听党话、跟党走，以革命先烈为榜样，发愤图强，建设好人民铁路，建设好强大社会主义祖国。后来，她为教育好我们子孙后代，亲自订立了“有信仰，扬正气；有纪律，克随性；有爱心，乐助人”的“三有”家训，对我们后人寄于殷切期望，教育我们要始终热爱党、热爱人民、热爱学习、热爱生活、热爱劳动。我奶奶的一生，也是光荣的一生，光辉的一生，她也是我们要永远学习的好榜样。

林耀武

2020年7月1日

林祥谦

林祥谦（1892—1923），福建省闽侯县尚干镇（现祥谦镇）人，贫苦农民出身。林祥谦是优秀的中国共产党员，是中国工人运动的先驱，是第一位壮烈牺牲的中共党员，是“100 位为新中国作出突出贡献的英雄模范人物”之一。在中国共产党领导下，林祥谦逐步接受了进步思想教育，开始走上革命道路。1922 年底，林祥谦被选为京汉铁路江岸分工会委员长，他作为江岸地区罢工总负责人，领导了震惊中外的京汉铁路大罢工，1923 年 2 月 7 日英勇就义，时年 31 岁。在这场斗争中，他的父亲林其庄、弟弟林元成也被反动军阀杀害，可谓一门三忠烈。

林祥谦烈士夫人陈桂贞，与林祥谦志同道合，是革命的好伴侣。1928 年，在党组织的帮助下，陈桂贞带着两个孩子和三部棺椁，从水路回到家乡。此后三十年间，她刚毅坚强，含辛茹苦，独自将烈士遗腹子林冠康抚养成人。中华人民共和国成立后，党组织给陈桂贞很高的荣誉，1960 年 7 月，陈桂贞实现了自己日思夜想的心愿，光荣地加入了中国共产党。为继承“二七”烈士遗志，弘扬林祥谦精神，她先后作了上百场关于林祥谦生平斗争事迹的报告。她还亲订“三有”家训，教育勉励后人。

林冠康于 1953 年与谢赛玉完婚，婚后育有二男二女，其中一男二女均在铁路部门工作，目前均已退休。从林其庄算起，林祥谦烈士是五代“铁路之家”，见证了中国铁路从蒸汽机车、电汽机车，再到高铁的飞速发展。

林祥谦烈士家史

LIN XIANG QIAN LIE SHI JIA SHI

林祥谦，本名元德，1892年10月19日出生于福建省闽侯县尚干镇的一户贫苦农家。祖父林发舒辛劳一辈子，留下三间木构房屋和五分四厘薄田。父亲林其庄（林瑞和），是马尾造船厂锅炉工。母亲翁氏，是个勤劳能干的农村妇女。林祥谦六岁时在家乡尚干读过一小段时间私塾，同时帮助家里干一些农活。

1905年，林祥谦随父亲去马尾学堂读书；1906年，林祥谦进马尾造船厂（福州船政局）当钳工学徒；1912年初，林祥谦离开马尾到了汉口江岸，在妹夫周连城和几位福建老乡的帮助下，经技术工种考试，被江岸铁路工厂录用。1913年冬，林祥谦回到家乡尚干，和邻近的大义乡贫农女儿陈桂贞结婚。同一年，父亲林其庄因支持工人怠工斗争被马尾造船厂解雇。为了谋生，林祥谦婚后即带着妻子、父亲和弟弟林元成（林尚谦）到武汉江岸。林其庄进入江岸机厂当锅炉工，林元成辗转到河南信阳火车房做生火工。

1917年秋，林祥谦的母亲翁氏因劳累过度，在贫病交迫中离世。林祥谦回家料理丧事，随后又重返江岸。

1921年，中国共产党诞生后，成立了劳动组合书记部，在工人中进行广泛而通俗的马克思列宁主义宣传教育。林祥谦在陈潭秋

林祥谦位于闽侯县尚干镇亭上村的故居。林祥谦全家七口人，仅有土地五分四厘，房屋三间。

位于闽侯县大义长楼村的陈桂贞故居

等湖北早期共产党人引导下逐步接触到进步思想，受到很大的启发和教育，开始走上革命道路。同年12月，他参加中国劳动组合书记部武汉分部会议，并作为发起人之一与项英、施洋等人筹备组建京汉铁路江岸工人俱乐部（后改为江岸分工会），林祥谦被推选为京汉铁路工会江岸分会第一届委员会的会计干事，二届委员会的会计委员，紧接着又当选江岸分会委员长。1922年夏天，林祥谦加入中国共产党，从此献身于工人运动，领导铁路工人与帝国主义、封建军阀做斗争。

1923年2月1日，京汉铁路总工会在郑州召开成立大会，会议遭到北洋军阀吴佩孚的骚扰和破坏。为了抗议军阀的残暴行径，总工会决定于2月4日举行全路总同盟罢工，会议决定将总工会移到江岸办公，同时成立总罢工委员会，林祥谦被指定为江岸地区罢工总负责人。

2月4日上午9时，林祥谦接到总工会的指令后，下达了罢工令，随着一声汽笛

林祥谦烈士遗物——指挥罢工所用的挂表

的拉响，笛声响彻武汉三镇，京汉铁路沿线近三万名工人举行了大罢工。全路所有客、货、军车一律停驶，1 200 公里的铁路线顿时瘫痪。

2 月 6 日下午，北洋军阀政府在美、英帝国主义的施压下，决定对京汉铁路罢工进行残酷的镇压。

2 月 7 日，反动军阀对京汉铁路沿线罢工工人进行屠杀，有 32 名工人当场牺牲，200 多人受伤，十几名工会领导被捕。林祥谦被捕后，被捆绑在江岸车站的电线杆上。反动军阀、湖北省督军府参谋长张厚生逼他下令复工。在屠刀面前，林祥谦坚贞不屈、视死如归，断然拒绝复工，纵声高呼：“好好的中国就断送在你们这帮混帐王八蛋军阀走狗手中，既如此，此事乃全路三万工人生死存亡大事，我分工会非得总工会命令，头可断，血可流，工不可复！”献出了年仅 31 岁的生命。

林祥谦胞弟林元成也在“二七”惨案中壮烈牺牲，时年 28 岁，尚未成婚。

林祥谦父亲林其庄于 2 月 24 日做工时遭工头污蔑两个儿子是土匪，交涉几句后被活活踢死。短短半个多月，一门三忠烈。

1923 年 8 月 6 日，林祥谦遗腹子林冠康早产出生。英雄背后有英雄，林祥谦的妻子陈桂贞之前全力支持丈夫的革命事业，在失去三个亲人后，不满 30 岁的她搬到距离武汉 70 多公里的孝感山边，在党组织的资助下照顾一儿一女，期间继续做些力所能及的革命工作。

1928 年，白色恐怖弥漫，中共地下党组织决定派专人以福建同乡会名义，帮助陈桂

林祥谦烈士家乡尚干镇

贞携带两个幼儿，护送三口棺椁，从水路回家乡尚干。在宗亲的帮助下，三口棺椁被埋葬在家乡的为头山上。此后，陈桂贞住在尚干亭上村面积不足 30 平方米的土木结构破屋里，用柔弱的身躯挑起生活的重担。

1929 年，年仅 12 岁的女儿汉玉发高烧，无钱医治，不久即夭折。陈桂贞几近崩溃，每天以泪洗面，后被娘家两个弟弟接回大义暂住一段时日。

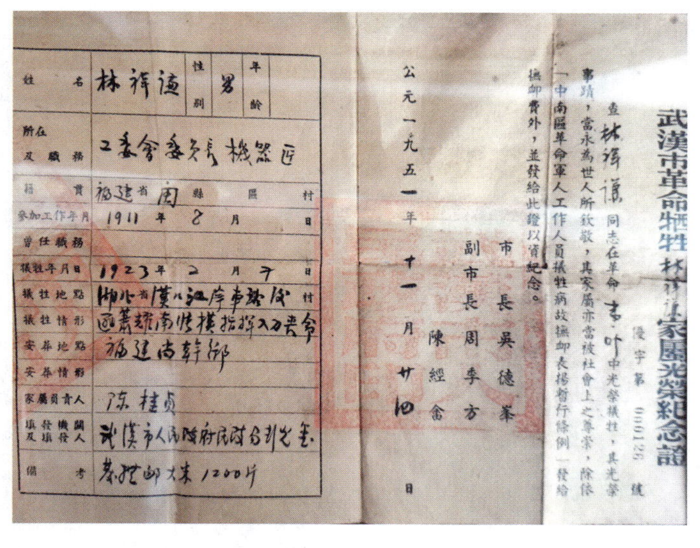

武漢市革命犧牲 林祥謙 家屬光榮紀念證

查林祥謙同志在革命中光榮犧牲，其光榮事蹟，當永為世人所欽敬，其家屬亦當被社會上之尊崇，除依一中南區革命軍人工作人員犧牲病故撫卹表揚暫行條例一發給撫卹費外，並發給此證以資紀念。

市長 吳德峯
副市長 周季方 陳經畬

公元一九五一年十一月廿四日

姓名	林祥謙	性別	男	年齡	
所在及職務	機器匠				
籍貫	福建省 閩 縣 區 村				
參加工作年月	1911 年 8 月 日				
曾任職務					
犧牲年月日	1923 年 2 月 7 日				
犧牲地點	湖北省漢口江岸車站 村				
犧牲情形					
安葬地點	福建尚幹鄉				
安葬情形					
家屬負責人	陈桂贞				
填發機關及填發人	武漢市人民政府民政局				
備考	1200斤				

林祥谦身份证明

1931 年，“九一八”事变后，陈桂贞只身赴武汉，想找到武汉铁路的党组织申请入党，参加革命，加入抗日队伍，未果。汉口党组织的人对陈桂贞说：“现在形势还相当严峻，你现在的主要任务，是要回家抚育、培养好孩子，为革命留好种子，当革命成功后，党组织一定会去找你们。”陈桂贞只得返乡。她靠种田和打理两棵龙眼树，以及为他人缝补衣裳过活。儿子林冠康稍大点即上山砍柴，15 岁过后，和两个舅舅一起到福清等地挑盐巴、挑杂货讨生活。

1950 年，福州刚解放不久，中央就通过多次登报找到烈士夫人陈桂贞，给予其很高的荣誉——陈桂贞三次受到伟大领袖毛泽东主席的接见；1961 年，陈桂贞正式加入中国共产党；当选第二、三届全国人大代表；两次出席全国烈军属和社会主义积极分子大会；任过省政协委员、福建省妇联执行委员、闽侯县人民委员会委员、祥谦公社名誉社长等职。

陈桂贞与子孙其乐融融用餐

1959 年，福建省人委决定修建祥谦陵园。陵墓主体工程于 1960 年动工，1961 年竣工。

乌龙江畔慰英灵，枕峰山上存忠骨。1961 年 1 月 31 日，福建省市闽侯各界在烈士故乡举行“二七”烈士林祥谦灵柩迁葬仪式，陈绍宽副省长等及党政军首长亲自护送灵柩。1963 年，祥谦烈士陵园的五大

1983 年 2 月 7 日，福建省委书记项南、省委常委秘书长张渝民、省总工会主席何萍到林祥谦烈士家慰问并与烈士家人合影。

主体工程全部完工，正式对外开放，现已成为全国爱国主义教育基地。烈士家乡更名为祥谦人民公社（现名“祥谦镇”）。

各项荣誉加身，并没有让陈桂贞忘记自己的神圣使命。她走进校园、会场演讲，参加控诉会，接济乡邻，关心国内外工人的命运，支援家乡桥梁、学校的建设，以此弘扬“二七”英烈精神，继承先烈遗志，砥砺为建设好祖国贡献全部力量。

林祥谦遗腹子林冠康于 1950 年到福建省总工会工作，1952 年主动要求到福州汽车修配厂当焊工，1953 年加入中国共产党，1956 年与闽侯县青口镇傅筑村人谢赛玉（1934.2—）成婚，1961 年到福州铁路局车辆段工作，他先后当过车辆段工会主席、分局工会副主席，其间多次被评为南昌铁路局先进工作者、省烈军属社会主义建设积极分子，并于 1968 年 9 月底出席中华人民共和国建国十九周年庆典，受到毛泽东主席、周恩来总理的亲切接见。1972 年 3 月 5 日，林冠康因病逝世，年仅 49 岁。3 月 7 日，在儿子的追悼会上，陈桂贞悲痛过度，突发脑溢血离世，享年 76 岁。儿媳妇谢赛玉在丈夫与婆婆病逝后参加工作，任闽侯县祥谦供销社干部，1993 年退休。

2009 年 10 月，福建省委副书记、省长、党组书记黄小晶慰问林祥谦烈士家属。（林耀强供图）

如今，林祥谦烈士的后人，谨记先辈精神浓缩而成的家训——“有信仰，扬正气；有纪律，克随性；有爱心，乐助人”，并一代代传承下去，教育子女。后代在各自的工作岗位上兢兢业业：孙辈四人，长孙林耀武1971年进入福州铁路车辆段工作，先后任段团委书记、工会主席、党委副书记、南昌铁路福州办事处副主任等，当选为福建省五届人大代表，中国铁路工会九届、十届、十一届执行委员，2009年国庆六十周年前夕，他代表烈士家属到北京参加“100位为新中国成立作出突出贡献的英雄模范人物”和“100位新中国成立以来感动中国人物”代表座谈会，受到胡锦涛总书记等中央领导同志的亲切接见，现已退休；林耀武的爱人徐飞也在福州铁路分局当会计，现已退休；林耀武的女儿林婧大学毕业后在福州铁路部门做财务工作。次孙林耀强在福建日报报业集团做行政工作，林耀强的爱人陈永枫在福州十八中任英语老师，其儿子林树坦于福建农业大学研究生毕业后，到国企从事区域规划工作。两个孙女林丽钦、林丽英也在铁路部门工作，都是工人身份，也已退休。林丽钦丈夫孙桂生是福州市一医院主任医师，丽钦的儿子孙新曦大学毕业后现在南昌铁路局工作。林丽英的丈夫林善秋在福州华润燃气公司任副总经理，其儿子林航大学毕业后在一个民企工作。如果从林祥谦烈士的父亲林其庄算起，他们是五代“铁路之家”，亲身感受到中国铁路的跨越式发展，经历了从蒸汽机车、电汽机车再到高铁的飞跃，也见证了新中国的日益强大。

林祥谦烈士后代全家福

施洋烈士家史

施洋

施洋（1889—1923），湖北省竹山县麻家渡镇双桂村人。1923 年 2 月 4 日，在中国共产党领导下，京汉铁路工人举行全路总罢工，法律顾问施洋积极组织武汉各界工人和学生声援京汉铁路工人大罢工；2 月 7 日晚，他被反动军警逮捕；15 日凌晨被押赴刑场杀害，时年 34 岁。施洋遇难后；反动军阀没收了施洋房产；并将施洋四岁的女儿施凤英强行送进武汉的一家妓院。施洋夫人郭秀兰为纪念丈夫改名为郭继洋，上京为夫鸣冤，被捕入狱。后经孙中山先生营救出狱，郭继洋遵中山先生之嘱改名为郭继烈，回到武汉，用资助款项赎回女儿。

施洋的父亲得知施洋牺牲后，思儿心切，每天以泪洗面，悲愤难当，半年后谢世；母亲易荣德，于 1959 年谢世，享年 95 岁；施洋胞弟施季高，跟随哥哥参加革命，16 岁加入中国共产党，1927 年 5 月，返回武汉担任中共汉口区区委书记，在召开会议时不幸被捕，被敌人残忍地砍成 18 块投入长江，英勇就义，时年 20 岁，没有留下后人。

解放后，郭继烈享受地厅级政治待遇，于 1967 年谢世。施洋女儿施凤英育有一女二男：一女施琳波，曾任武汉铁路分局客运段列车长，已退休；长男施琳琅，在宝山镇“施洋小学”教书，已退休；次男施琳海已退休，居住在武汉十堰市。施凤英于 2003 年病逝。郭继烈和易荣德的墓迁入施洋烈士陵园。

施洋（1889—1923年），原名吉超，字伯高，号万里，湖北省十堰竹山县麻家渡镇桂花树村人。施洋于1907年考入郧阳府立农业学堂学蚕科，1910年转入郧阳农业中学，1912年回乡创办县国民学校，1915年去省城就读于湖北私立法政专门学校法律科，1917年以甲等第一的成绩毕业后报考律师，1919年拿下律师证，在汉口花楼街皮业巷5号（现9号）开律师事务所执业。

从业之后，施洋因雄辩过人、精通法律，在业界声誉鹊起。不久加入刚组建的武汉法政学会，即被选为副会长，同时还被聘为湖北法政讲习所兼职教授。1919年“五四”运动爆发后，施洋以武汉律师公会副会长的名义，支持学生爱国行动。当时把持中原的直系军阀吴佩孚也高唱“劳工神圣”，约见施洋，并亲手送一部美国《华盛顿法典》，发誓和他“共同推进中国民主政治”。1921年10月，施洋参加劳动组合书记部武汉分部工作，积极从事工人运动；1922年6月18日，经项英和许白昊介绍加入中国共产党；同年7月底，指导汉阳铁厂取得了罢工胜利后，参与组建武汉工团联合会，并被聘请为该会法律顾问；之后又以律师身份支持烟厂工人和人力车夫的罢工。

1923年2月1日，京汉铁路总工会决定在郑州召开成立大会，施洋以湖北工团联合会、京汉铁路总工会法律顾问的身份参与了

大会，与会期间却遭到吴佩孚强令禁止。3日，总工会由郑州迁到汉口江岸分工会办公。4日，在总工会号召下，全路近三万名工人实行总同盟罢工。施洋参与领导武汉江岸分工会罢工。7日晚，施洋被湖北督军萧耀南以“煽动工潮”的罪名逮捕，先被关押在汉口警察厅，后转武昌湖北陆军审判处，在狱中施洋写下《狱中七日记》。14日，吴佩孚给湖北督军萧耀南下达了秘密杀害施洋的急电。次日（除夕日）晨6时，施洋被枪杀在武昌洪山脚下，他身中三弹后仍高呼：“中国共产党万岁！”“劳工万岁！”时年34岁。施洋遇害后，上海、北京、武汉等地团体和知名人士纷纷谴责军阀暴行。仅在汉口，就有数千人力车夫为表达对施洋的哀思，在各码头设祭，跪地痛哭并扶灵位游行，场面悲壮。1924年2月，为纪念施洋殉难一周年，林育南主编了《施洋先生纪念录》一书。同年，上海《民国日报》出了施洋纪念号。

施洋遇难三天后，妻子郭秀兰在地下党和进步人士的帮助下，将施洋的遗体安葬在平湖门外皇华馆江神庙，并立碑“施洋先生之墓”。与此同时，政府查抄了施洋在汉口花楼街的家，将施洋四岁的女儿施凤英强行送进武汉的一家妓院。为此，妻子郭秀兰改名为“郭继洋”，带着《为夫鸣冤书》去北京找黎元洪告状，黎置之不理。3月22日，郭继洋带着《为夫鸣冤书》《哀告全国同胞书》

施洋烈士故居

应邀参加北京“二七”遇难烈士追悼大会。曾多次前往总统府状告凶手吴佩孚、萧耀南，然而却被当局以在总统府闹事为名逮捕入狱。后在孙中山的营救下得以出狱，并按照孙中山嘱托改名为“郭继烈”，用孙中山资助的钱回到武汉赎回了女儿，回到竹山老家度日。

武汉洪山施洋烈士陵园内的施洋烈士像

1927年，“二七”四周年时，武汉群众同国民革命军70万人举行“二七”四周年纪念大会。会后，武汉各界群众为施洋、林祥谦等“二七”英烈扫墓并在江岸举行“二七”烈士纪念大会。后编印出版《“二七”四周年纪念特刊》《“二七”死难烈士施洋纪念特刊》。

1932年，周恩来在纪念“二七”斗争时撰写了《今年的“二七”纪念与中国工人阶级的中心任务》一文，指出“二七”烈士的英勇斗争是“中国大革命前的启蒙运动”，“灿烂了大革命中的光荣历史”。1939年2月，毛泽东在延安举行的“二七”纪念大会上高度评价道：“施洋同志的牺牲，证明了中国共产党是工人阶级自己的政党，是最保护工人阶级利益的。”同年7月，为纪念“二七”工人运动的伟大先驱，中共湖北党组织和湖北全省工团联合会将施洋的遗体安葬在武昌城外洪山脚下，由江岸铁路分工会立“施洋先生之墓”碑。

施洋其他亲人境遇。施洋的父亲在施洋牺牲半年后也去世了，家中只剩老母易荣德。

施季高（1907—1927年）系施洋胞弟，字吉地，1922年，考入武昌中华大学中学部。同年，加入中国新民主主义青年团。16岁的施季高在武汉党组织惨遭破坏的情况下，毅然要求加入了中国共产党，毕业后即与竹山在汉的共产党员贺华等组织成立了中共竹山党小组。1926年10月，党组织派施季高等回竹山县开展党的工作。首先成立了中国共产党竹山县支部委员会，施季高任宣传委员，负责宣传工作。后又相继成立了竹山县农民协会。农会经过斗争，拘押了恶霸杜子翼，打击了反动势力。“四一二”反革命政变后，中共竹山党组织的活动转入地下，施季高遭到追捕。1927年5月，重返武汉，担任中共汉口区区委书记。同年在汉口裕顺里召开会议时不幸被捕，被当局残忍地砍成18块投

京汉铁路工人“二七”大罢工六十周年纪念邮票

入长江，英勇就义，没有留下后人。

中华人民共和国成立后的1951年，民政部门寻找到郭继烈、施凤英母女俩，每月补贴500斤大米（折合人民币35元）作抚恤金，政治上享受地区级别待遇，并在竹山县宝丰镇拨一套三间土木架构的老房，给施洋母亲易荣德和郭继烈一家居住。

1953年，政府在武昌洪山修建了施洋烈士陵园，烈士遗体由山脚迁至山腰，建起巍然挺拔的“施洋烈士纪念碑”和烈士半身塑像。

1957年1月，董必武题诗：“二七工仇血史留，吴萧贻臭万千秋，律师应仗人间义，身殉名存烈士传”。1958年，江岸修起“二七”革命烈士纪念馆和“二七”烈士纪念碑，毛泽东亲书碑名。在烈士家乡，为了缅怀革命先烈，1957年5月，竹山县人民委员会给施洋夫人居家赠挂“烈士之家”巨匾，室内正厅悬挂烈士遗像和生平事迹简介，供后人瞻仰和凭悼。1993年5月，中共竹山县委、县入政府在县城中心竖起5米高的烈士铜像，大理石座基上镌刻着党和国家领导人分别为其题的词。同时，组织编写出版《施洋传》《施洋烈士文集》，以启后人。

1957年5月，县人民政府在她家挂匾“施洋烈士之家”。根据郭继烈多次请求，全国总工会特许施洋之女的后人永远都姓施，以

施洋外孙女施琳波（左）与儿女合影

继施洋遗志。1959 年，95 岁的易荣德过世。1967 年 7 月，郭继烈去世。施洋女儿施凤英，曾有过两次婚姻。据有关资料讲述，施凤英在千家河的第一个丈夫是地主出身，见政府不时照顾烈属，怕施凤英名声大了不跟他过了，趁施凤英晚上睡熟，在其头上、颈上连砍几刀。经抢救 20 多天后，施凤英脱险。刘姓丈夫跳井自杀。施凤英后来又重新结婚，可惜丈夫又先她而去。2003 年 2 月 11 日，施凤英病逝于十堰市福利院，享年 86 岁。施凤英的女儿施琳波（即施洋的外孙女），1963 年经湖北省委特批入铁路部门工作，曾任武汉铁路分局客运段列车长，“文化大革命”期间遭受不公正待遇，1979 年获平反，目前已退休，与其后代居住在武汉。

施琳波还有两个弟弟，其中大弟施琳琅曾在宝丰镇“施洋小学”教书，目前居住在宝丰镇施洋烈士之家，已退休。小弟施琳海居住在十堰，已退休。新修建的宝丰镇施洋烈士陵园，施洋的母亲和妻子迁葬于此。其中施洋烈士纪念馆占地 20 亩，建筑面积 1 400 平方米，馆内设三个展厅：第一展厅为施洋烈士事迹展；第二展厅为施洋故里风情摄影展；第三展厅为书画展。

此外，施洋麻家渡桂花树村故居现存土木结构房屋三间，面积 117 平方米，为县级文物保护单位。

为争人权、争自由、求解放，京汉铁路工人在中国共产党的领导下，举行了总同盟“二七”大罢工，遭到反动军警的残酷镇压，被砍杀枪杀折磨至牺牲的据统计有 53 位烈士，山河悲愤，震惊中外。此次斗争充分体现了中国工人阶级已经成为一股不可阻挡的力量，站在革命斗争的最前列。为了缅怀先烈，致敬先烈，本书特予以列述，以示敬仰。

“二七”大罢工中，在江岸牺牲的共 39 位烈士，其中一位年龄不详，另外 38 位平均年龄 32.39 岁，最小的 20 岁，最大的 52 岁。

在郑州牺牲的共 4 位烈士，其中一位年龄不详，另外 3 位平均年龄 38.33 岁，最小的 30 岁，最大的 55 岁。

在北京长辛店牺牲的共 10 位烈士，平均年龄 34.6 岁，最小的 21 岁，最大的 47 岁。

据统计，京汉铁路全路段总共牺牲 53 位烈士，其中两位年龄不详，余下的 51 位烈士平均年龄 33.18 岁，最小的 20 岁，最大的 55 岁。最小年龄的烈士来自江岸分工会，最大年龄的烈士来自郑州分工会。

林祥谦	晏佑来	陈端炳	钱惠和	吴　帧
施　洋	徐延发	吴彩贞	秦　君	辛克洪
曾玉良	刘幼亭	邱在坤	龚德詠	高顺田
陈年伯	黄子章	杨庆寿	梁甘甘	杨诗田
胡兴顺	王先端	陈道忠	梅才咏	李　玉
丁道启	王起鹏	张春喜	梅启发	赵长润
叶青山	叶志松	李启发	高　斌	刘宝善
刘寿真	朱仁斌	林元成	司文德	刘川田
吴海发	张福狗	柳成有	汪胜友	刘老贤
陈芝槐	刘文银	姜和顺	郑　成	
林开庚	李开元	姜鸿星	葛树贵	

江岸（39 位）

林祥谦

1892 年 10 月 19 日出生，原名元德，福建省闽侯县尚干镇人。江岸工务修配厂机器匠，京汉铁路江岸分工会委员长，第一届工会会计干事，1922 年入党。系"二七"大罢工江岸地区负责人，1923 年 2 月 7 日下午被捕后坚决不下复工令，当晚被斩首于江岸车站，时年 31 岁。

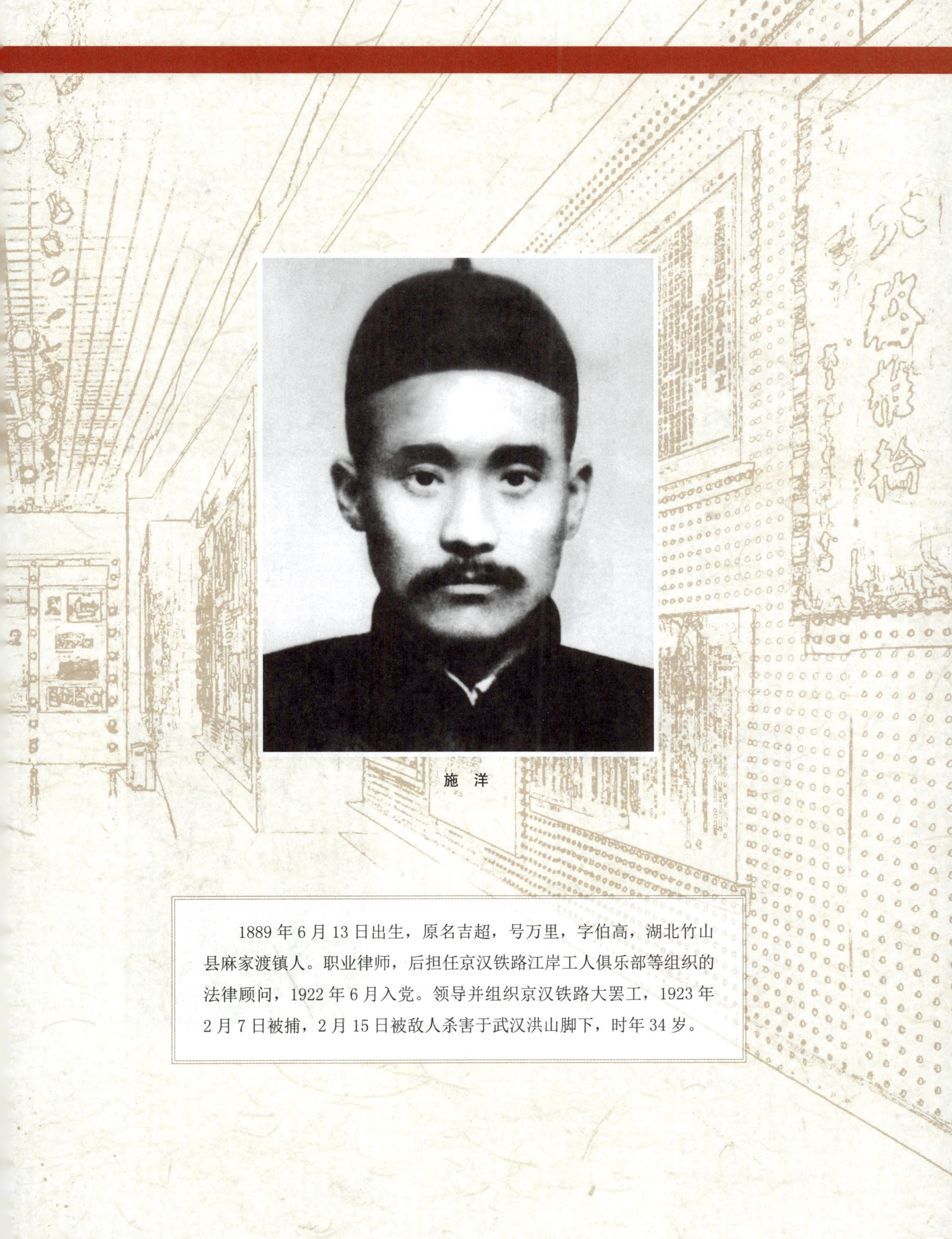

施 洋

1889年6月13日出生，原名吉超，号万里，字伯高，湖北竹山县麻家渡镇人。职业律师，后担任京汉铁路江岸工人俱乐部等组织的法律顾问，1922年6月入党。领导并组织京汉铁路大罢工，1923年2月7日被捕，2月15日被敌人杀害于武汉洪山脚下，时年34岁。

江岸（39位）

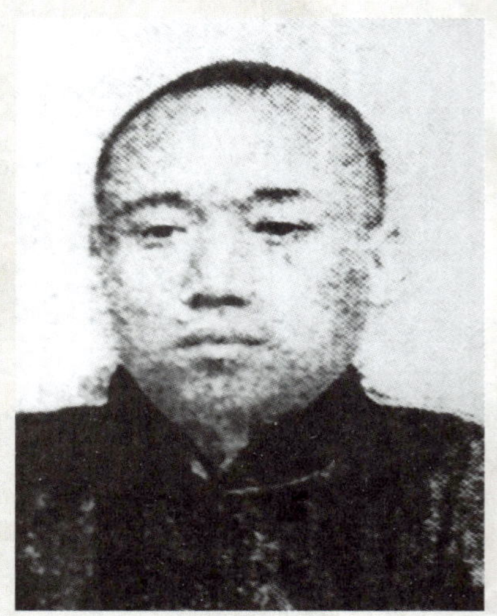

曾玉良

1886年3月25日出生，江苏扬州市邗江区槐泗镇人，原名曾玉柱，江岸机器厂车床匠。京汉铁路总工会江岸分会第一届交际干事兼工人纠察队队长，罢工时任工人纠察团副团长，率领团员们维持罢工秩序。2月7日下午，在总工会门前于敌人搏斗中中弹牺牲，时年37岁。

陈年伯

1885年出生，湖北孝感县人，又名陈运伯，江岸平车厂木匠。京汉铁路总工会江岸分会交际干事、纠察团小组长。1923年2月7日，在分工会门前与敌人搏斗中中弹牺牲，时年38岁。

胡兴顺

1883年出生，湖北黄陂县祁家湾人，江岸工务处领班，工会会员。1923年2月7日，在分工会门前与敌人搏斗时被枪弹击中头部，当场牺牲，时年40岁。

丁道启（照片暂缺）

1893年出生，湖北广水县人，江岸工务厂小工，工会会员，工人纠察队队员。1923年2月7日，在分工会门前与敌人搏斗时，被枪弹从后脑打入，当场牺牲，时年30岁。

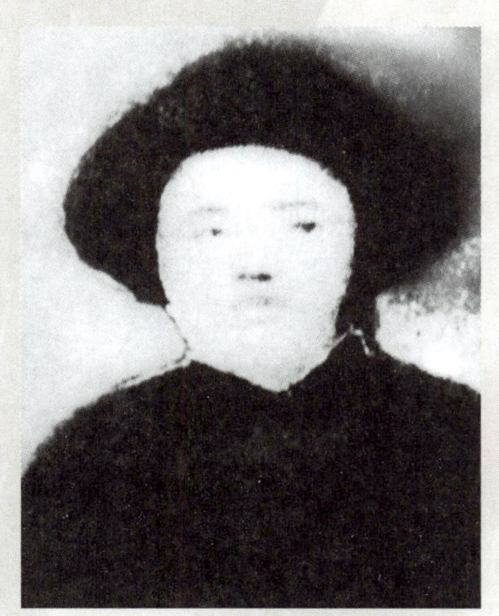

叶青山

1895年出生，湖北鄂城县人，江岸车头厂验车匠，工会会员，工人纠察队队员。1923年2月7日，在分工会门前与敌人搏斗时，被敌人连刺数刀后牺牲，时年28岁。

刘寿真

1871年出生，湖北汉阳县人，江岸平车厂铜匠，工会会员，工人纠察队队员。1923年2月7日，在分工会门前与敌人搏斗时，被敌枪击中左膀，又被刺刀刺入腹部，二十余日后死于医院，时年52岁。

吴海发（照片暂缺）

1893年出生，湖北孝感县人，又名吴海王，江岸平车厂帮匠，工会会员、工人纠察队队员。1923年2月7日，在分工会门前与敌人搏斗时被敌枪击中右臂及胸部，抬回家中后当晚牺牲，时年30岁。

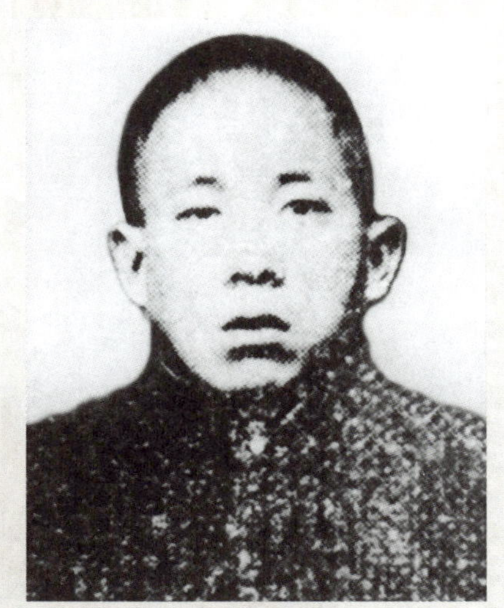

陈芝槐

1884年出生，湖北孝感县人，江岸车头厂抬煤夫，工会会员，工人纠察队队员。1923年2月7日，在分工会门前与敌人搏斗时，被敌枪击中左侧腋下及胸部，当场牺牲，时年39岁。

江岸（39位）

林开庚

1879年出生，福建闽侯县人，江岸车头厂验车匠，工会会员，纠察队队员。1923年2月7日，在分工会门前与敌人搏斗时被敌枪击中后脑，子弹从脸部出来，当场牺牲，时年44岁。

晏佑来

1887年出生，湖北黄陂县人，又名晏金亭，江岸工务修理厂铁匠，工会会员，工人纠察队队员。1923年2月7日，在分工会门前与敌人搏斗时，被敌枪击中右眼，两小时后死去，时年36岁。

徐廷发

1885年出生，湖北红安县人，江岸机器厂翻砂匠，工会会员，纠察队队员。1923年2月7日，在分工会门前与敌人搏斗时被枪弹击中，当场牺牲，时年38岁。

刘幼亭

1901年出生，湖北新州县人，江岸工务修理厂翻砂匠，工务工会文书。1923年2月7日，在分工会门前与敌人搏斗时，被敌枪击中腿部，救治无效，死于医院，时年22岁。

黄子章

1903年出生，福建闽侯县人，又名黄家淄，江岸机器厂镶配匠，曾任江岸分工会文书。1924年3月10日在汉口被捕入狱，在狱中受尽酷刑，始终坚贞不屈。1925年解送福建，因刑伤过重死于途中，时年20岁。

王先端

1895年出生，福建闽侯县人，江岸机器厂镶配匠，工会会员。1923年2月7日，在分工会门前与敌人搏斗时被乱枪击中，当场牺牲，时年28岁。

王起鹏

1893年出生，安徽巢县人，江岸车头厂生火夫，工会会员。1923年2月7日，在分工会门前与敌人搏斗时，被敌枪击中右额，当场牺牲，时年30岁。

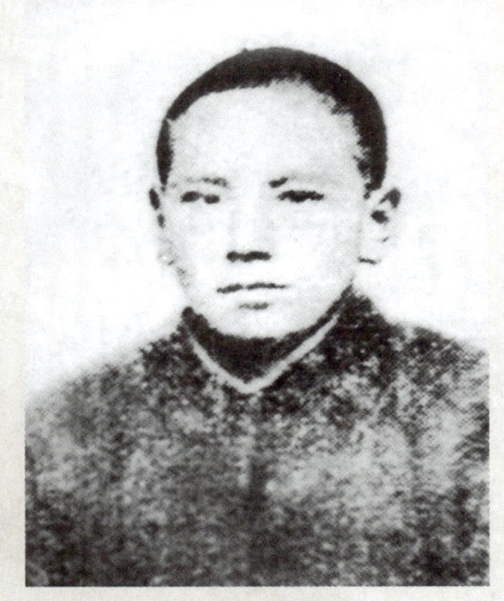

叶志松

1890年出生，湖北黄陂县人，江岸平车厂帮油漆匠，工会会员。1923年2月7日，在分工会门前与敌人搏斗时，被敌枪击中面部，当场牺牲，时年33岁。

江岸（39位）

朱仁斌

1884年出生，福建长乐县人，江岸机器厂锅炉匠，工会会员。1923年2月7日，在分工会门前与敌人搏斗时被敌枪击中腿部，次日送到医院，死于医院，时年39岁。

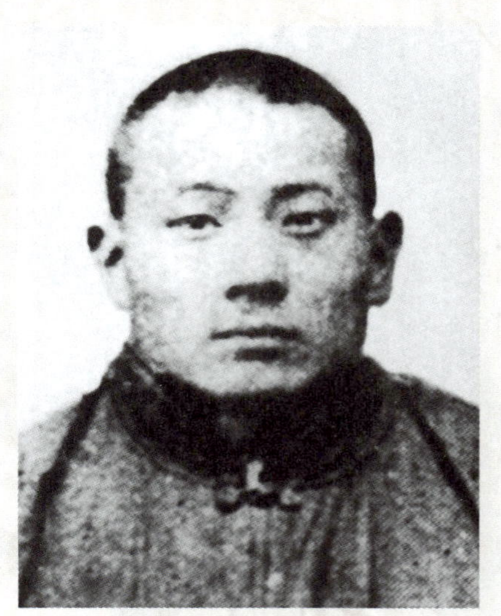

张福狗

1894年出生，湖北黄陂县人，江岸车头厂生火夫，工会会员。1923年2月7日，在分工会门前与敌人搏斗时，被乱枪打中胸部而亡，时年29岁。

刘文银

1889年出生，湖北孝感县人，又名刘长发，江岸车头厂司机匠，工会会员。1923年2月7日，在分工会门前与敌人搏斗时，大腿被敌人刺中一刀，头部被击一枪，当场牺牲，时年34岁。

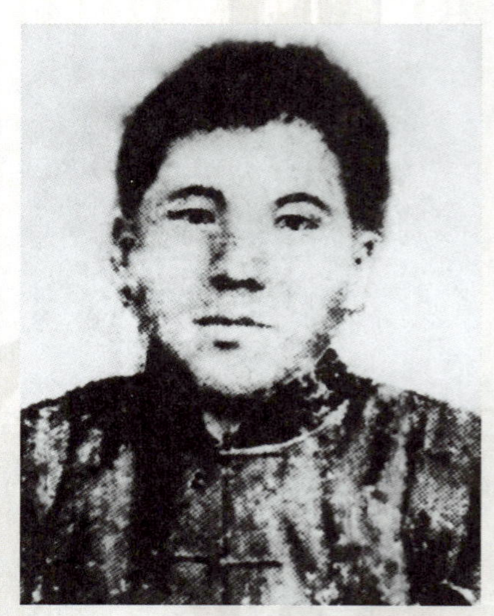

李开元

1902年出生，广东中山县人，江岸机器厂翻砂匠，工会会员。1923年2月7日下午，给总工会送信回来时，正遇上敌人在分工会门前屠杀工人，他毫不畏惧加入与敌人的搏斗中，被敌枪击中，子弹横穿腰腹，忍痛回家，次日倒死地上，时年21岁。

陈端炳

1898年出生，福建闽侯县人，江岸机器厂锅炉工，工会会员。1923年2月7日惨案发生时，冒着敌人的枪弹，在分工会门前高喊“工友们冲呀”，带头冲入敌阵，中弹牺牲，时年25岁。

吴彩贞

1896年出生，福建福州市人，江岸机器厂镶配匠，工会会员。1923年2月7日，在分工会门前与敌人搏斗时，被敌人一枪打入喉头，当场牺牲，时年27岁。

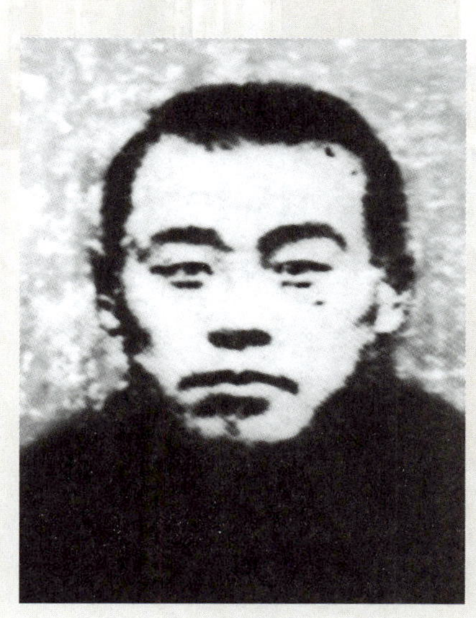

邱在坤

1896年出生，湖北新州县人，江岸平车厂小工，工会会员，工人纠察队队员。1923年2月7日，在分工会门前与敌人搏斗时，腹部被敌枪击中两弹，当场牺牲，时年27岁。

杨庆寿（照片暂缺）

1893年出生，湖北孝感县人，江岸工务处摇车夫，工会会员。1923年2月7日，在分工会门前与敌人搏斗时中弹，后死于医院，时年30岁。

江岸（39位）

陈道忠

1887年出生，湖北汉口人，江岸车头厂生火夫，工会会员。1923年2月7日，在分工会门前与敌人搏斗时被抢击中头部和腿部，次日送到医院，2月14日死去，时年36岁。

张春喜（照片暂缺）

1892年出生，湖北宜昌县人，江岸工务处道班房小工，工会会员。1923年2月7日，在分工会门前与敌人搏斗时被乱枪击中，死于医院，时年31岁。

李启发（照片暂缺）

1903年出生，湖北秭归县人，江岸工务厂小工，工会会员。1923年2月7日，在分工会门前与敌人搏斗时，被敌枪击毙，时年20岁。

林元成（林祥谦烈士胞弟）

1895年出生，福建闽侯县尚干镇人，信阳车头厂生火夫，工会会员，林祥谦胞弟。1923年2月7日，在前往江岸分工会途中，被敌人乱枪杀于江岸三道街，时年28岁。

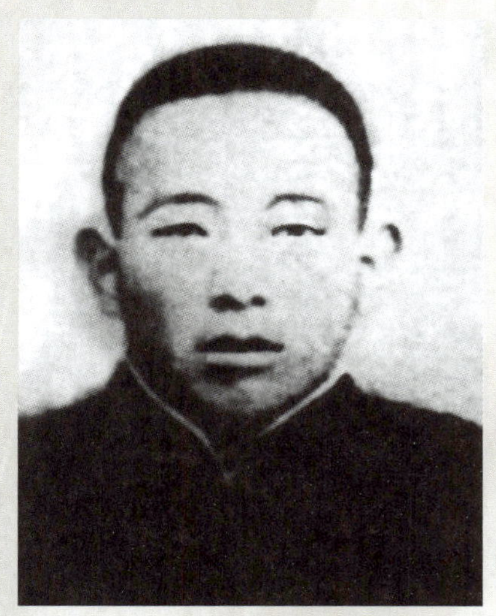

柳成有

1899年出生，湖北黄陂县人，江岸平车厂铁匠，工会会员。1923年2月7日，在分工会门前与敌人搏斗时被敌枪击中左胸，头部也被刺数刀，当场牺牲，时年24岁。

姜和顺

1895年出生，湖北鄂城县人，江岸车头厂抬煤夫，工会会员。1923年2月7日，在分工会门前与敌人搏斗时被敌枪击中，当场牺牲，时年28岁。

姜鸿星

1887年出生，湖北鄂城县人，江岸工务修理厂送信夫，工会会员。1923年2月7日，在分工会门前与敌人搏斗时，被敌枪击中右腿，回家七八天后死亡，时年36岁。

钱惠和

1889年出生，江苏无锡县人，江岸车头厂锅炉匠，工会会员。1923年2月7日，在分工会门前与敌人搏斗时，被敌枪击中腿部受重伤，次日死于医院，时年34岁。

江岸（39 位）

秦　君（照片暂缺）

出生年月与籍贯不详。江岸车头厂工匠，工会会员。1923 年 2 月 7 日，在分工会门前与敌人搏斗时被乱枪击中，死于医院。

龚德詠

1893 年出生，湖北黄陂县龚隶岗人，江岸工务处摇车夫，工会会员。1923 年 2 月 7 日，在分工会门前与敌人搏斗时被抓至江岸车站票房，敌人用刺刀在他身上砍了七刀，抬到医院后，当晚牺牲，时年 30 岁。

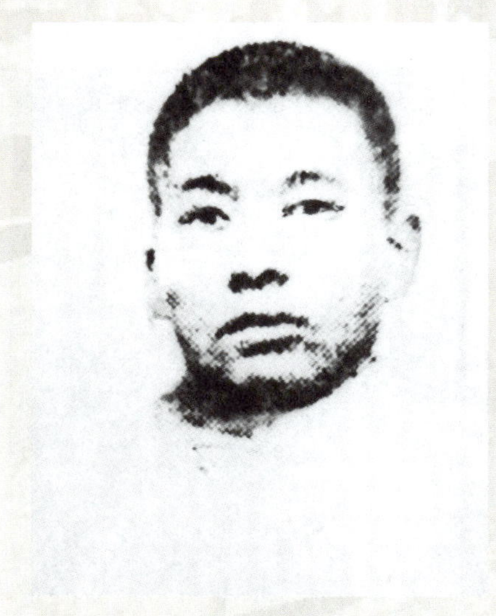

梁甘甘

1893 年出生，福建闽侯县人，又名邵承鹰，江岸车头厂验车匠，工会会员。1923 年 2 月 7 日，在分工会门前与敌人搏斗时，被敌枪击中，刺刀刺入喉头，当场牺牲，时年 30 岁。

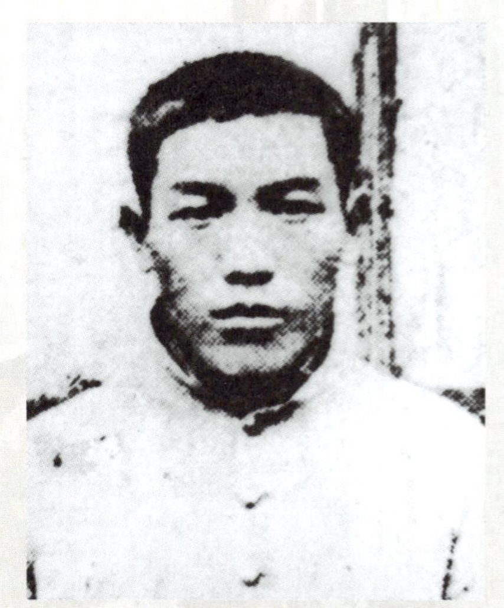

梅才咏

1893 年出生，湖北黄陂县人，江岸机器厂翻砂匠，工会会员。1923 年 2 月 7 日，在分工会门前与敌人搏斗时被敌枪击中后脑，将头盖骨揭掉，右腿被刺一刀，当即牺牲，时年 30 岁。

梅启发

1891 年出生，湖北黄陂县人，江岸车头厂生火夫，工会会员。1923 年 2 月 7 日，在分工会门前与敌人搏斗时，被敌枪击中胸部，当场牺牲，时年 32 岁。

郑州（4 位）

汪胜友

1871 年出生，安徽巢县人，郑州机务大厂镶配匠。积极参加“二七”革命斗争，曾遭敌人通缉。1925 年京汉铁路总工会恢复后，担任郑州分工会委员长。1926 年 10 月 6 日被捕，10 月 15 日以“破坏黄河铁路桥嫌疑”的莫须有罪名被军阀砍杀于郑州长春桥，时年 55 岁。

郑　成（照片暂缺）

1893 年出生，湖北汉阳人，郑州车头厂司机匠，工会会员。参加“二七”大罢工，惨案后精神失常，半月后死去。

高　斌

1893 年出生，天津人，京汉铁路郑州机厂镶配匠，郑州铁路工会委员长，1922 年 8 月在京汉铁路总工会第二次筹备会上被选为大会执行主席，系大罢工郑州负责人。1923 年 2 月 5 日被捕，被绑在郑州火车站栅栏上，拒不下复工令，受刑讯折磨，保释出来后不久牺牲，时年 30 岁。

司文德

1896 年出生，河南汤阴县人，郑州工务处领班，两次被选为工务处工人总代表。1923 年 2 月 13 日因参加“二七”罢工被捕，受尽酷刑后，于 8 月由其父赎出。1926 年 10 月 6 日再次被捕，10 月 15 日以“破坏黄河铁路桥嫌疑”的莫须有罪名被军阀砍杀于郑州长春桥，时年 30 岁。

长辛店（10 位）

葛树贵

1887 年出生，山东德平县人，长辛店机厂铆工，工人纠察队副队长。1923 年 2 月 7 日上午，带领纠察队员去火神庙警察局要求释放前一晚被捕的工人，冲在最前面，被军阀开枪击中头部，成为“二七”斗争中长辛店地区第一个牺牲者，时年 36 岁。

吴　帧

1880 年出生，河北涿县人，回族，长辛店铁路机厂旋工，工会会员，工会调查团团长。1923 年 2 月 6 日夜被军阀逮捕，关押在保定军法处监狱，在狱中遭严刑拷打，折磨成疾，又得不到医治，于 1923 年秋死于狱中，时年 43 岁。

辛克洪

1901年出生，河北涿县人，又有资料称辛克明、辛可洪，长辛店修车厂木匠，担任工会十人干事，纠察队小队长。1923年2月7日上午与葛树贵等去警察局要求释放被捕的工人，遭敌人弹压，胸部中弹牺牲，时年22岁。

高顺田（照片暂缺）

1876年出生，河北滦县人，高碑店火车房司机，高碑店分工会会计主任。1923年二七斗争中被捕，受严刑拷打成疾，1923年8月死于狱中，时年47岁。

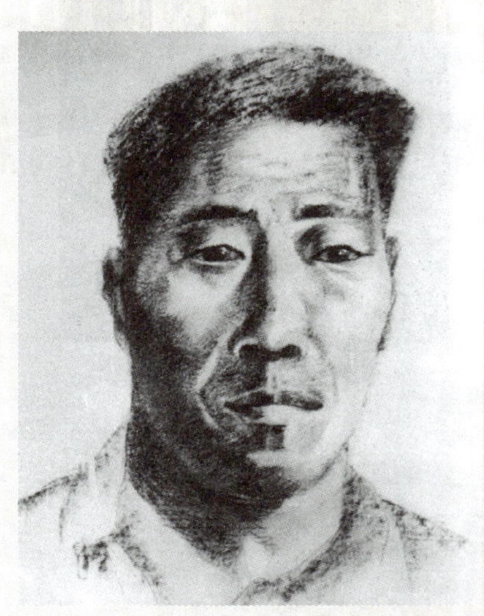

杨诗田

1884年出生，北京市昌平县人，长辛店铁路机厂白铁匠，长辛店分工会干事。1923年2月7日上午，与葛树贵一起去火神庙警察局要求释放前一晚被捕的工人，手举“还我工友”白布大旗，走在队伍前列，被敌枪击中腹部，当场牺牲，时年39岁。

李　玉（照片暂缺）

1893年出生，山西省人，长辛店工务修理厂木匠，长辛店分工会教育委员。1923年2月6日夜被军警逮捕，押在保定军法营务处，刑讯成疾，1924年初取保监外就医，死于家中，时年33岁。

长辛店（10位）

赵长润

1902年出生，河北涿县人，北京印刷厂装订工，工会十人干事，印刷所工会秘书。1923年2月6日去长辛店参加罢工，2月7日上午在火神庙警察局前被敌枪击中左背，被工友送回北京，曾在协和医院治疗，5月12日秘密离开医院，后枪伤复发，死于家中，时年21岁。

刘宝善（照片暂缺）

1898年出生，河北人，长辛店机厂木匠，工会十人干事。1923年2月7日上午在火神庙警察局前被敌枪击中胸部，死于医院，时年25岁。

刘川田（照片暂缺）

1883年出生，河北深州人，长辛店工务分段棚工。1923年2月7日上午在火神庙警察局前被敌枪击中左臂，不久后重伤死亡，时年40岁。

刘老贤（照片暂缺）

1883年出生，河北易州人，涞水九号道房工人。参加“二七”斗争时被军警逮捕入狱，在狱中受刑致病，被保释监外就医，死于家中，时年40岁。

注：53位烈士籍贯按牺牲时行政区域列示。

关于烈士名单的说明：1993年由当代中国出版社出版的《“二七”革命斗争史》中的烈士有郑成烈士的名单，而1983年由工人出版社出版的《“二七”大罢工资料选编》中的烈士中没有郑成烈士，而有刘川田烈士。

附：

1923年2月1日赴郑州普乐园
出席京汉铁路总工会各分工会代表名单（55人）

一、长辛店分工会（7人）史文彬　张德惠　陈励懋　洪永福　王俊　吴春溪　崔玉春

二、江岸分工会（8人）杨德甫　林祥谦　姜肇基　张濂光　罗海臣　朱蓝田　曾玉良　汪银畴

三、郑州分工会（8人）高　斌　刘文松　凌楚潘　李焕章　姜海士　范福海　王宗培　曾玉隆

四、广水分工会（2人）朱佐臣　周伊三

五、信阳分工会（4人）胡传道　徐　宽　邵允铨　熊绍乐

六、驻马店分工会（1人）何继谋

七、郾城分工会（2人）卢存善　周少贞

八、许州分工会（3人）田新科　潘希贤　刘相臣

九、黄河南北岸分工会（4人）韩松亭　吴幼宾　李得春　徐桂林

十、新乡分工会（2人）杜石卿　杜秀臣

十一、彰德分工会（4人）戴清屏　齐富贵　赵光前　姚佐唐

十二、顺德分工会（3人）余荣辉　王相全　王　珊

十三、正定分工会（3人）康景星　丁桂山　张保和

十四、保定分工会（2人）何立泉　白月耀

十五、高碑店分工会（1人）陈作霖

十六、琉璃河分工会（1人）周永福

特邀其他铁路代表名单（35人）

一、道清铁路工会（5人）魏宝剑　王惟俭　陈毅章　王万顺　余永和

二、正太铁路工会（5人）贺善源　邢昌福　孙云鹏　腾邦忠　施恒清

三、陇海铁路工会（5人）傅子天　杨森发　魏荣珊　熊正庭　凌必应

四、京绥铁路工会（5人）孙云亭　蒋德元　张树珊　周振声　胡　珍

五、京奉铁路工会（3人）王麟书　邓开泰　康良臣

六、津浦铁路工会（6人）王荷波　李广义　刘乃泮　刁玉祥　徐洪山　刘继贤

七、粤汉铁路总工会（1人）卢士英

八、粤汉铁路南段工会（1人）潘兆銮

九、徐家棚分工会（3）余友文　王佐林　姚　祺

十、广三铁路工会（1人）李　三

筹委会工作介绍

2020 年 5 月，在各级政府部门和社会各界名流的支持下，在闽侯县林祥谦研究会的基础上，福建省林祥谦研究会正式成立。林祥谦、施洋等“二七”烈士为壮大中国共产党力量、明确党的奋斗目标积累了宝贵经验，他们的事迹彪炳史册，光耀千古！林祥谦的信仰坚定、报国为民、硬气担当、视死如归的精神，永远都是我们学习的好榜样，发扬林祥谦精神，对牢固树立社会主义核心价值观、坚定理想信念有着十分重要的现实意义。我们要强化对青少年德育教育力度，使中央提出的不忘初心、牢记使命的常态化教育活动，能够切实得到深入持久的开展。挖掘研究林祥谦精神内涵，充分体现时代价值，使林祥谦事迹重新走进课堂，这是成立福建省林祥谦研究会的初衷之一。

林祥谦是中国工人阶级的杰出代表，中国工人运动的先驱，1923年京汉铁路大罢工的工人领袖，是中国共产党最早壮烈牺牲的烈士，是“100位为新中国成立作出突出贡献的英雄模范人物”之一。他用自己的铮铮铁骨和鲜活生命谱写了为中华民族解放事业而献身的悲壮诗篇，诠释了中国共产党人的初心与使命。他不畏强暴、不怕牺牲、勇敢坚定、宁死不屈的大无畏精神，以及高度自觉的组织纪律性，全心全意为劳苦大众求解放的崇高品质，为中国人民树立了光辉的榜样，是中华民族世代相传的宝贵精神财富。

为了研究宣传“二七”运动和林祥谦悲壮的革命斗争事迹，让英烈精神浩气长存，在省、市、县各级党委政府高度重视，省总工会和民政厅鼎力支持下，高校教授学者等各领域有识之士及企业家积极参与筹建福建省林祥谦研究会。

2019年8月，福建省林祥谦研究会的筹建工作正式启动。在闽侯县林祥谦研究会的基础上，成立了福建省林祥谦研究会筹委会，有条不紊地开始筹建工作。

“二七”考察团与烈士后代在武汉二七纪念馆前合影

筹备工作进展顺利可喜。2019 年 8 月 23 日，福建省林祥谦研究会筹委会成立，由林秋美、林耀武、林耀强、林友华、黄建兴、林炳镛、林福明、甘春龙、陈明安、林成恩、林功佑、林桂通、叶家全十三人组成。筹委会成立后研究制订了研究会章程、工作机构职责、目标任务和责任分工。研究确定林耀武（系林祥谦长孙）为研究会会长，林成恩（福建岩源置业公司总经理）为研究会秘书长，林友华（闽江学院教授）为副会长兼法定代表人，陈少牧（福建华侨大学厦门工学院原副书记、教授）、郭华（闽江大学教授）为研究会副会长，黄晓珍（三明学院副教授）为研究会监事长。筹委会成立以来，先后召开了六次会议，取得了明显的成果。一是得到了福建省总工会、民政厅的大力支持。2019 年 10 月 30 日，经省总工会党组研究同意，福建省林祥谦研究会筹委会成立，并明确省总工会为主管单位；二是确定 2020 年清明节前邀请全国总工会文工团到林祥谦陵园进行纪念演出（因新冠肺炎疫情暂停）；三是 2019 年 12 月，省总工会领导带队赴京汉线的湖北省武汉市、河南省郑州市参观学习考察；四是协调一名总工会副主席联系省管二十多家集团企业，将其纳入研究会会员单位，促进研究会良性发展；五是省民政厅特事特办，一路绿灯，协调工商银行为林祥谦研究会开设银行过渡账户，批准定制林祥谦研究会筹委会公章，并正式启用；六是研究决定福建省林祥谦研究会拟设三部（综合

林秋美（右一）、中国武夷北京公司董事长陈小峰与长辛店二七纪念馆馆长刘德华合影。

部、学术部、宣传部）、一院（福建祥谦画院）、一社（福建祥谦诗联社）；七是武汉新冠肺炎疫情肆虐时，福建省政协农业和农村委员会副主任、林祥谦研究会筹委会召集人林秋美，积极组织爱心人士捐款 25 万元，筹集医用口罩 11 100 个，购买 7 000 元当地滞销的中华红血橙等驰援武汉，共克时艰；八是明确落实了工作重点：①加大林祥谦陵园革命传统爱国主义教育基地祥谦文化公园的建设力度，让其成为常态化的“不忘初心、牢记使命”主题教育的平台和载体；②推进《浩气冲天——致敬“双百人物”林祥谦暨“二七”诸烈士》和《传承红色基因　讲好英雄故事——记林祥谦烈士夫人陈桂贞》（暂定名）的编撰工作，以实际行动推动福建省林祥谦研究会尽快成立；③推动参加福建省林祥谦研究会成员报名入会登记工作，并确保研究会的各项工作按照社团组织规定的程序抓好落实。

武汉郑州传承经验丰富。 2019 年 12 月 23 日，福建省总工会宣教部部长带领闽侯县总工会、退役军人管理局、祥谦镇、福建省林祥谦研究会筹委会的工作人员以及林祥谦亲属等八人，赴武汉和郑州二七纪念馆参观考察学习，并拜访和看望了林育南、项英和施洋烈士的亲属。武汉市、郑州市总工会和二七纪念馆及相关纪念点领导，认真介绍了“二七”革命斗争史和弘扬“二七”精神的情况，当地领导介绍说：一是社会各界十分重视“二七”革命斗争史的教育，许多高校相关专业的学生都被派到纪念馆实习，从高校到中小学都组织学生到二七纪念馆接受革命传统教育，其他单位或个人也积极参加学习和传承活动。郑州二七纪念馆一年接受红色教育人数近 90 万人，武汉二七纪念馆接受红色教育人数 30 多万人，每年的国家烈士纪念日，湖北和河南省

“二七”考察团与郑州二七纪念馆副馆长邓学青（中）合影

“二七”考察团在郑州二七纪念塔前留影

委组织四套班子领导到二七纪念馆举行公祭烈士活动，缅怀烈士的不朽功绩，表达继往开来、持续奋斗的坚定信心。二是二七纪念馆设施完整先进。武汉和郑州的二七纪念馆外观庄严、大气、简朴，内部设施图片资料陈列完整，通过多样化的情景声光布局，增强了吸引力和感染力，达到了令人震撼的效果。三是湖北省武汉市京汉铁路学校编著《弘扬“二七”革命 铸造学生品格》的德育教材，还通过预约由纪念馆派出讲师团赴各学校、各单位开展教育活动，有计划地安排“送展下乡”“送展下基层”“送站到单位”等活动。同时，把开展教育活动列入上级考核考评内容，收到了很好的效果。

乡贤踊跃鼎力支持建会。2019 年 12 月 22 日，福建省召开筹备成立林祥谦研究会座谈会，会议由林秋美同志主持，参加会议的有叶家松、陈荣凯、林从光等军政领导，闽侯县委、政府领导，以及县直机关各部门和相关乡镇部分领导，闽侯乡贤、企业家和林祥谦家属代表等 50 多人。会场气氛热烈，大家畅所欲言，建言献策，纷纷表示要尽其所能支持研究会的成立，参会同志充分表达了对林祥谦烈士的崇敬心情和继承先烈豪情斗志的决心。陈明安宣读了关于踊跃参加福建省林祥谦研究会的倡议书。福建省政协原副主席兼秘书长叶家松讲话，他说：“林祥谦烈士是中国共产党人的先锋，是我们家乡人的骄傲，他‘坚贞不屈、勇于献身’的革命精神，是全中国人民学习的榜样。为弘扬林祥谦革

林秋美（左图）与林耀强（右图）分别接受郑州电视台的采访

命精神，我们筹备成立福建省林祥谦研究会，首先思考做什么——要在顶层设计上科学谋划，做出福建特色和亮点；怎么做——我认为要确保可持续发展，做到目标长远常态化；谁来做——不能由单一的乡贤、企业家和福建省林祥谦研究会来做，应请中华总工会、中华铁路总工会，以及省、市、县总工会都来参与，才能把研究会的各项工作做出成效。”福建省政协原副主席陈荣凯讲话，他说：“林祥谦是我们闽侯尚干人，是我党的优秀党员，是‘100位为新中国成立作出突出贡献的英雄模范人物’之一，林祥谦烈士的革命事迹感天动地，值得大力弘扬，要让他的精神源远流长。研究会需要研究什么——要认真筹划，拟订方案，逐步提升；怎么把研究会的工作做好——要克服研究会与政府‘两张皮’的现象，要在各级政府的引领下，发挥研究会的桥梁纽带作用，搭建好平台，调动各方力量参与做好各项工作。各位乡贤都要带头支持，有力出力，有钱出钱。此事功德无量！”林从光将军说，记得小时候每年清明节，学校都要组织我们到林祥谦陵园扫墓，缅怀先烈，继承遗志。今天，我们更应该精诚团结、一心一意，搭建好平台，做好青少年一代的传承教育工作，为实现中华民族的伟大复兴和“两个一百年”的奋斗目标尽我们的绵薄之力。

闽侯县委重视建设基地。闽侯县委县政府要求，福建省林祥谦研究会的成立，县委县政府要突显当地优势，发挥领头羊作用，号召县直各机关、事业单位，以及尚干、青口、祥谦三镇的领导和乡亲群众，积极加入林祥谦研究会会员或单位会员，为传承林祥谦精神、开展好初心使命主题教育发挥应有的作用。一是做好林祥谦陵园设施改造升级的顶层设计，如：陵园绿化突出四季常青、亮化适度、功能具全。二是加大林祥谦文化公园常态化教育基地建设力度。林祥谦文化公园建设要与陵园相协调，尽快解决福建省林祥谦研究会的办公场所、来访单位客人接待处、大中小型会议室、文化长廊、英烈精神宣传展馆等设施建设问题。三是选址、成立福建

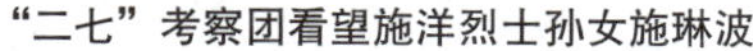

“二七”考察团看望施洋烈士孙女施琳波

省林祥谦学院，为全省乃至全国的干部职工提供培训宣传教育服务。四是将“不忘初心、牢记使命”的常态化教育活动与弘扬林祥谦精神紧密结合起来。如：学校德育课本要体现林祥谦的事迹等。

编撰书籍牢记初心使命。《浩气冲天——致敬“双百人物”林祥谦暨“二七”诸烈士》一书，比较系统地介绍了“二七”革命斗争历史和党领导的第一次工人运动的高潮，以及“二七”惨案发生后党和国家领导人对烈士们的崇敬和缅怀，激励一代又一代中国共产党人前赴后继，进行艰苦卓绝的斗争，取得了革命的胜利，中华人民共和国成立后，党和政府在京汉线的武汉、郑州、长辛店和林祥谦家乡建设了纪念设施，并持续不断地开展各种形式的纪念活动，2009 年林祥谦烈士被评为“100 位为新中国成立作出突出贡献的英雄模范人物”之一，以推动挖掘新时代的“二七”精神，号召全党不忘初心，牢记使命，为中华民族的复兴和人民利益奋勇前进。另有《传承红色基因　讲好英雄故事——记林祥谦烈士夫人陈桂贞》一文，陈桂贞同志是林祥谦烈士的革命伴侣，她在坚定支持林祥谦组织“二七”大罢工革命斗争和与林祥谦并肩战斗的日子里，也表现出了尚干人的气魄，是一位坚强的女性，其事迹也可歌可泣。解放后，党和政府找到了她，给了她很高的荣誉，她鞠躬尽瘁，点亮自己，勉励后人，教育后代。一是宣讲先烈不屈不挠的英雄斗争故事，教育后人。她永远忘不了那个雪花纷飞的寒夜，她目睹刽子手的屠刀一刀刀地向祥谦身上砍去，鲜血洒遍了大地，最后，丈夫壮烈牺牲，献身革命。林祥谦夫妇坚信，只有共产党才能救中国，而实现这个救国梦，需要一大批革命志士为之抛头颅、洒热血。二是她坚信她丈夫的血不会白流，也不能白流。中国共产党是伟大的党、正确的党、光荣的党，是为劳苦大众谋利益的党，革命一定会取得成功！三是将林祥谦烈士精神凝聚成“三有”家训，以教育后人。即“有信仰，扬正气；有纪律，克随性；有爱心，乐助人”。这则简单易懂的家训，既蕴涵着革命先辈的高风亮节，也教育了一代又一代后人。林耀武说，奶奶告诉他和弟弟、妹妹，人活着一定要有信仰。每一个时代、每一代人都应该有坚定的信仰，它是一盏指引道路的航灯，一种催人奋进的动力，一股惩恶扬善的正气。

工作务实，媒体优先报道。福建省林祥谦研究会筹委会成立半年多来，虽受到新冠病毒疫情影响，但筹委会的同志都有一种奉献精神。大家都是志愿者，工作没有报酬，但都能根据分工各负其责，工作主动认真，敢于担当，靠前发挥所能，服务工作成效明显。例如，谢道勇同志勇挑祥谦画院院长职责，为了画院的尽快成立做了大量的准备工作，同时，为了使《浩气冲天——致敬“双百人物”林祥谦暨“二七”诸烈士》尽早出版，谢老也提出了许多宝贵意见；杨翔燕女士，目前还是福建省建科院的员工，但也能克服困难，利用业余时间，执笔《传承红色基因　讲好英雄故事——记林祥谦烈士夫人陈桂贞》，初稿完成后得到了很多业内人士的赞赏；新冠肺炎疫情爆发后，叶家全同志首先提出由筹委会开展募捐，支援林祥谦烈士洒尽热血的第二故乡汉口的“二七”烈士及其他工友的后人，实施点对点对接捐助，以聊表心意，得到大家的一致赞成。福建建工集团总经理助理、漳州建设发展公司董事长庄发玉主动与筹委会联系，率全体员工捐款三万元，令我们感动。随着筹委会各项工作务实开展，许多媒体单位也纷纷跟进作了报道：福建省政协微信公众号于2020年2月19日以《战“疫”政协人——林秋美委员组织林祥谦故乡人援助武汉》一文作了报道；福建省民政厅社会管理局网站也于2020

“二七”考察团在京汉学校内向林祥谦烈士塑像致敬

年2月19日以《闽侯县林祥谦研究会驰助武汉烈士后代》一文作了宣传；福建省总工会的“八闽工会人”微信公众号于2020年4月3日作了题为《情牵英雄之城 不忘工运先烈》的全面报道；中国新闻网福建省还专门派出记者采访了筹委会总召集人林秋美、林祥谦烈士之孙林耀强同志、《传承红色基因 讲好英雄故事——记林祥谦烈士夫人陈桂贞》执笔人杨翔燕，并于2020年4月2日在网上以《林祥谦故乡人林秋美：守护民族最闪亮的坐标》为题作了综合性视频采访报道；2020年2月7日，正值林祥谦烈士就义九十七周年纪念日，福建作家微信公众号在“‘众志成城，共克时艰’——福建作家‘抗疫’作品专辑（七）”中发表了林秋美纪念诗歌，如下：

缅怀“二七”·战胜疫情

林秋美

在新冠病毒肆虐的今天
一位力挽狂澜治理非典英雄
值得世界敬重的84岁老人院士
——钟南山
逆行武汉日夜兼程
战斗武汉坚守阵地
为了是尽快打赢新冠病毒阻击战
钟南山怀壮冲天向世界宣告
武汉本来就是英雄的城市
武汉一定能过关
武汉一定能赢
因为我们仿佛听见了
震惊中外的“二七”斗争的呐喊声
因为我们仿佛看到了

林祥谦次孙林耀强、福建省林祥谦研究会筹委会总召集人林秋美、林祥谦战友项英的孙子项阳、“二七”运动重要领导人林育南的孙子林荣久夫妇、铁路郑州分工会委员长高斌烈士的外孙刘志明（由左往右）于武汉二七纪念馆内合影。

林秋美（后排）与妹妹（前排中）、奶奶（前排左一）同陈桂贞（前排右一）合影

“二七”可歌可泣的斗争场面
因为这场斗争涌现出
共产党第一位烈士——林祥谦
还因为这场斗争有
一门三忠烈——林祥谦的家
更因为这场斗争波澜壮阔
出现了52位革命烈士
“二七”斗争史标志着英雄城市的诞生
面对疫情爆发
武汉人缅怀先烈
全国人继承遗志
祥谦人耿耿牵挂
为了战胜疫情
我们和武汉人同在
为了送走瘟神
我们潜在红雨随心
为了早日相会
我们殷殷祈福
习总书记号召
全国驰援湖北武汉
疫情就是命令
防控就是责任
我们别无选择
我们用心谨记
不忘初心使命的嘱托
尽心尽职尽责
去挥舞先烈们的旗帜
去发扬英雄精神
去夺取本来就属于中华民族的胜利
武汉必胜，中国必赢！

2020.2.7 于福州

后记

"二七"大罢工是中国共产党在成立初期领导的空前规模和异常激烈的反帝反封建革命运动，在中国工人运动和中国革命的历史上，具有伟大而深远的历史意义。周恩来同志曾在1933年《中华报》中指出："中国工人阶级经过了那一次大流血的洗礼，产生了以后五卅运动、省港大罢工、上海暴动、广州暴动无数次的英勇战斗，灿烂了大革命中的光荣历史。"

林祥谦同志是1923年"二七"大罢工的领导者和组织者、中国工人阶级的杰出代表、中国工人运动的先驱者，也是"100位为新中国成立作出突出贡献的英雄模范人物"之一。他用"头可断，血可流，工不可复"的铮铮骨气谱写了为中华民族解放事业而献身的悲壮诗篇，为中国人民树立了光辉的榜样，他的精神是中华民族世代相传的宝贵财富。

一寸山河一寸血，历史绝不容遗忘。习近平总书记曾深刻指出，"只有坚持从历史走向未来，从延续民族文化血脉中开拓前进，我们才能做好今天的事业。"

为深入挖掘林祥谦烈士的红色文化资源，进一步弘扬"二七"烈士的爱国主义精神，2020年5月23日，在福建省总工会和民政厅的大力支持下，福建省林祥谦研究会在福州正式成立。福建省林祥谦研究会成立之后，积极开展了大量实实在在、富有成效的工作，积极推进《浩气冲天——致敬"双百人物"林祥谦暨"二七"诸烈士》和《传承革命基因　讲好英雄故事——记林祥谦烈士夫人陈桂贞》的编撰工作；赴武汉二七纪念馆和郑州二七纪念馆参观、考察、学习，看望林育南、项英和施洋烈士的亲属；组织多场隆重的书画笔会、诗词吟诵会及座谈会，并受到各大主流媒体的高度关注；加快推动长辛店、郑州、武汉和闽侯的二七纪念馆召开联席会议……

2021年是中国共产党成立100周年，2022年是林祥谦烈士诞辰130周年，2023年是"二七"大罢工100周年，在这样特殊的时代背景下，福建省林祥谦研究会择机出版《浩气冲天——致敬"双百人物"林祥谦暨"二七"诸烈士》，旨在将弘扬以爱国主义为核心的民族精神、以改革创新为核心的时代精神和"有信仰，扬正气；有纪律，克随性；有爱心，乐助人"的林祥谦家族"三有家训"相结合，引导广大青少年树立正确的人生观、价值观，并倡导全体党员不忘初心，牢记使命，高举中国特色社会主义伟大旗帜，夺取新时代中国特色社会主义的伟大胜利，为实现中华民族伟大复兴的中国梦不懈奋斗。

《浩气冲天——致敬“双百人物”林祥谦暨“二七”诸烈士》能够顺利出版，要特别感谢几位同志：感谢林祥谦烈士孙子林耀武、林耀强以及曾孙林树坦，闽江学院教授林友华，陈桂贞侄子陈伙朋、陈伙水，林祥谦烈士故乡人林金水、林明秋等人为本书提供大量珍贵史料；感谢福建省委党史方志办宣教处处长钟兆云为本书的谋篇布局提供建设性意见，并给予审订；感谢省建科院杨翔燕为本书做大量编写、校对与审订工作；感谢祥谦书画院院长谢道勇参与本书的审读工作；感谢福建建工集团林清城、福建广电网络集团林睿参与本书的文字审校工作。

习近平总书记说过：“每一代人有每一代人的长征路，每一代人都要走好自己的长征路。今天，我们这一代人的长征，就是要实现‘两个一百年’奋斗目标、实现中华民族伟大复兴的中国梦。”新的时代，新的长征。我们要牢记习总书记的殷殷期盼和谆谆嘱托，继承“二七”先烈的遗志，做有担当的时代新人，走好我们这一代人的长征路。

福建省林祥谦研究会

杨翔燕　谢道勇　林清城　林　睿

2021 年 2 月 7 日